Die Regulierung der Netzzugangsentgelte nach der EnWG-Novelle

Deutsches und Europäisches Wirtschaftsrecht

Herausgegeben von Jürgen F. Baur

Band 22

PETER LANG

Frankfurt am Main · Berlin · Bern · Bruxelles · New York · Oxford · Wien

Margret Schellberg

Die Regulierung der Netzzugangsentgelte nach der EnWG-Novelle

PETER LANG
Internationaler Verlag der Wissenschaften

Bibliografische Information der Deutschen Nationalbibliothek
Die Deutsche Nationalbibliothek verzeichnet diese Publikation in der Deutschen Nationalbibliografie; detaillierte bibliografische Daten sind im Internet über <http://www.d-nb.de> abrufbar.

Zugl.: Bonn, Univ., Diss., 2006

D 5
ISSN 1617-352X
ISBN 978-3-631-56868-2

www.peterlang.de

VORWORT

Die vorliegende Arbeit wurde im Sommersemester 2006 von der Rechts- und Staatswissenschaftlichen Fakultät der Rheinischen Friedrich-Wilhelms-Universität Bonn als Dissertation angenommen. Für die Drucklegung konnte die Rechtsprechung und die neuere Literatur bis einschließlich Mai 2007 berücksichtigt werden.

Mein besonderer Dank gilt Herrn Univ.-Prof. Dr. Christian Koenig LL.M. (LSE) für die Betreuung der Arbeit, insbesondere die unkomplizierte Abwicklung und die aus vielen Gründen unvergesslichen gemeinsamen Jahre am ZEI. Ich bedanke mich auch bei Herrn Prof. Matthias Schmidt-Preuß, der das Zweitgutachten übernommen hat. Bei Herrn Prof. Dr. Jürgen Baur möchte ich mich für die schnelle Aufnahme in die Schriftenreihe bedanken. Ferner gilt mein herzlicher Dank Herrn Prof. Dr. Jürgen Kühling, der mich während seiner Zeit im ZEI und auch darüber hinaus sehr unterstützt hat. Mein Dank schließt auch die Konrad-Adenauer-Stiftung ein, die die Entwicklung der Arbeit finanziell und ideell unterstützt hat. Insbesondere bedanke ich mich bei meinen Ansprechpartnern in der Stiftung, namentlich Frau Dr. Rita Thiele und Herrn Prof. Dr. Klaus Borchard. Die Publikation des Werks wurde durch die Rheinenergie AG maßgeblich unterstützt; dafür möchte ich mich an dieser Stelle noch einmal herzlich bedanken.

Bei der Erstellung wesentlich war die Unterstützung des ganzen ZEI-Teams – unter dem Management von Frau Barbara Hurter – und meiner Freunde. Besonders zu nennen ist der überobligatorische Einsatz von Dr. Kristin Hentschel, Kristin Spiekermann, Kristina Schreiber, Julia Wetzel, Sabine Borrmann und Tim Nieswand. Zu guter Letzt danke ich meiner Familie, meinen Eltern Paul und Gertrud Schellberg sowie meiner Schwester Lucie, die immer an den erfolgreichen Abschluss dieses Projekts geglaubt haben.

Bonn, im Juni 2007 Margret Schellberg

INHALTSVERZEICHNIS

ABKÜRZUNGSVERZEICHNIS

ABl.	Amtsblatt
ABlEG.	Amtsblatt der Europäischen Union
Abs.	Abs.
a. E.	am Ende
a.F.	alte Fassung
AG	Aktiengesellschaft
AöR	Archiv des öffentlichen Rechts (Zeitschrift)
Art.	Artikel
ARegV-E	Entwurf einer Verordnung über die Anreizregulierung von Energieversorgungsnetzen
Aufl.	Auflage
Bd.	Band
BGB	Bürgerliches Gesetzbuch
BGH	Bundesgerichtshof
BMWA	Bundesministerium für Wirtschaft und Arbeit
BNetzA	Bundesnetzagentur für Elektrizität, Gas, Telekommunikation und Eisenbahnen
BR-Drs.	Bundesratsdrucksache
BT	Bundestag
BT-Drs.	Bundestagsdrucksache
BTOElt	Bundestarifordnung Elektrizität
BVerfG	Bundesverfassungsgericht
BVerfGE	Entscheidungssammlung des Bundesverfassungsgerichts
BVerwG	Bundesverwaltungsgericht
BVerwGE	Entscheidungssammlung des Bundesverwaltungsgerichts
bzw.	beziehungsweise
ca.	circa
Dok.	Dokument
DVBl.	Deutsches Verwaltungsblatt (Zeitschrift)
EEG	Erneuerbare-Energien-Gesetz
EG	Europäische Gemeinschaft
	Vertrag zur Gründung der Europäischen Gemeinschaft
EltRL	Richtlinie 2003/54/EG des Europäischen Parlaments und des Rates vom 26. Juni 2003 über gemeinsame Vorschriften für den Elektrizitätsbinnenmarkt und zur Aufhebung der Richtlinie 96/92/EG

e/m/w	Energie/Markt/Wettbewerb (Zeitschrift)
endg.	endgültig
EnWG	Energiewirtschaftsgesetz
EnWG-RE	Regierungsentwurf des Energiewirtschaftsgesetzes
Erdgas-FernleitungsnetzVO	Verordnung Nr. 1775/2005 des Europäischen Parlaments und des Rates vom 28. September 2005 über die Bedingungen für den Zugang zu den Erdgasfernleitungsnetzen
ET	Energiewirtschaftliche Tagesfragen (Zeitschrift)
etc.	et cetera
EuG	Europäisches Gericht erster Instanz
EuGH	Europäischer Gerichtshof
GasNEV	Verordnung über die Entgelte für den Zugang zu Gasversorgungsnetzen (Gasnetzentgeltverordnung)
GasNEV-E	Entwurf der Verordnung über die Entgelte für den Zugang zu Gasversorgungsnetzen (Gasnetzentgeltverordnung)
GasNZV	Verordnung über den Zugang zu Gasversorgungsnetzen (Gasnetzzugangsverordnung)
GasNZV-E	Entwurf der Verordnung über den Zugang zu Gasversorgungsnetzen (Gasnetzzugangsverordnung)
GasRL	Richtlinie 2003/55/EG des Europäischen Parlaments und des Rates vom 26. Juni 2003 über gemeinsame Vorschriften für den Erdgasbinnenmarkt und zur Aufhebung der Richtlinie 98/30/EG
GG	Grundgesetz
gem.	gemäß
ggf.	gegebenenfalls
GWB	Gesetz gegen Wettbewerbsbeschränkungen
inkl.	inklusive
IR	Infrastrukturrecht (Zeitschrift)
i. S. v.	im Sinne von
JZ	Juristenzeitung (Zeitschrift)
KOM	Dokumente der Kommission der Europäischen Gemeinschaften
KWK	Kraft-Wärme-Kopplung
KWKG	Kraft-Wärme-Kopplungsgesetz
kW	Kilowatt

lfd.	laufende
LG	Landgericht
m. w. N.	mit weiteren Nachweisen
n. F.	neue Fassung
NJW	Neue Juristische Wochenschrift (Zeitschrift)
Nr.	Nummer
N&R	Netzwirtschaften und Recht (Zeitschrift)
NVwZ	Neue Zeitschrift für Verwaltungsrecht (Zeitschrift)
NWVBl.	Nordrhein-Westfälische Verwaltungsblätter (Zeitschrift)
NZV	Netzzugangsverordnung
OLG	Oberlandesgericht
PostG	Postgesetz
RdE	Recht der Energiewirtschaft (Zeitschrift)
RegTP	Regulierungsbehörde für Telekommunikation und Post
S.	Satz
s.	siehe
Slg.	Sammlung
s. o.	siehe oben
StromhandelsVO	Verordnung Nr. 1228/2003 des Europäischen Parlaments und des Rates vom 26. Juni 2003 über die Bedingungen
StromNEV	Verordnung über die Entgelte für den Zugang zu Elektrizitätsversorgungsnetzen (Stromnetzentgeltverordnung)
StromNEV-E	Entwurf der Verordnung über die Entgelte für den Zugang zu Elektrizitätsversorgungsnetzen (Stromnetzentgeltverordnung)
StromNZV	Verordnung über den Zugang zu Elektrizitätsversorgungsnetzen (Stromnetzzugangsverordnung)
StromNZV-E	Entwurf der Verordnung über den Zugang zu Elektrizitätsversorgungsnetzen (Stromnetzzugangsverordnung)
TKG	Telekommunikationsgesetz
Tz.	Textzahl
u. a.	unter anderem
UAbs.	Unterabsatz
v.	von
VDN	Verband der Netzbetreiber e.V.

VDEW	Verband der Elektrizitätswirtschaft e.V.
VerwArch	Verwaltungsarchiv (Zeitschrift)
VG	Verwaltungsgericht
vgl.	vergleiche
VwGO	Verwaltungsgerichtsordnung
VwVfG	Verwaltungsverfahrensgesetz
VV	Verbändevereinbarung
VV II Strom Plus	Verbändevereinbarung über Kriterien zur Bestimmung von Netzzugangsentgelten für elektrische Energie und Prinzipien der Netznutzung vom 13. Dezember 2001
VwGO	Verwaltungsgerichtsordnung
VwVfG	Verwaltungsverfahrensgesetz
WuW	Wirtschaft und Wettbewerb (Zeitschrift)
WWW	World Wide Web
z. B.	zum Beispiel
ZfE	Zeitschrift für Energiewirtschaft (Zeitschrift)
ZNER	Zeitschrift für Neues Energierecht (Zeitschrift)
z. T.	zum Teil

1. KAPITEL: EINLEITUNG

A. Von der Leistungsverantwortung des Staates zur Gewährleistungsverantwortung

In der Erwartung, dass der Wettbewerb für Effizienzsteigerungen und eine stärkere Orientierung an den Wünschen der Verbraucher sorgen würde, sind netzgebundene Versorgungsleistungen in den letzten Jahren zunehmend liberalisiert worden.[1] Obwohl in der Energiewirtschaft – jedenfalls formal – private Unternehmen tätig sind, führen gemeinschaftsrechtliche Liberalisierungsimpulse auch hier zu einem Systemwechsel, indem Gebietsmonopole abgeschafft werden sollen.[2] Der Staat übernimmt nach der Liberalisierung nur noch eine Steuerungs- und Auffangverantwortung, die relevant wird, wenn ein gemeinwohlabträgliches Ergebnis droht.[3] In Art. 87e Abs. 4 und Art. 87f Abs. 1 GG sind für die Telekommunikation, die Post und die Eisenbahn Anforderungen für die wettbewerbliche Nutzung sogar verfassungsrechtlich ausdrücklich festgeschrieben. Für den vorliegend interessierenden Energiesektor ergibt sich dieses Ergebnis jedoch nicht unmittelbar aus der Verfassung. Aus dem Verfassungsrecht und den objektiven Grundrechtsgehalten ist aber eine staatliche Gewährleistungsverantwortung abzuleiten, die notwendigen rechtlichen und tatsächlichen Rahmenbedingungen für eine sichere, preiswerte und umweltgerechte Versorgung der Allgemeinheit mit Energie zu schaffen und zu erhalten.[4] Diese besondere Verantwortung des Staates folgt daraus, dass die Energieversorgung nicht nur für das Wohlergehen des Einzelnen, sondern für die Funktionsfähigkeit der Wirtschaft im Allgemeinen eine entscheidende Voraussetzung darstellt. Der Abbau der Leistungsverantwortung geht demnach mit der Übernahme einer staatlichen Gewährleistungsverantwortung einher.[5] Den Staat trifft insofern eine Privatisierungsfolgenverantwortung, der er dadurch gerecht wird, dass er regulierend in die unternehmerischen Prozesse eingreift. In Wahrnehmung dieser Steuerungsfunktion hat der Staat dafür zu sorgen, dass durch eine sachgerechte Auswahl, Abstimmung und Anwendung der energiepolitischen Instrumente die privaten Unternehmen in einer Weise beeinflusst werden, die den geringstmöglichen Eingriff unter Einsatz möglichst geringer staatlicher Mittel mit einer optimalen Zielverwirklichung verbinden.[6]

---

[1] Siehe dazu beispielsweise die Entwicklungen auf dem Telekommunikationsmarkt, dazu *Koenig/Loetz/Neumann*, Telekommunikationsrecht, 2005.

[2] *Koenig/Kühling/Rasbach*, Energierecht, 2006, S. 21 ff.

[3] *Hoffmann-Riem*, DÖV 1997, 433 ff.; *Osterloh*, VVDStrRL 54 (1995), 204 (208).

[4] *Lippert*, Energiewirtschaftsrecht, 2002, S. 179 ff, 691.

[5] *Kühling*, Sektorspezifische Regulierung in den Netzwirtschaften, 2004, S. 34.

[6] *Lippert*, Energiewirtschaftsrecht, 2002, S. 691 ff.

B. Regulierung als Instrument des Staates

Um die Regulierung als Instrument der Herstellung von Wettbewerb und Sicherung der Bereitstellung bestimmter Leistungen zu begreifen und anschließend die Entgeltregulierung als wesentliches Instrumentarium des Netzzugangs in der Energiewirtschaft darzustellen, ist es zunächst sinnvoll, die Begrifflichkeit der Regulierung näher zu beleuchten: Regulierung versteht sich in einem weiten Sinn als Instrument staatlicher Wirtschaftspolitik in vom Staat gesetzten Verboten, Geboten und Standards, die das Verhalten privater Unternehmen auf einem bestimmten Sektor lenken sollen. Unter Regulierung in einem engeren Sinn versteht man hingegen staatliche Aktivitäten, die auf die Markttätigkeit formal autonomer Marktsubjekte einwirken, indem ihrem Marktverhalten politisch gebildete Zielvorgaben auferlegt werden.[7] Regulierung umfasst spezifische marktgestaltende staatliche Eingriffe, die in der allgemeinen Wettbewerbsaufsicht grundsätzlich nicht vorgesehen sind. Sie wird notwendig, wenn Kostensenkungen und Effizienzsteigerungen durch Wettbewerb nicht erzielt werden können und verhindert werden muss, dass die Inhaber der Netzinfrastruktur Monopole zur Behinderung des Wettbewerbs ausnutzen. Staatliche Regulierung ist demnach in den Sektoren erforderlich, in dem ein rein wettbewerbliches System zu Defiziten bei den erforderlichen Leistungsmerkmalen führen würde, wenn also Versorgungssicherheit, Transparenz, Qualität und Sicherheit durch den ungeregelten Wettbewerb nicht hinreichend gewahrt wären. Staatliche Regulierung umfasst alle hoheitlichen Eingriffe in die Gewerbe- und Vertragsfreiheit, die nicht alleine der Festlegung und Durchsetzung allgemein gültiger Spielregeln der Marktwirtschaft dienen. Von Regulierung spricht man also dann, wenn sich der Staat nicht auf die Rahmensetzung beschränkt, sondern direkt in das Marktgeschehen eingreift. Im Bereich der Entgeltregulierung würde dies bedeuten, dass die Preise zwischen Anbieter und Nutzer nicht frei ausgehandelt werden können, sondern durch den Staat genehmigt werden müssen oder anschließend kontrolliert werden.

C. Entgeltregulierung als Voraussetzung des Netzzugangs

I. Bedeutung und Funktion des Entgelts

Unter dem Netzzugangsentgelt versteht man die geldwerte Gegenleistung sowohl für den Netzzugang als auch für die damit verbundenen Netzdienstleistungen. Denn die Durchleitung von Energie beläuft sich nicht nur auf die „passive

---

[7] *Reich*, Staatliche Regulierung zwischen Marktversagen und Politikversagen, S. 5 ff.; *Stamm*, Entgeltregulierung in der Telekommunikation, S. 80; *Lange*, Staatliche Regulierung, S. 163 f.; *Koch*, Staatliche Regulierung, S. 18.

Durchleitung" von Gas und Strom, sondern der Netzbetreiber muss daneben auch Dienstleistungen erbringen, die die Frequenz- und Spannungshaltung sowie die Bereitstellung von Blind- und Kurzschlussleistungen umfassen. Daneben erfüllen Entgelte allgemein, werden sie im Wettbewerb frei gebildet, Marktfunktionen.[8] Mit Hilfe der Preise werden Knappheiten bzw. Knappheitsrelationen angezeigt. Daraus resultiert auch gleichzeitig die Rationierungsfunktion des Preises. Die Selektionsfunktion der Entgelte gestaltet sich derart, dass die Anbieter mit den höchsten Kosten aus dem Markt ausscheiden. Bei einem gesunkenen Marktpreisniveau können sie ihre Existenz im Markt nicht mehr realisieren. Preise haben darüber hinaus eine Signal- oder Orientierungsfunktion. Daneben steuern Entgelte das Verhalten von Investoren, Wettbewerbern und schließlich auch der Kunden. Der Preis übernimmt auch eine Anreizfunktion für Entdeckungen, Verbesserungen und technischen Fortentwicklungen.

In einer regulierten Wirtschaft wird der Preis nicht frei gebildet und erfüllt auch nicht derartige Funktionen: Da eine Duplizierung oder Multiplizierung der Netzinfrastruktur mit volkswirtschaftlich unvertretbaren Kosten verbunden wäre, stellen die Netze im Energiesektor natürliche Monopole dar.[9] Die Mitbenutzung des Leitungsnetzes durch Konkurrenten muss über die ökonomischen Schwierigkeiten hinweghelfen, die dem Aufbau konkurrierender Netze für potentielle Wettbewerber im Weg stehen. Dem Mitbenutzungsentgelt kommt in dem Konzept, das Wettbewerb mit Hilfe solcher Mitbenutzungsrechte Dritter ermöglichen will, also eine Schlüsselstellung zu. Ein Netzzugangsinteressent ist zu Wettbewerbshandlungen im Endkundenmarkt nur unter Inanspruchnahme des Netzes der Inhaber des örtlichen Netzes in der Lage. Netzbetreiber und Durchleitungsinteressent stehen sich daher in einem Vertikalverhältnis, also als Anbieter und Nachfrager, gegenüber. Primär hat dieses Entgelt damit die Funktion, als finanzieller Ausgleich für die konkurrentennützige Indienstnahme des Eigentümers und seiner Infrastruktur zu dienen. Ohne entgeltliche Leistung wäre die (gesetzlich erzwungene) Eigentumsbindung nicht verhältnismäßig.[10] Durch diese Abhängigkeit können aber die Eigentümer der Netzinfrastruktur aufgrund ihrer Kontrolle über die Durchleitungsentgelte in einem erheblichen Umfang durch überhöhte Netzzugangsentgelte die Preise der Mitbewerber beeinflussen. Wirtschaftlich sind also Netzzugang und die Netzzugangsentgelte unmittelbar miteinander verknüpft und bedingen sich gegenseitig. Denn der Effekt einer totalen Verweigerung des Zugangs zu monopolistischen Einrichtungen kann auch

[8] *Fehl/Oberender*, Grundlagen der Mikroökonomie, S. 47 ff.

[9] Säcker, Freiheit durch Wettbewerb. Wettbewerb durch Regulierung, ZNER 2004, 98 ff.; Reich, Fn. 7, S.10; Baur/Henk-Merten, Kartellbehördliche Preisaufsicht über den Netzzugang, 2002, S. 18.

[10] *Fehling*, VerwArch 40, 600 (606); *Baur/Henk-Merten*, Kartellbehördliche Preisaufsicht über den Netzzugang, 2002, S. 19.

erreicht werden, indem der Zugang lediglich zu untragbar hohen Tarifen bereitgestellt wird. Nur dann, wenn der Netzzugang zu akzeptablen Preisen geschieht, hat ein solcher Zugangsanspruch einen ordnungspolitischen Wert, insbesondere im Sinne einer Eröffnung des Wettbewerbs. Denn die Netzzugangsentgelte bestimmen als großer Kostenfaktor unmittelbar die Preiskalkulation und damit auch die Marktchancen der netznutzenden Petenten. Selbst wenn also der Zugang zu den Netzen gesetzlich gewährleistet ist, so bliebe diese Option eine Farce für einen Netzzugangspetenten, wenn die Teilhabe an der Infrastruktur der Monopolisten gegen ein willkürliches Entgelt erfolgte. Denn wenn die Entgelte für das Erbringen von Leistungen dahingehend gestaltet sind, dass den Mitbewerbern eine für den Verbraucher attraktive Preisgestaltung unmöglich gemacht wird oder bestimmte Mitbewerber aus unternehmenspolitischen Gründen bevorzugt werden, ist das Scheitern kleinerer Unternehmen vorprogrammiert. Es ist demnach zur Gewährleistung eines Netzzugangs nötig, diesen durch eine Entgeltregulierung abzusichern. Dabei ist Ziel der Regulierung, zu verhindern, dass die Monopolisten ihre marktbeherrschende Stellung nicht durch missbräuchliche Preispolitik ausnutzen. Die Entgelte sind jedoch nicht nur bedeutend für den Marktzutritt und den Wettbewerb. Zugleich besteht unter volkswirtschaftlichen Gesichtspunkten die Notwendigkeit, die Investitionsfähigkeit der Netzbetreiber zu gewährleisten und die Qualität der Energieversorgung zu erhalten.[11] Die Netzzugangsentgeltregulierung steht damit in einem Spannungsfeld verschiedener Ziele, welches bereits in § 1 Abs. 1 EnWG zum Ausdruck kommt: Hiernach soll das EnWG zum einen eine möglichst sichere, preisgünstige, verbraucherfreundliche und umweltfreundliche Versorgung der Allgemeinheit mit Elektrizität und Gas sicherstellen. Zugleich ist es gem. § 1 Abs. 2 EnWG Aufgabe der Regulierung, einen wirksamen Wettbewerb und einen leistungsfähigen und zuverlässigen Betrieb von Energieversorgungsnetzen zu begründen. Ein weiteres Problem ergibt sich im Zusammenhang mit der Netzzugangsentgeltregulierung: Ein nicht vertikal integriertes Unternehmen, das mangels eigener Infrastruktur auf die Nutzung eines fremden Netzes angewiesen ist, hat keine nachhaltige Wettbewerbschance gegenüber dem mit dem vertikal integrierten Netzbetreiber konzernverbundenen Vertriebsunternehmen, wenn die Regulierung der Netzzugangsentgelte nicht auch den Margenabstand zwischen den Netzzugangsentgelten (Vorleistungsmarkt) und den Strom- bzw. Gastarifen auf dem Endkundenmarkt im Blick hat. Je geringer dieser Margenabstand zwischen den Entgelten auf dem Vorleistungsmarkt und dem nachgelagerten Endkundenmarkt ist, umso mehr gerät der nicht vertikal integrierte Strom- bzw. Gashändler in die existenzbedrohende Situation einer Preis-Kosten-Schere.[12] Der Wettbewerber kann dann seine Kosten auf dem Vorleistungsmarkt, also die Netzzugangsentgelte, nicht

---

[11] Kutschke/Mölder/Nissen/Weißenfels, ET 2004, 139 (140).

[12] Vgl. zur Preis-Kosten-Schere *Schuster/Stürmer*, in Beck´scher TKG-Kommentar, 2. Aufl., § 24 Rn. 26 ff; *Geppert/Ruhle*, N&R 2005, 13 f.

mehr durch die Einnahmen aus den von den Endkunden finanzierten Gas- und Strompreisen decken. Er ist aber auf die Durchleitung und damit die Nutzung des fremden Netzes angewiesen. Es muss also neben der Höhe der Entgelte auch zwischen den Netzzugangsentgelten und den Endkundenentgelten ein gewisser relativer Preisabstand bestehen, damit Anbieter, die den Netzzugang für die Erstellung eines Endkundenangebots benötigen, sicherstellen können, dass sie ihre eigenen Kosten sowie eine Gewinnmarge wieder erwirtschaften. Ist dies nicht der Fall, kann es zur Situation einer Preis-Kosten-Schere kommen. Preis-Kosten-Scheren können nur durch eine konsistente Entgeltregulierung vermieden werden, folglich durch Entgeltregulierungsmaßnahmen, die in ihrer Gesamtheit (insbesondere zeitlich und inhaltlich) aufeinander abgestimmt sind. Trotz dieser Schlüsselfunktion für die Gewährleistung unverfälschten Wettbewerbs steckt die Regulierung der Netzzugangsentgelte – anders als auf der schon weiterentwickelten Nachbarnetzwirtschaft „Telekommunikation" – in der Energiewirtschaft noch in den Kinderschuhen und wird mit der EnWG-Novelle nun erstmals in das deutsche Energiewirtschaftsrecht eingeführt.

II. Abgrenzung von den Endkundenentgelten

Abzugrenzen ist die Netzzugangsentgeltregulierung von der Regulierung der Endkundenentgelte. Unter Endkundenentgelten versteht man die Preise, die ein Energielieferant Kunden auf der dem Netzbetrieb nachgeordneten Marktstufe in Rechnung stellt. Endkundenentgelte sind unmittelbar vom Verbraucher zu zahlen. Auch diese sind teilweise – etwa aus Verbraucherschutzgründen – regulierungsbedürftig. Netzzugangsentgelte stellen dagegen die geldwerte Gegenleistung für die Gewährung des Netzzugangs dar. Abgegolten wird damit nicht nur die passive „Durchleitung" von Strom und Gas, sondern auch unmittelbar mit der Durchleitung verbundene Systemdienstleistungen des Netzbetreibers wie etwa die Frequenz- und Spannungshaltung, Bereitstellung von Blind- und Kurzschlussleitungen, Betriebsführung etc. Zur Betriebsführung als Systemdienstleistung zählen alle Aufgaben des Netzbetreibers im Rahmen des koordinierten Einsatzes der Kraftwerke und der Netzführung so wie des nationalen/internationalen Verbundbetriebs durch zentrale, jeweils eigenverantwortliche Leitstellen. Weiterhin werden ihr alle Maßnahmen zur Errichtung und zum Betrieb der Zählertechnik sowie zur Abrechnung der erbrachten Leistungen zugerechnet. Diese Netzzugangsentgelte sind angesprochen, wenn in der vorliegenden Arbeit von Entgelten die Rede ist. Im Folgenden geht es damit ausschließlich um die Regulierung der für die Schaffung von wirksamem Wettbewerb wesentlichen Netzzugangsentgelte.

2. KAPITEL: GEMEINSCHAFTSRECHTLICHE VORGABEN

A. Einleitung

Ausgangspunkt der Betrachtung der Entgeltregulierung nach der EnWG-Novelle sind die einschlägigen europäischen Rechtsgrundlagen, die auch als „Auslöser" der Novelle bezeichnet werden können. Im Wesentlichen sind das die so genannten Beschleunigungsrichtlinien 2003/54/EG und 2003/55/EG vom 26. Juni 2003 als sekundäres Gemeinschaftsrecht nach Art. 249 Abs. 1 EG. Ergänzt wurden diese durch die Vermerke der GD Energie vom 14. Januar 2004, die zwar keine Rechtsbindung beanspruchen, jedoch als Auslegungshilfsmittel für das Verständnis der Beschleunigungsrichtlinien herangezogen werden können.[13] Von Bedeutung für das Verständnis des gemeinschaftsrechtlichen Entgeltregulierungsansatzes sind ebenso die StromhandelsVO und die ErdgasfernleitungsnetzVO.

Konzeptionell betrachtet sind die Beschleunigungsrichtlinien für den Gas- und Stromsektor weitestgehend parallel gehalten, so dass im Folgenden einige einheitliche Aussagen getroffen werden können. Zu beachten ist bei der Auslegung der Beschleunigungsrichtlinien in erster Linie, dass sie sich als Richtlinien nicht an die Netzbetreiber und Netznutzer unmittelbar richten, sondern nach Art. 249 Abs. 3 EG an den Gesetzgeber des jeweiligen Mitgliedsstaats, der die Richtlinien in das nationale Recht umsetzen muss. Des Weiteren ist zu berücksichtigen, dass Richtlinien grundsätzlich ziel- und ergebnisorientiert angelegt sind. Das bedeutet, dass für den europäischen Normgeber die Erreichung der politisch erwünschten Ziele im Vordergrund steht, während er die Art der Zielerreichung sowie die Mittel dem nationalen Normgeber überlässt. In inhaltlicher Hinsicht ist der nationale Gesetzgeber an die Richtlinien dergestalt gebunden, dass eine eigene Durchführungsautonomie nur in den durch die Richtlinie belassenen Grenzen besteht. Bei detailliert formulierten Richtlinien kann diese Durchführungsautonomie auf einen kleinen Spielraum schrumpfen, hingegen können die Richtlinien dem Gesetzgeber auch einen weiten Spielraum belassen.[14] Selbst für den Fall, dass die Richtlinien dem nationalen Gesetzgeber einen weiten Spielraum zur Umsetzung belassen, unterliegt die Umsetzung im nationalen Recht einigen ungeschriebenen Grenzen. Dazu gehört zum einen, dass die Richtlinien eine effektive Wirkung entfalten können. Das kann auch bedeuten, dass die Richtlinien eine rückwirkende Bedeutung entfalten müssen, wenn nur auf die-

---

[13] Zur Rechtsnatur dieses nicht bindenden Kommissionspapiers *Koenig/Haratsch/Rasbach*, ZNER 2004, 10 (11).

[14] Vgl. dazu *Schroeder*, in Streinz (Hrsg.), EUV/EGV, Art. 249 EGV, Rn. 87 ff.

sem Weg eine effektive Wirkung der Richtlinien zu ermöglichen ist.[15] Maßgeblich kommt es auch darauf an, dass hohe Anforderungen an die Qualität des Umsetzungsaktes gestellt werden. Der nationale Gesetzgeber muss Maßnahmen ergreifen, die den Erfordernissen der Rechtssicherheit und der Rechtsklarheit entsprechen. Die Mitgliedstaaten müssen eine gesetzliche Regelung schaffen, die so klar und transparent ist, dass der Einzelne seine Rechte in vollem Umfang erkennen und sich vor den nationalen Gerichten darauf berufen kann.[16]

Die Umsetzung der Beschleunigungsrichtlinien 2003/54/EG und 2003/55/EG waren den Mitgliedstaaten zum 1. Juli 2004 aufgegeben. Der deutsche Gesetzgeber konnte diesen Zeitplan nicht einhalten und setzte die Richtlinien erst zum 13. Juli 2005 in das deutsche Recht um. Zwischenzeitlich drohte aus diesem Grund ein Vertragsverletzungsverfahren.

Inhaltlich geben die Richtlinien folgende wesentliche Anforderung für die Regulierung der Entgelte vor: Die Festlegung oder Genehmigung zumindest der Methoden zur Berechnung oder Festlegung der Bedingungen für den Anschluss an und den Zugang zu den Netzen, die Tarife für die Übertragung und Verteilung und für die Erbringung von Ausgleichsleistungen soll erfolgen. Das System des verhandelten Netzzugangs, für das man sich bei der Liberalisierung im Jahr 1998 in Deutschland entschieden hatte, war damit hinfällig. Im Einzelnen sollen in diesem Kapitel die Vorgaben der Richtlinien auf ihren Gehalt hin überprüft werden. Die Rahmenbedingungen für die nationale Netzzugangsentgeltregulierung sollen festgesteckt werden, auf die Gestaltungsspielräume, die bei der Umsetzung in nationales Recht bestehen, soll hingewiesen werden. Denn die Gestaltungsfreiheit hinsichtlich Form und Mittel der Umsetzung hängt maßgeblich von der Regelungsdichte der Beschleunigungsrichtlinien ab.

B. Vorgaben der Beschleunigungsrichtlinien

I. Vorgaben zum Regulierungsverfahren

Bei der Ausgestaltung des Regulierungsverfahrens kann in erster Linie in zeitlicher Hinsicht unterschieden werden. Das Regulierungsinstrumentarium stellt dabei verschiedene Instrumente zur Verfügung, nämlich einerseits Regulierungsmaßnahmen, die vorab in die Preisgestaltung eingreifen und des weiteren Regulierungsmaßnahmen, die ex post angewandt werden können. Dabei sind die Beschleunigungsrichtlinien so zu verstehen, dass zwar die Wahl zwischen den

[15] *Schroeder*, in Streinz, EUV/EGV, Art. 249, Rn. 90; *Ruffert*, in Callies/Ruffert, Art. 249, Rn. 51.
[16] *EuGH*, Rs. 29/84, Kommission/Deutschland, Slg. 1985, 1661, Rn. 23; *EuGH*, Rs. C-360/87, Kommission/Italien, Slg. 1991, I-791, Rn. 12.

verschiedenen Methoden besteht, jedoch auf jeden Fall eine vorab eingreifende Methode und auch ein nachträglich eingreifendes Instrument vorgesehen werden müssen.

1. Vorabregulierungsmethoden

Gem. Art. 25 Abs. 2 lit. a GasRL und Art. 23 Abs. 2 lit. a EltRL haben die Regulierungsbehörden vor dem Inkrafttreten der Tarife zumindest die „Methoden zur Berechnung" oder Festlegung der Bedingungen für den Anschluss und den Zugang zu den nationalen Netzen, einschließlich der Tarife für die Übertragung und die Verteilung, festzulegen oder zu genehmigen.

Aus dem Wortlaut der Richtlinien, die von „vor dem Inkrafttreten" sprechen, kann geschlossen werden, dass die gemeinschaftsrechtlichen Vorgaben von einer Ex-ante-Regulierung ausgehen.[17] Somit muss der Festlegungs- bzw. Genehmigungsakt der Regulierungsbehörde vor der erstmaligen Anwendung der „Methode zur Berechnung" oder der „Festlegung der Bedingung" oder der erstmaligen Inrechnungstellung der Preise erfolgen.

Die Richtlinien unterscheiden zwischen den festzulegenden bzw. zu genehmigenden Tarifen und den „Methoden zur Berechnung" dieser Tarife. Das bedeutet, dass es neben der Vorgabe der Methode noch einen weiteren eingriffsintensiveren Schritt gibt, in dem das Ergebnis selbst, also die Tarife von einer Genehmigung abhängig gemacht oder festgelegt werden könnten. Art. 25 Abs. 2 lit. a GasRL und Art. 23 Abs. 2 lit. a EltRL sind dahingehend zu verstehen, dass Vorgabe hinsichtlich einer Mindestumsetzung eine festzulegende oder zu genehmigende Methode, also der Rechenweg zur Bestimmung der Tarife für die Übertragung und die Verteilung, nicht aber das Ergebnis selbst ist. Ein solches Auslegungsergebnis wird durch Erwägungsgrund 15 der EltRL bestärkt, in dem es heißt, die Regulierungsbehörden seien befugt, „die Tarife oder *wenigstens* die Methoden zur Berechnung dieser Tarife festzulegen oder zu genehmigen". Darüber hinaus kann der Gesetzgeber jedoch auch eine Einzelentgeltgenehmigung vorsehen[18], wobei er einen Festlegungs- oder einen Genehmigungsmechanismus wählen kann. Unter dem Begriff der „Genehmigung der Tarife" ist die Vorabgenehmigung der konkreten Netzzugangsentgelte der einzelnen Netzbetreiber in ihrer exakten Höhe zu verstehen. Eine Genehmigung setzt vor ihrem Ergehen eine Initiative des Antragstellers voraus.[19] Eine Festlegung der Tarife verzichtet hingegen auf die Mitwirkung der Netzbetreiber. Nach dieser Richtlinienbestim-

---

[17] So auch *Theobald/Hummel*, ZNER 2003, 176 ff.; *Rosin/Krause*, ET (Special) 2003, 17 (20).

[18] Diese Regelung ist im Rahmen des Richtlinienverfahrens umstritten gewesen. Vgl. dazu Danner/*Neveling*, EnWG, Europ. EnergieR, Rn. 337.

[19] *Herrmann*, Europäische Vorgaben zur Regulierung der Energienetze, 2005, S. 159.

mung ist jedenfalls auch denkbar, dass Vorgaben hinsichtlich einer Tarifspanne oder einer Maximalhöhe gemacht werden. Der nationale Gesetzgeber ist durch den Inhalt der Beschleunigungsrichtlinien also vor die Wahl gestellt: Er kann sich im Rahmen der Vorabregulierung für die Vorgabe der Methoden oder eine konkrete Einzelentgeltgenehmigung entscheiden. Damit geht auch die Frage einher, wie die Regulierung organisatorisch durchgeführt werden soll. Die Beschleunigungsrichtlinien überlassen es den Mitgliedstaaten, ob sie bestimmte Inhalte normativ oder administrativ regeln wollen. Hinsichtlich der Regulierungsinhalte bedeutet dies, dass energiewirtschaftliche und kalkulatorische Regelungen entweder aufgrund eines Gesetzes im Rahmen von Rechtsverordnungen konkretisiert werden, oder aber durch Einzelentscheidungen der Regulierungsbehörde festgelegt werden können. Eines ist jedoch deutlich: Der nationale Gesetzgeber kann zwar zwischen beiden Varianten wählen, jedoch muss die Kontrolleffizienz bei der Einzelentgeltgenehmigung und bei der Vorgabe der Methoden die Gleiche sein.

a. „Methoden der Tarifberechnung“

Bei den „Methoden der Tarifberechnung“ handelt es sich um eine Methodenregulierung. Dies ist eine Art der Regulierung, die sich auf das Preisbildungssystem beschränkt, somit ein bestimmtes Vorgehen, einen Rechenweg oder Kalkulationsgrundsätze vorgibt.[20] Insofern entsprechen die Methoden einem „verbindlichen Leitfaden“ für die Berechnung der Tarife.[21] Unter diesen Methoden der Tarifberechnung sind Regeln über die für die Entgeltfindung anzusetzenden Kosten, Abschreibungsregeln und Verzinsungsansprüche zu verstehen, die dazu dienen, den Netzbetreiber bei der Entgeltberechnung anzuleiten und ihm einen engen Rahmen zu ziehen. Aus dem Vermerk über die Aufgaben der Regulierungsbehörde[22] geht deutlich hervor, dass in einem gewissen Umfang die Bewertung der wichtigsten Kostenelemente zur Aufgabe der Regulierungsbehörde gehören sollte. Folglich müssen sich in dem Leitfaden auch Hinweise darauf finden lassen. Um also eine überhöhte Kostendeckung und damit potenziell einhergehende Quersubventionierungen zu verhindern, schlägt die Kommission vor, folgende Kostenelemente festzulegen: den Wert des Grundkapitals des regulierten Unternehmens, die Kapitalausstattung, eine angemessene Rentabilität unter Berücksichtigung des geringen Risikos eines regulierten Unternehmens,

[20] *Büdenbender/Rosin*, ET 2003, 746 (747); *de Wyl/Neveling*, ZNER 2003, 182 (182).

[21] *Theobald/Hummel*, ZNER 2003, 176 ff. Ein „Minus“ demgegenüber sind beispielsweise die Entgeltgrundsätze nach § 14 AEG. Siehe dazu auch *Koenig/Neumann/Schellberg*, WuW 2006, 139 ff.

[22] Vermerk der Generaldirektion Energie und Verkehr zu den Richtlinien 2003/54/EG und 2003/55/EG über den Elektrizitäts- und den Erdgasbinnenmarkt v. 14.1.2004, im WWW unter http://europa.eu.int/comm/energy/electricity/legislation/doc/notes_for_implementation_2004/role_of_regulators_de.pdf, S. 7.

einen angemessenen Abschreibungsprozentsatz auf diese Vermögenswerte und die Betriebskosten des Unternehmens. Der Begriff der Berechnungsmethoden bedeutet nach einem weiten Verständnis nicht, dass abschließend bestimmt wird, in welcher genauen Höhe Kosten in Ansatz gebracht werden können.[23] Die „Methoden der Tarifberechnung“ können aber auch nicht als allgemeine Rahmenregelung verstanden werden, die einer weiteren Konkretisierung in Form von weiteren Tariffierungsregelungen bedürfen. Die „Methoden der Tarifberechnung“ müssen die wesentlichen Vorgaben in qualitativer und quantitativer Hinsicht enthalten. Ob die Vorgaben durch die Netzbetreiber korrekt umgesetzt worden sind, unterliegt dann einer möglicherweise damit einhergehenden repressiven Kontrolle. Denn die Beschränkung auf die Regulierung der Berechnungsmethoden schließt es nicht aus, die daraus aufgrund unternehmerischer Entscheidung abgeleiteten Preise und Bedingungen für den Netzzugang anschließend einer repressiven Staatsaufsicht zu unterwerfen. Bei der Methodenregulierung ist fraglich, wie detailliert der nationale Gesetzgeber die Vorgaben zur Preisbildung vorsehen muss. Der Spielraum für die Festsetzung reicht bei der Methodenregulierung von generalklauselartigen Vorgaben hin zu präzisen Rechenvorgaben andererseits. Soll die Kontrolleffizienz jedoch der Einzelentgeltgenehmigung gleichzusetzen sein, müssen die nationalen Gesetzgeber die Methoden nach den Vorgaben der Kommission schon sehr detailliert festsetzen, um Gestaltungsspielräume der Netzbetreiber weitestgehend zu eliminieren.

b. Einzelentgeltgenehmigung

Andererseits bieten die Beschleunigungsrichtlinien auch die Möglichkeit einer Regulierung von einzelnen Preisen. Bei dieser Art der Regulierung unterliegen die vom Netzbetreiber kalkulierten Preise einer Überprüfung durch die Regulierungsbehörde, bevor sie veröffentlicht werden. Allerdings überprüft die Behörde dabei zunächst das vom Netzbetreiber gewählte Preisfindungskonzept. Wird das Konzept akzeptiert, müssen die Preise daraufhin untersucht werden, ob das Konzept korrekt in diese Preise aufgrund der konkreten unternehmerischen Daten umgesetzt worden ist.[24] Letztlich wird die anzuwendende Preisfindungsmethode dabei nicht ausdrücklich wie bei der Methodenregulierung gestaltet, sondern indirekt über die Zulassung konkreter Preise reguliert. Die Einzelentgeltgenehmigung ist eine sehr verwaltungsintensive Methode, die sich vor allen Dingen dann anbietet, wenn auf dem Markt nur wenige Monopolisten zu regulieren sind. Die Einzelentgeltgenehmigung kann als eingriffsintensivste Form der Preisregulierung auch eingeschränkt werden, indem nur die „schwarzen Schafe“ vorab kontrolliert werden – z.B. indem sie durch ein vorgeschaltetes Vergleichsverfahren identifiziert werden – oder indem nur Preiserhöhungen ex ante

[23] So Danner/*Neveling*, EnWG, Europ. EnergieR, Rn. 339.
[24] *Büdenbender/Rosin*, ET 2003, 746 (747); *Büdenbender*, ET (Special) 2003, 2 (10).

reguliert werden. Dann eignet sie sich auch für Branchen, in denen wie in der Energiewirtschaft viele Monopolisten zu prüfen sind. Auch hinsichtlich der Ausgestaltung des Verfahrens lässt der Gemeinschaftsgesetzgeber dem nationalen Gesetzgeber einen weiten Spielraum: Aus dem Wortlaut der Beschleunigungsrichtlinien geht hervor, dass die Regulierungsbehörde ihre Entscheidung entweder als „Festlegung" oder als „Genehmigung" treffen kann, vgl. Art. 23 Abs. 2 EltRL und Art. 25 Abs. 2 GasRL. Unterschieden werden können neben der Methodenregulierung und der Einzelentgeltregulierung also auch die folgenden Möglichkeiten: Bei der Genehmigung einer Methode oder eines Preises kann die Regulierungsbehörde auf Antrag des Netzbetreibers tätig werden, während bei der Festlegung grundsätzlich ein Tätigwerden von Amts wegen, also ohne vorherigen Antrag, gegeben ist.[25] Die Wahl des Begriffs „Genehmigung" lässt darauf schließen, dass es dem europäischen Richtliniengeber nicht darum geht, ohne Berücksichtigung des Sachverstands der Marktteilnehmer die zentralen Entscheidungen hinsichtlich der Tarifbildung zu treffen.[26] Von Amts wegen kann ein Eingreifen der Behörde denkbar sein, wenn ein Netzbetreiber eine notwendige Regulierungsentscheidung gar nicht oder erst verspätet zur Genehmigung beantragt. Festlegungsakte ergehen grundsätzlich von Amts wegen.

2. Ex-post-Regulierung

Zeitlich nachgelagert ist eine Ex-post-Regulierung gemeinschaftsrechtlich vorgeschrieben, für die die Beschleunigungsrichtlinien Instrumente vorsehen. Aus den Beschleunigungsrichtlinien ergeben sich Eingriffsbefugnisse, Monitoring-Pflichten und die Funktion der Regulierungsbehörde als Streitbeilegungsstelle.

a. Eingriffsbefugnisse der Regulierungsbehörde

Nach Art. 25 Abs. 4 GasRL und Art. 23 Abs. 4 EltRL sind die Regulierungsbehörden – im Fall der Erforderlichkeit – befugt, von den Netzbetreibern zu verlangen, die Tarife oder Tarifberechnungsmethoden zu ändern, damit diese angemessen und nichtdiskriminierend angewendet werden. Art. 23 Abs. 4 stellt damit die Weichen für eine repressive Missbrauchsaufsicht im Energiesektor. Darüber hinaus wird der Regulierungsbehörde aufgrund dieser Regelung das Recht eingeräumt, von den Netzbetreibern Änderungen der konkreten Höhe der Netzzugangsentgelte zu verlangen. Aber diese repressive Kontrolle ist nach den Vorgaben nicht flächendeckend und automatisch zu praktizieren, sondern vielmehr nur dort, wo ein konkreter Anlass für eine Kontrolltätigkeit gegeben ist.[27]

---

[25] *Rosin/Krause*, ET (Special) 2003, 17 (22); *Büdenbender*, ET (Special) 2003, 2 (7).

[26] *Neveling/Theobald*, EuZW 2002, 106 (109); Danner/*Neveling*, EnWG, Europ. EnergieR, Rn. 343.

[27] *Büdenbender*, ET (Special) 2003, 2 (6).

Das spricht für ein Ermessen bei der Frage des Aufgreifens von Regulierungsmaßnahmen. Art. 23 Abs. 4 EltRL verweist vollumfänglich auf Abs. 1 und somit auch auf alle Aspekte, für die ein Monitoring durchzuführen ist. Die Regulierungsbehörde ist nach der EltRL also auch befugt – und verpflichtet (!) – die in Art. 23 Abs. 1 S. 3 a-h genannten Tätigkeiten nicht nur für die Erstellung eines Monitoring-Berichts zu beobachten, sondern zugleich auch verpflichtet, einzuschreiten, wenn dies erforderlich ist, um sicherzustellen, dass die inhaltlichen Maßstäbe eingehalten werden.

Art. 23 Abs. 4 EltRL erwähnt noch einmal die Methoden der Tarifgenehmigung, obwohl diese als Mindestanforderung bereits vorher von der Regulierungsbehörde genehmigt worden sein müssen. Damit wird deutlich, dass auch nach dieser ersten Genehmigung und Festlegung dieser Methoden Änderungen von der Regulierungsbehörde vorgenommen werden können.

b. Monitoring

Nach Art. 23 Abs. 1 S. 3 EltRL und Art. 25 Abs. 1 S. 3 GasRL hat die Regulierungsbehörde das effektive Funktionieren eines Marktes und das Stattfinden eines echten Wettbewerbs sicherzustellen. Insofern werden die Mitgliedstaaten beauftragt, ein Monitoring festzuschreiben und durchzuführen. Die Mitgliedstaaten haben nach Art. 23 Abs. 1 S. 3 a-h EltRL und Art. 25 Abs. 1 S. 3 a-h GasRL ein umfangreiches Monitoring einzuführen, welches der Regulierungsbehörde letztlich obliegt. Der Begriff des Monitorings bedarf der Auslegung. Er umfasst die Beobachtung der in den Beschleunigungsrichtlinien genannten Tätigkeitsfelder und vor allem Informationsansprüche der Regulierungsbehörde als wesentliche Voraussetzung für die Ausübung einer behördlichen Kontrolltätigkeit überhaupt. Monitoring ist also als Überwachen, Kontrollieren und Überprüfen zu verstehen. Über diese „beobachtende" Tätigkeit muss die Regulierungsbehörde nach Art. 23 Abs. 1 S. 4 EltRL einen Jahresbericht schreiben.

c. Funktion der Regulierungsbehörde als Streitbeilegungsstelle

Darüber hinaus kann jeder Betroffene, der sich hinsichtlich der in Abs. 1, 2 oder 4 des Art. 23 EltRL genannten Belange beschwert fühlt, eine Beschwerde gegen einen Netzbetreiber bei der Regulierungsbehörde erheben. Die Regulierungsbehörde muss auf Antrag hin ein Verfahren einleiten. Ein Aufgreifermessen wird ihr also insoweit nicht eingeräumt. Sie hat als Streitbeilegungsstelle innerhalb von zwei Monaten nach Eingang der Beschwerde eine Entscheidung zu treffen. Einmalig kann diese Frist um zwei Monate von der Regulierungsbehörde verlängert werden, wenn diese nach Art. 23 Abs. 5 S. 2 EltRL zusätzliche Informationen anfordert. Ansonsten ist eine weitere Verlängerung der Frist nach Art. 23 Abs. 5 S. 3 EltRL nur mit Zustimmung des Beschwerdeführers möglich.

Die Gegenstände der Ex-ante-Regulierung sind ebenso von der Ex-post-Regulierung umfasst, ohne dass die Richtlinien hinsichtlich des Änderungsverlangens einen Unterschied machten. Bereits ex-ante regulierte Methoden oder Tarife könnten demnach auch einer Ex-post-Regulierung unterfallen. Die Beschleunigungsrichtlinien schließen das zumindest nicht aus, wenn sie hinsichtlich der Eingriffsbefugnisse auf Art. 25 Abs. 2 GasRL bzw. Art. 23 Abs. 2 EltRL verweisen, und somit ohne Einschränkung die ex-ante regulierten Gegenstände auch der Ex-post-Regulierung zuweisen. Dies könnte man so auslegen, dass Gesichtspunkte des Vertrauensschutzes und der Bestandskraft von Entscheidungen der Ex-ante-Regulierung im Rahmen der Ex-post-Regulierung unbeachtlich sein sollten.[28]

Neben diesen Regulierungsinstrumenten sind die Mitgliedstaaten nach Art. 23 Abs. 8 EltRL auch verpflichtet, weitere Ex-post-Marktverhaltenskontrollmechanismen i.S.d. Art. 82 EG zu schaffen, um den Missbrauch einer marktbeherrschenden Stellung zu verhindern. Hier überlässt der Richtliniengeber den Mitgliedstaaten die Gestaltung, aber nicht ohne die Zielsetzung festzulegen, dass Missbrauch einer marktbeherrschenden Stellung zum Nachteil insbesondere der Verbraucher und Verdrängungspraktiken verhindert werden sollen.

II. Materielle Kostenmaßstäbe für die Entgeltregulierung

Ein inhaltlicher Maßstab für die Entgeltregulierung lässt sich in den Beschleunigungsrichtlinien zunächst mit folgendem Inhalt auffinden: „Die Tarife sind so zu gestalten, dass die notwendigen Investitionen in die Netze so vorgenommen werden können, dass die Lebensfähigkeit der Netze gewährleistet ist.“, vgl. Art. 23 Abs. 2 lit. a EltRL, Art. 25 Abs. 2 lit. a GasRL.

Aus den Erwägungsgründen 13, 17 und Art. 20 Abs. 1 EltRL und 7, 15 und Art. 19 Abs. 1 GasRL ergeben sich folgende Vorgaben: Tarife sollen nichtdiskriminierend, transparent, objektiv und kostenorientiert sein. Darüber hinaus sollen gleichzeitig Anreize gegeben werden, um die Einspeisung und Abnahme von Elektrizität auszugleichen und das System der Energieversorgung nicht zu gefährden. Weiterhin ergibt sich aus Art. 23 Abs. 4 EltRL und Art. 25 Abs. 4 GasRL, dass die Tarife angemessen sein müssen. Geht man davon aus, dass es sich bei dem Adjektiv „angemessen“ um eine inhaltliche Vorgabe handelt,[29] so ist sie jedenfalls als sehr unbestimmt anzusehen und bedarf der inhaltlichen Ausfüllung, zu der die in den Erwägungsgründen genannten Maßstäbe herangezogen

---

[28] So vermuten *Theobald/Hummel*, ZNER 2003, 176 ff.

[29] *Theobald/Hummel*, ZNER 2003, 176 (178); *Kühling*, N&R 2004, 12 (13); a.A. *Rosin/Krause*, ET (Special) 2003, 17 (23).

werden können.[30] Dass diese Vorgabe allerdings keine Festlegung der Mitgliedstaaten hinsichtlich der Implementierung eines spezifischen Kostenmaßstabs enthält, zeigt bereits ein Vergleich mit den fortentwickelten Fassungen der EG-Richtlinien im Telekommunikationssektor, die wesentlich detaillierter gefasst sind.[31] Die genannten inhaltlichen Vorgaben hinsichtlich des Maßstabs der Entgelte sollen im Folgenden im Einzelnen dargestellt und bewertet werden.

1. Diskriminierungsfreiheit

Das Merkmal der Diskriminierungsfreiheit, zu finden in den Erwägungsgründen Nr. 7, 16 und 22 zur GasRL und Nr. 6, 13, 18 zur EltRL und in Art. 20 Abs. 1 S. 1 EltRL und Art. 18 Abs. 1 S. 1 GasRL, soll die Benachteiligung einzelner Netzzugangspetenten bei der Gestaltung der Tarife und Tarifsysteme und bei der Anwendung dieser Tarife durch die Netzbetreiber verhindern. Dieses tarifäre Diskriminierungsverbot verlangt, dass für vergleichbare Leistungen stets die gleichen Entgelte erhoben werden müssen. Der Netzbetreiber steht in der Regel verschiedenen Vertriebsunternehmen als Netznutzer gegenüber. Aus seiner Position könnte es sinnvoll erscheinen, einen der Netznutzer zu bevorzugen, ihm also günstigere Tarife zuzubilligen. Insbesondere aufgrund der parallel in den Beschleunigungsrichtlinien vorgesehenen gesellschaftsrechtlichen Entflechtung liegt der Gedanke nahe, dass es sich bei dem größten Abnehmer um das konzernverbundene Vertriebsunternehmen handelt. Der Netzbetreiber könnte nun die Preisgestaltung derart vornehmen, dass eben dieser Netzzugangspetent bevorzugt wird, beispielsweise durch die Gewährung von Mengenrabatten[32] oder sonstigen Vergünstigungen. Das Merkmal der Diskriminierungsfreiheit gibt aber vor, dass eine diskriminierende Konditionenpolitik unterlassen werden muss. Diskriminierungsfreiheit setzt gerade voraus, dass die Preise kostenorientiert errechnet werden. Jede preisliche Differenzierung muss aber aufgrund des Diskriminierungsverbots durch sachliche Gründe gerechtfertigt sein, die den Zielen des EGV und den Beschleunigungsrichtlinien nicht entgegenstehen. Rabatte sind nach der Rechtsprechung des EuGH echte Leistungsentgelte, auf die der Grundsatz der Kostenverursachungsgerechtigkeit Anwendung findet.[33] Von dem Merkmal der Diskriminierungsfreiheit betroffen sind auch die Absatzkreditpolitik und die Abbedingung von Lieferungs- und Zahlungsmodalitäten.

---

[30] *Theobald/Hummel*, ZNER 2003, 176 ff. (178); *Herrmann*, Europäische Vorgaben zur Regulierung der Energienetze, 2005, S. 166.

[31] *Koenig/Rasbach*, IR 2004, 26 (27).

[32] So *Theobald/Hummel*, ZNER 2003, 176 ff. (178).

[33] Vgl. dazu ausführlich *Herrmann*, Europäische Vorgaben zur Regulierung der Energienetze, 2005, S. 193.

2. Transparenz

Das Merkmal der Transparenz verlangt zunächst eine Tarifgestaltung, die klar und in ihren wirtschaftlichen Folgen für den Netznutzer absehbar ist.[34] Um diesem Merkmal gerecht zu werden, muss der Mitgliedstaat gewährleisten, dass die Preise und deren Kalkulation in einem Medium veröffentlicht werden, das allen Netzzugangspetenten und der interessierten Öffentlichkeit zugänglich ist. Dabei erscheint beispielsweise das Internet ein geeigneter Raum zu sein, in dem sich alle Netznutzer über die Tarifgestaltung und die Tarife informieren können. Insbesondere fordern die Richtlinien in Art. 18 Abs. 1 S. 2 GasRL und Art. 20 Abs. 1 S. 2 EltRL, dass die Tarife oder – soweit nur die Methoden einer Genehmigung unterliegen – die Methoden vor dem Inkrafttreten veröffentlicht werden. Dazu gehört auch eine tatsächliche Zugriffsmöglichkeit auf die Informationen. Dagegen würde eine regionale Veröffentlichung die Kenntniserlangung durch andere Netzzugangspetenten erschweren.[35] Transparenz bedeutet nicht nur eine Öffnung gegenüber den Kunden, sondern setzt andererseits auch bestimmte Offenlegungspflichten gegenüber der Regulierungsbehörde voraus. Dieser werden im Rahmen des umfangreichen Monitorings die Kompetenzen dafür übertragen. Umfangreiche Offenlegungspflichten und eine transparente Informationspolitik gegenüber der Regulierungsbehörde sind schon vor dem Hintergrund notwendig, dass die Energieunternehmen regelmäßig einen „Informationsvorsprung“ haben. An dem Maßstab der Transparenz muss sich vor allem die Gestaltung der Entgelte messen lassen. Im Rahmen der Kalkulation von Entgelten sind Methoden auszuwählen, die der Transparenz in höchstmöglichem Maße gerecht werden. Nur dann ist die Erstellung der Entgelte transparent und auch für Dritte einfacher nachzuvollziehen. In Betracht kommt ferner, vertragliche Nebenabreden zwischen dem Netzbetreiber und den Vertriebsunternehmen an diesem Maßstab zu prüfen. Insbesondere vertrauliche Nebenabreden werden der Transparenz nicht gerecht und müssen deshalb im Rahmen des Möglichen aufgedeckt werden. Dieser Maßstab verhindert letztlich jede Art der individuellen Verhandlung der Preise und der Gewährung von verdeckten Preisnachlässen und Ausnahmen, die sich nach nicht veröffentlichten Regeln richten. Der Maßstab der Transparenz hat den Nebeneffekt, dass er Preisdiskriminierungen erschwert und ein gewisser „Prangereffekt“ erzielt werden kann. In Art. 6 Abs. 2 ErdgasfernleitungsnetzVO wird die gemeinschaftsrechtliche Forderung nach Transparenz noch einmal deutlich, wenn es hinsichtlich der Tarife heißt, ausreichend und angemessen seien detaillierte Informationen über die Tarifbildung, die entsprechenden Methoden und die Tarifstruktur zu veröffentlichen.

---

[34] *Theobald/Hummel*, ZNER 2003, 176 (178).

[35] *Herrmann*, Europäische Vorgaben für die Regulierung der Energienetze, 2005, S. 191.

3. Kostenorientierung

Des Weiteren sollen die Tarife – wie den Erwägungsgründen Nr. 16 der GasRL und Nr. 17 EltRL zu entnehmen, nicht aber dem Richtlinientext selbst – kostenorientiert ausgerichtet sein. Bei genauerer Betrachtung wird allerdings deutlich, dass die Kostenorientierung auch ohne Bezugnahme auf die Erwägungsgründe bereits im Diskriminierungsverbot des Art. 23 Abs. 4 EltRL bzw. Art. 25 GasRL verankert ist: Denn in einer auf Vertriebs- und Versorgungswettbewerb ausgerichteten Regulierungsordnung muss sich jeder sachliche Grund für eine Entgeltdifferenzierung vor dem Hintergrund der Diskriminierungsfreiheit auf den vorgelagerten Märkten letztlich an unterschiedlichen Kostenstrukturen orientieren. Soll die Entgeltpolitik eines Unternehmens also diskriminierungsfrei gestaltet sein, setzt dies notwendigerweise voraus, dass die Entgelte kostenorientiert gebildet werden. Eine Kostenorientierung ist in den Beschleunigungsrichtlinien also bereits über das Merkmal der Diskriminierungsfreiheit vorgesehen.

Der Begriff „kostenorientiert" ist aber nicht besonders konkret und spezifiziert. Grundsätzlich sagt der Begriff nur aus, dass sich die Festlegung der Preise an den bei der Erbringung einer Leistung entstandenen Kosten zu orientieren hat. Die Kostenorientierung stellt also zwischen Preisen und den Erlösen ein Abhängigkeitsverhältnis her. Hinsichtlich der Frage, an *welchen* Kosten einer Leistung sich die Tarife zu orientieren haben, gibt er ohne nähere Erläuterung nicht einmal vor, ob es auf die tatsächlichen Kosten ankommen oder ob ein objektiver Effizienzkostenmaßstab zugrunde gelegt werden soll. Stimmen in der Literatur interpretieren die Vorgabe der Richtlinie dahingehend, dass grundsätzlich eine Orientierung der Entgeltregulierung an den tatsächlichen Kosten der jeweiligen Netzbetreiber erfolgen soll, befürworten also einen subjektiven Ansatz.[36] Kostenorientierung bedeute Kostendeckung und Kostenverursachungsgerechtigkeit. Der Netzbetreiber habe grundsätzlich einen Anspruch darauf, aus der Summe der Entgelte die tatsächlichen Kosten des Netzbetriebs decken zu können. Diese Auffassung schränkt allerdings diesen subjektiven Ansatz insofern ein, als dass sie auf den Begriff „Orientierung" abstellt: Orientierung bedeutet nach dieser Auffassung gleichzeitig immer, dass eine Korrektur durch andere Faktoren bzw. Hilfsmittel möglich und zulässig sei.[37]

---

[36] *Theobald/Hummel*, ZNER 2003, 176 (178); *VRE/VDEW/VDN*, Eckpunkte der Ausgestaltung des regulatorischen Rahmens für den Netzzugang Strom und Gas in Deutschland ab 2004, S. 6 abrufbar WWW beispielsweise unter http://www.rwe.com/generator.aspx/property/Data/id=123126/ eckpunkte.pdf.

[37] *Theobald/Hummel*, ZNER 2003, 176 (178); *Rosin/Krause*, ET (Spezial) 2003, 17 (23). So ist letztlich auch die erst kürzlich erlassene ErdgasfernleitungsnetzVO in Art. 3 Abs. 1 zu lesen, in der es heißt, die Tarife sollten die Ist-Kosten widerspiegeln, soweit diese Kosten denen eines effizienten und strukturell vergleichbaren Netzbetreibers entsprechen.

Andererseits kann die Richtlinie aber auch dahingehend interpretiert werden, dass den Kosten bereits ein objektiver Ansatz zugrunde liegt, mithin z.B. auf die Kosten einer effizienten Leistungsbereitstellung abzustellen ist. Dafür spricht zunächst, dass die Beschleunigungsrichtlinien einen Wettbewerbsansatz wählen.[38] Denn wenn die tatsächlichen Kosten geltend gemacht werden könnten, würde das dazu führen, dass auch die Kosten einer möglicherweise ineffizienten Leistungsbereitstellung abgewälzt werden könnten. Eine solche Grundlage für die Berechnung kann aber vor dem Hintergrund des wettbewerblichen Kontextes der Beschleunigungsrichtlinien nicht angenommen werden.[39] Ein weiteres Indiz für eine solche Sichtweise ist die Vorgabe der Richtlinien, die bestimmt, dass „die Lebensfähigkeit der Netze gewährleistet sein soll" (Art. 23 Abs. 2 lit. a S. 2 EltRL und Art. 25 Abs. 2 lit. a S. 2 GasRL). Dieser Satz dient zur Absicherung einer Untergrenze, die die Entgelte nicht unterschreiten dürfen. Die Normierung einer solchen Untergrenze wäre aber überflüssig, wenn auf die tatsächlichen Kosten abgestellt würde. Denn die Lebensfähigkeit der Netze ist bei einem subjektiven Maßstab, bei dem alle anfallenden Kosten geltend gemacht werden können, alleine schon deshalb gewährleistet, weil die tatsächlichen Kosten durch die Entgelte abgedeckt wären und somit die Untergrenze zur „Lebensunfähigkeit" durch die Entgelte grundsätzlich nicht unterschritten werden könnte. Auch diese Regelung in den Richtlinien spricht also gegen einen subjektiven Maßstab der anzusetzenden Kosten.

Allerdings müssen die Beschleunigungsrichtlinien systematisch auch im Lichte der Verordnung über die Netzzugangsbedingungen für den grenzüberschreitenden Stromhandel betrachtet werden. Im Bereich des grenzüberschreitenden Stromhandels sind die Rahmenbedingungen für die Ausübung der Entgeltregulierung gemeinschaftsrechtlich durch die unmittelbar im deutschen Recht Geltung entfaltende StromhandelsVO enger gesteckt. Mit dieser Regelung hat die Europäische Gemeinschaft erstmals zur Liberalisierung des Energiemarkts unmittelbar geltendes Recht in den Mitgliedstaaten geschaffen. Diese gibt zusätzliche, zwingend zu beachtende Maßstäbe vor. Art. 4 Abs. 1 StromhandelsVO besagt zu den Netzzugangsentgelten, dass diese die tatsächlichen Kosten insofern widerspiegeln müssen, als sie denen eines effizienten und strukturell vergleichbaren Netzbetreibers entsprechen. Damit ist jedoch ein Abstellen alleine auf die tatsächlichen Kosten ohne objektivierte („effizienten und strukturell vergleichbaren Netzbetreiber") Korrekturmöglichkeit nicht denkbar. Die Aussage der StromhandelsVO streitet insofern für einen Kostenansatz, der jedenfalls durch die Anwendung eines Effizienzkriteriums begrenzt ist. Allerdings sagt auch diese Begrifflichkeit nichts aus über die Kostenbasis.

---

[38] So *Kühling*, N&R 2004, 12 (13); *Säcker*, ZNER 2003, 214 (218), der in seinem Gesetzesentwurf einen solchen Ansatz wählt; *Büdenbender*, ET (Special) 2003, 2 (11).
[39] A. A. *Herrmann*, Europäische Vorgaben zur Regulierung der Energienetze, 2005, S. 177.

Deutlich ist in dieser Hinsicht aber die Aussage der ErdgasfernleitungsnetzVO. Diese ist im Sinne der Auffassung, die bei der Kostenorientierung auf die tatsächlichen Kosten der Netzbetreiber abstellen will, zu lesen. Nach Art. 3 Abs. 1 der Verordnung müssen die Tarife „die Ist-Kosten widerspiegeln, soweit diese Kosten denen eines effizienten und strukturell vergleichbaren Netzbetreibers entsprechen". Damit geht die Verordnung unmissverständlich von den tatsächlichen Kosten aus, denn die „Ist-Kosten" sind die tatsächlich bei dem Netzbetreiber angefallenen Kosten. Deutlich wird in Art. 3 Abs. 1 der Verordnung auch der Bezug zu den nach Art. 25 Abs. 2 der GasRL festgelegten Entgeltregelungen: Dieser Maßstab aus der ErdgasfernleitungsnetzVO stellt auch dafür noch einmal klar, dass zunächst die „Ist-Kosten" der Netzbetreiber zugrunde zu legen sind, allerdings korrigiert durch ein objektives Kriterium, nämlich durch die Anforderung, dass die Kosten denen eines effizienten und strukturell vergleichbaren Netzbetreibers entsprechen müssen.

Obwohl also die gemeinschaftsrechtliche Vorgabe mit dem Begriff „kostenorientiert" nicht sehr konkret ist, ist es unter Berücksichtigung der systematischen Argumente und dem wirtschaftlichen Ansatz der Richtlinien möglich, auf einen objektiven Kostenansatz abzustellen.[40] Jedenfalls bedeutet die Vorgabe in den Beschleunigungsrichtlinien, dass das Merkmal der Kostenorientierung innerhalb eines Regulierungsmodells berücksichtigt sein muss. Damit ist ein zwingender Bestandteil eines möglichen Anreizregulierungsmodells auch ein kostenorientierter Anteil, um der Vorgabe der Beschleunigungsrichtlinien gerecht zu werden. Die Ansicht der Kommission selbst ist letztlich noch offener, denn sie löst sich völlig von dem klassischen Ansatz der Kostenorientierung ab. In dem Vermerk zu den Beschleunigungsrichtlinien[41] heißt es, dass „es nicht immer sinnvoll sein möge, dass die Tarife direkt auf den Kosten des Netzbetreibers basierten." Hier formuliert die Kommission indirekt, dass auch die völlige Ablösung von den tatsächlichen Kosten ein gangbarer Weg sein könnte: Dies wäre ein objektiver Kostenansatz.

4. Substanzerhalt

Die Beschleunigungsrichtlinien legen in Art. 25 Abs. 2 lit. a S. 2 GasRL und Art. 23 Abs. 2 lit. a S. 2 EltRL fest, dass die Tarife oder Methoden so zu gestalten sind, dass zur Gewährleistung der Lebensfähigkeit der Netze die notwendi-

---

[40] Davon, dass beide Ansätze von den Beschleunigungsrichtlinien abgedeckt sind, gehen letztlich *Koenig/Rasbach*, IR 2004, 26 (27) aus.

[41] Vermerk der Generaldirektion Energie und Verkehr zu den Richtlinien 2003/54/EG und 2003/55/EG über den Elektrizitäts- und den Erdgasbinnenmarkt v. 14.1.2004, im WWW unter http://europa.eu.int/comm/energy/electricity/legislation/doc/notes_for_implementation_2004/role_of_regulators_de.pdf, S. 7.

gen Investitionen in die Netze vorgenommen werden können. Dieser grundlegende Hinweis war in dem Gemeinsamen Standpunkt des Rates vom 3. Februar 2003[42] noch nicht enthalten. Erst auf Empfehlung des Europäischen Parlaments in zweiter Lesung ist der Zusatz in die Richtlinie aufgenommen worden. Begründet wurde die Einfügung durch das Parlament mit der Bedeutung von Investitionen für die Stabilität der Netze. Auch aus Nr. 22 S. 4 der Erwägungsgründe zur GasRL und Nr. 23 S. 4 zur EltRL geht hervor, dass Aufbau und Erhalt der erforderlichen Netzinfrastruktur wichtige Elemente sind, um eine stabile Gas- bzw. Elektrizitätsversorgung zu gewährleisten. Dies sind ebenfalls nach Art. 3 Abs. 1 GasRL und EltRL erklärte Ziele der Richtlinien. Für die Mitgliedstaaten und die jeweiligen Regulierungsbehörden erwächst daraus ein zwingend zu beachtendes Postulat. Aus dieser Betonung von Stabilität und Lebensfähigkeit der Netze für die Gewährleistung einer sicheren Energieversorgung folgt für die Mitgliedstaaten die Verpflichtung, einen energierechtlichen Ordnungsrahmen zu schaffen, der es den Netzbetreibern ermöglicht, aus ihrer Betreibertätigkeit ausreichende Gewinne zu erzielen, um die zum Erhalt der Netzsubstanz notwendigen Investitionen vornehmen zu können. Eine staatliche Investitionslenkung wurde aber – entgegen entsprechender Vorschläge der Kommission – nicht festgeschrieben.[43] Daraus ergibt sich die Notwendigkeit einer Entgeltregulierung, die zukunftsorientiert die Leistungs- und Funktionsfähigkeit der Netze durch Anreize zu fortschreitenden Investitionen in diese Netzinfrastrukturen absichert.[44] Die Entgelthöhe soll mithin den Substanzerhalt der Netze auf allen Marktstufen zur Sicherstellung der Versorgungssicherheit abdecken.[45] Die Richtlinie enthält somit eine Normierung der absoluten Untergrenze, bei der die Lebensfähigkeit der Netze im Hinblick auf die Versorgungssicherheit gewährleistet ist. Soll aber die Lebensfähigkeit der Netze gewährleistet sein, muss aus dieser Vorgabe auf den Substanzerhalt der Energieversorgungsunternehmen selbst geschlossen werden.[46] Die Entgelthöhe muss gewährleisten, dass Wiederbeschaffungen durch das Unternehmen gesichert sind und Investitionen getätigt werden können. Im Mittelpunkt stehen damit der Aufbau und der Erhalt der erforderlichen Infrastruktur. Es sind die notwendigen Investitionen in die Netze zu tätigen, wobei die notwendigen Investitionen solche sind, die die Lebensfähigkeit der Netze gewährleisten, also Betrieb, Wartung und Ausbau der

---

[42] Gemeinsamer Standpunkt (EG) Nr. 6/2003 des Rates vom 3.2.2003 im Hinblick auf den Erlass der Richtlinie des Europäischen Parlaments und des Rates über gemeinsame Vorschriften für den Erdgasbinnenmarkt und zur Aufhebung der Richtlinie 98/30/EG, Abl. EG Nr. C 50 E vom 4.3.2003, S. 36 ff. Vgl. dazu *Koenig/Rasbach*, Rechtsfragen zur regulatorischen Ausgestaltung des Netzzugangs bei Erdgas, Heidelberg 2004, S. 90 ff.

[43] Dazu *Baur*, in Ehricke (Hrsg.), Das neue Recht für die Energiewirtschaft, 2005, S. 47.

[44] *Theobald/Hummel*, ZNER 2003, 176 ff.

[45] *Däuper*, ET 2004, 204 (206).

[46] Siehe zu dem verfassungsrechtlichen Schutz der Unternehmenssubstanz den gleichnamingen Aufsatz von *Schmidt-Preuß*, ET 2003, 758 ff.

Netze. Der Begriff der Notwendigkeit wiederum ist unbestimmt. Die Mitgliedstaaten müssen ihn mit Inhalt füllen. Das muss nach anerkannten betriebswirtschaftlichen Prinzipien geschehen, die als Maxime den Substanzerhalt garantieren. Im Lichte des Als-ob-Wettbewerbs kann durch die Beschleunigungsrichtlinien aber nicht die Substanz an sich und in Gänze geschützt sein. Vielmehr ist nur die Substanz davon betroffen, die auch im funktionsfähigen Wettbewerb in ihrem Bestand erhalten bleiben würde. Das kann jedoch nur die Substanz sein, die zur Anpassung unter simulierten Wettbewerbsbedingungen notwendig ist.[47]

Das Anliegen, den Substanzerhalt der Netze durch Investitionen zu sichern und somit die Versorgungssicherheit auf einem hohen Niveau zu halten, wird deutlich in der Richtlinie des Europäischen Parlaments und des Rates über Maßnahmen zur Gewährleistung der Sicherheit der Elektrizitätsversorgung und von Infrastrukturinvestitionen.[48] Dort geht die Kommission davon aus, dass es der richtigen Anreize für die Marktteilnehmer sowie eines stabilen rechtlichen Rahmens für Investitionen bedarf. Rechts- und Renditeunsicherheit sind auch nach Ansicht der Kommission ein wesentliches Investitionshemmnis, das zu Problemen bei dem Bau neuer und besserer Leitungen führt.[49]

Dieser niedergelegte Ansatz der Substanzerhaltung impliziert darüber hinaus die Verpflichtung der Mitgliedstaaten, den Netzbetreibern einen Anspruch auf angemessene Verzinsung des eingesetzten Kapitals einzuräumen. Ein solcher Anspruch ist Voraussetzung dafür, dass der Kapitalgeber sein Kapital nicht abzieht, um es einer für ihn günstigen Verwendungsart zuzuführen. Auf diese Weise wird ein Anreiz dafür geschaffen, dass notwendige neue Infrastruktur aufgebaut wird. Dieser Ansatz wird auch noch einmal deutlich in Art. 3 Abs. 1 ErdgasfernleitungsnetzVO. Dort ist deutlich auf eine angemessene Kapitalrendite hingewiesen, die in der Entgeltkalkulation zu berücksichtigen ist.

III. Entgeltberechnung

Danach stellt sich ausgehend von den bisherigen Ergebnissen die weitere Frage, wie die Entgelte konkret berechnet werden können bzw. welche Hilfsmittel nach den Beschleunigungsrichtlinien zur Berechnung der Entgelte angewandt werden können. Hinweise auf ein Berechnungssystem sind in den Beschleunigungsrichtlinien kaum zu finden. Aus den Erwägungsgründen 13, 17 und Art. 20 Abs. 1

---

[47] Vgl. zu „notwendigen Investitionen" i.S.d. Beschleunigungsrichtlinien *Rosin/Krause*, ET (Special) 2003, 17 (23).

[48] Richtlinie 2005/89/EG des Europäischen Parlaments und des Rates über Maßnahmen zur Gewährleistung der Sicherheit der Elektrizitätsversorgung und von Infrastrukturinvestitionen v. 18.1.2006, Abl. Nr. L 033 v. 4.2.2006, S.22-27.

[49] Vgl. dazu auch *Ehricke*, ZNER 2004, 211 (213).

EltRL und parallel dazu aus den Erwägungsgründen 7, 15 und Art. 19 Abs. 1 GasRL ergeben sich folgende Vorgaben: Die Tarife sollen nichtdiskriminierend, transparent, objektiv und kostenorientiert sein. Weiterhin ergibt sich aus Art. 23 Abs. 4 EltRL und Art. 25 Abs. 4 GasRL, dass die Tarife angemessen sein müssen. Diese Vorgaben betreffen nur die Beschaffenheit der Entgelte selbst, nicht aber die Methode, mit deren Hilfe solche Entgelte berechnet werden sollen. Eine bedeutende Vorgabe im Hinblick auf die Berechnung der Entgelte findet sich jedoch in Art. 25 Abs. 2 lit. a S. 2 GasRL und Art. 23 Abs. 2 lit. a S. 2 EltRL, in denen es heißt, dass die Tarife und Methoden so zu gestalten sind, dass die notwendigen Investitionen in die Netze so vorgenommen werden können, dass die Lebensfähigkeit der Netze gewährleistet ist. Dieser Satz gibt nicht nur vor, dass ein substanzerhaltendes Kalkulationsschema zu wählen ist, sondern er weist auch darauf hin, dass ein Entgeltberechnungssystem Investitionsanreize berücksichtigen muss. Investiert werden kann nur mit hinreichendem Eigenkapital. Das ist aber nur möglich, wenn eine wettbewerbsfähige Verzinsung geboten wird. Diese Vorgaben müssen alle durch eine Methode der Entgeltberechnung gewährleistet sein. Insofern ist der Rahmen für die Anwendung von Regulierungsmethoden – auch wenn die Beschleunigungsrichtlinien darüber nichts Konkretes aussagen – durch diese Merkmale der Tarife abgesteckt.

1. Kostenorientierte Berechnungsmethoden

Die Orientierung an den Kosten – inklusive der Berücksichtigung langfristig vermiedener Netzgrenzkosten (Erwägungsgrund 16 der GasRL, Erwägungsgrund 18 der EltRL) – gebietet nach dem Wortlaut und der Ansicht der Vertreter, die der Richtlinie einen subjektiven Ansatz zugrundelegen, eine kostenverursachungsgerechte Preisbildung. Ein erster Schritt müsste nach dieser Ansicht darin bestehen, die Kosten eines Unternehmens zusammenzustellen. Ein Vergleichsverfahren z.B. als alleinige Beurteilungsgrundlage eines Netzzugangstarifs wäre danach zunächst ausgeschlossen. Allerdings gehen die Vertreter dieser Sichtweise davon aus, dass ein Vergleichsmarktmodell als Korrekturgröße zur Kontrolle eines kostenorientierten Systems auch nach den Beschleunigungsrichtlinien eingeführt werden dürfte. Aus der Tatsache, dass durch die Beschleunigungsrichtlinien sowohl der Wettbewerb gefördert als auch ein effektiver Netzbetrieb sichergestellt werden soll, ist die subsidiäre Anwendung des Vergleichsmarktprinzips nicht nur systemkonform, sondern sogar geboten. Der Begriff der „Angemessenheit" und die bloße Orientierung der Netzzugangsentgelte an den Kosten legen nahe, dass eine Berücksichtigung anderer Faktoren auch zulässig sein muss. Der Begriff „Orientierung" weist eben gerade nicht auf ein ausschließlich kostenbasiertes System der Entgeltfindung hin. Die Annahme einer reinen Kostenbasierung würde eine Absage an andere Systeme bedeuten.[50] Ein kostenbasiertes System der Entgeltfindung ist nach den Beschleunigungsrichtlinien also vorausgesetzt, kann jedoch durch ergänzende Verfahren, wie z.B. das Vergleichsverfahren, erweitert werden. Diese Ansicht wird bestärkt durch die Aussage der ErdgasfernleitungsnetzVO, wo in Art. 3 Abs. 1 festgelegt ist, dass die Tarife die Ist-Kosten widerspiegeln sollen, soweit sie denen eines effizienten und strukturell vergleichbaren Netzbetreibers entsprechen. Aber auch hiernach sind Preisvergleiche ausdrücklich durch die Regulierungsbehörden zu berücksichtigen.

2. Anreizorientierte Berechnungsmethoden

Darüber hinausgehend könnte auch eine anreizorientierte Berechnungsmethode in den Beschleunigungsrichtlinien vorgesehen sein. Allerdings wird in der Literatur bestritten, dass eine Anreizregulierung nach den gemeinschaftsrechtlichen Vorgaben überhaupt umsetzbar wäre. Anreizorientierte Kostenermittlungsmethoden wie z.B. das Price-Cap-Verfahren seien von den Beschleunigungsrichtlinien ausgeschlossen, weil diese eine Orientierung an den tatsächlichen Kosten vorschreiben.[51] Die Beschleunigungsrichtlinien selbst enthalten im Richtlinientext jedoch keinen expliziten Hinweis darauf, ob auf die tatsächlichen Kosten abzustellen ist. In den Erwägungsgründen findet sich zwar ein Hinweis darauf, dass die Entgelte kostenorientiert gebildet werden sollen. Jedoch ist dieser Begriff ohne nähere Spezifizierung wenig hilfreich und beantwortet nicht die Frage, ob es sich dabei um die Kosten einer effizienten Leistungsbereitstellung oder um die tatsächlich angefallenen Kosten handeln muss.[52] Darüber hinaus enthalten Erwägungsgründe von Richtlinien keine verbindlichen Vorgaben und können nur zur Auslegung herangezogen werden. Aber selbst wenn von einer „Ist-Kosten-Orientierung" ausgegangen werden muss, weil sich diese explizit aus der ErdgasfernleitungsnetzVO ergibt, bedeutet das nicht, dass Anreizregulierungsmechanismen von vorne herein auszuschließen sind.[53] Denn auch bei dieser Methodik kann von den „Ist-Kosten" als Basiswert ausgegangen werden. Auch der Hinweis, die Tarife und Methoden seien so zu gestalten, dass die notwendigen Investitionen in die Netze vorgenommen werden können, ist nicht so zu verstehen, dass damit jedes anreizorientierte System von vorne herein ausgeschlossen ist. Denn auch ein anreizorientiertes System kann Anreize zu notwendigen In-

---

[50] So *Rosin/Krause*, ET(spezial) 2003, 17 (23).

[51] *Theobald/Hummel*, ZNER 2003, 176 (178).

[52] Siehe dazu *Kühling*, N&R 2004, 12 (13).

[53] Vgl. insoweit auch *Büdenbender*, ET (Spezial) 2003, 2 (12), der regulierungstheoretisch diese Alternativen und Modifizierungen für eine kalkulatorische Preisbildung, z.B. Benchmarking und das Price-Cap-Verfahren, auch sieht. So auch *Herrmann*, Europäische Vorgaben für die Regulierung der Energienetze, 2005, S. 184.

vestitionen in die Netzbetriebe setzen. Die Erläuterungen der Kommission weisen auf eine solche Auslegung hin.[54] Die Einführung einer mit der Anreizregulierung vernetzten Qualitätsregulierung wäre demnach eine Möglichkeit, beide Vorgaben miteinander in Einklang zu bringen. Ein anreizorientiertes Berechnungssystem wäre damit ebenfalls durch die Beschleunigungsrichtlinien abgedeckt.

IV. Institutionelle Ausgestaltung der Entgeltregulierung

Gem. Art. 23 Abs. 1 EltRL und Art. 25 Abs. 1 GasRL ist der nationale Gesetzgeber verpflichtet, eine oder mehrere Stellen mit den Aufgaben einer Regulierungsbehörde zu betrauen. Die Beschleunigungsrichtlinien differenzieren zwischen „einer weiteren Stelle" und der Regulierungsbehörde. Nach Art. 23 Abs. 3 EltRL und Art. 25 Abs. 3 GasRL ist den Mitgliedstaaten die Möglichkeit eröffnet, die Entscheidungen der Regulierungsbehörde durch eine weitere Stelle kontrollieren zu lassen.

Den Regulierungsbehörden obliegt es nach Art. 23 Abs. 2 lit. a EltRL und Art. 25 Abs. 2 lit. a GasRL, die Bedingungen für den Netzzugang oder die Methoden zur Ermittlung dieser festzulegen und zu genehmigen. Damit übernehmen die Regulierungsbehörden nach der Vorstellung des Richtliniengebers die wesentliche Aufgabe bei der Regulierung der Entgelte. Aus Nr. 13 der Erwägungsgründe der GasRL und Nr. 15 der Erwägungsgründe der EltRL geht hervor, dass es dabei entscheidend ist, dass alle Regulierungsbehörden in den Mitgliedstaaten über die gleichen Mindestzuständigkeiten verfügen.

Eine Definition, welche Institution überhaupt Regulierungsbehörde sein kann, findet sich in den Beschleunigungsrichtlinien nicht. Ein einheitlicher Sprachgebrauch des Wortes findet sich auf europäischer Ebene auch nicht.[55] Jedoch wird der Begriff Behörde seitens des EuGH weit ausgelegt. Hierunter versteht man eine Stelle, die Aufgaben der öffentlichen Verwaltung wahrnimmt.[56] Auch Art. 7 Abs. 5 S. 1 EltRL bezeichnet „eine Behörde, eine öffentliche Stelle oder eine von der Erzeugung, Übertragung und Verteilung von Elektrizität sowie von der Elektrizitätswirtschaft unabhängige, private Stelle" als geeignete Regulierungsbehörde. Demnach kommen als Regulierungsbehörde im Sinne der Beschleunigungsrichtlinien nicht nur die auf Behördenstufe zu benennenden Regu-

---

[54] Vermerk der Generaldirektion Energie und Verkehr zu den Richtlinien 2003/54/EG und 2003/55/EG über den Elektrizitäts- und den Erdgasbinnenmarkt v. 14.1.2004, im WWW unter http://europa.eu.int/comm/energy/electricity/legislation/doc/notes_for_implementation_2004/role_of_regulators_de.pdf, S. 7.

[55] *Holznagel/Göge*, ZNER 2004, 218 (220).

[56] EuGH NJW 1986, 2182 (2184 f.).

lierungsbehörden in Betracht. Vielmehr kann Regulierungsbehörde in diesem Sinne auch ein Bundesminister als Verordnungsgeber oder der Bundestag als Gesetzgeber selbst sein. Insbesondere bestünde nach den gemeinschaftsrechtlichen Vorgaben auch die Möglichkeit, einen privatwirtschaftlich agierenden Regulierer zu wählen. Aus Sicht des Gemeinschaftsrechts ist es nämlich gleichgültig, welches Organ nach der verfassungsmäßigen Kompetenzverteilung tätig wird. Im Ergebnis muss nur eine Verbindlichkeit der Umsetzung nach nationalem Recht bestehen.

V. Fazit

Die Beschleunigungsrichtlinien verlangen zusammenfassend eine „normierende"[57] Regulierung im Gegensatz zu einer Selbstregulierung durch den Wirtschaftssektor, also eine klare Abkehr von dem in Deutschland bisher umgesetzten System der Verbändevereinbarungen. Sie setzen eine ex ante eingreifende Regulierung in Bezug auf die Methoden zur Berechnung oder die Festlegung der Tarife ein. Bei der ex ante vorzusehenden Entgeltregulierung sind die Vorgaben trotz des bedeutenden Themas sehr schwach ausgestaltet. Der Gesetzgeber hat in der Frage der ex ante Entgeltregulierung aus den Beschleunigungsrichtlinien den größten Spielraum. Für die Ex-post-Regulierung ist in den Beschleunigungsrichtlinien eine Überwachungs- und Änderungsbefugnis der Regulierungsbehörde vorgesehen. Hier sind die Vorgaben wesentlich konkreter.

Die Regulierung der Netzzugangsentgelte hat nach den Beschleunigungsrichtlinien verschiedene Ziele zu verfolgen. Die Entgeltregulierung soll einerseits zu einer Steigerung der ökonomischen Effizienz führen bzw. eine Kostenoptimierung herbeiführen. Andererseits soll die gute Versorgungsqualität erhalten bleiben. Die marktübliche Rentabilität des Netzbetriebs soll schließlich gesichert sein.[58] Diese Aufgabentrias gleichzeitig zu erfüllen, stellt hohe Anforderungen an die Gesetzgeber der Mitgliedstaaten. Dies gilt insbesondere vor dem Hintergrund, dass die Vorgaben relativ dünn sind. Die Richtlinien eröffnen den Mitgliedstaaten insbesondere hinsichtlich Inhalt und Verfahren der Entgeltregulierung, aber auch bei der Frage der institutionellen Gestaltung damit einen erheblichen Spielraum. Auch der gemeinschaftsrechtlich wenig definierte Kostenbegriff lässt den Mitgliedstaaten eine große Freiheit bei der Wahl des Entgeltmaßstabs.[59]

---

[57] Siehe zu diesem Begriff *Theobald*, IR 2004, S. 50 ff.

[58] Vgl. dazu auch *Jarass/Obermair*, Angemessene Netzzugangsentgelte mit sinnvollen Anreizwirkungen, Gutachten, Wiesbaden, 2005, zu finden im WWW unter www.jarass.com, Energie, S. 9.

[59] So auch *Herrmann*, Europäische Vorgaben zur Regulierung der Energienetze, 2005, S. 180.

3. KAPITEL: ENTGELTREGULIERUNG IM ENWG

A. Einleitung

Nach den gemeinschaftsrechtlichen Vorgaben blieb dem Gesetzgeber in den wesentlichen Fragen der Regulierung ein weiter Gestaltungsspielraum, den es auf nationaler Ebene auszufüllen und im Sinne der größtmöglichen Wirkung umzusetzen galt. Dabei besteht der weiteste und umstrittenste Umsetzungsspielraum auch nach dem Inkrafttreten des EnWG am 13. Juli 2005 im Bereich der Netzzugangsentgelte.[60] Denn zwischen der Mindestumsetzung der Methodenfestlegung und der starken Einzelentgeltgenehmigung besteht ein großer Unterschied. Auch hinsichtlich der einzelnen Maßstäbe und der verschiedenen anerkannten Entgeltkalkulationsmethoden hat der Gesetzgeber innerhalb des gemeinschaftsrechtlich abgesteckten Rahmens die Wahl. Im folgenden Kapitel soll die Entgeltregulierung in der Umsetzung im EnWG dargestellt werden, nicht ohne auf Defizite hinzuweisen und bestehende Problempunkte anzusprechen. Dies soll vor dem Hintergrund des gemeinschaftsrechtlich fixierten Umsetzungsrahmens der Beschleunigungsrichtlinien und sofern zweckmäßig mit Blick auf die „Nachbarnetzwirtschaften“ Telekommunikation und Eisenbahn erfolgen.

B. Gegenstand der Entgeltregulierung

Gegenstand der Entgeltregulierung nach dem EnWG sind die Netzzugangsentgelte, also solche Entgelte, die für die Durchleitung elektrischer Energie durch die Strom- und Gasnetze berechnet werden. Netzzugangsentgelte stellen damit die geldwerte Gegenleistung für die Gewährung des Netzzugangs durch den Netzbetreiber des Übertragungs- bzw. Verteilnetzes dar.[61] Abgegolten wird damit nicht nur die passive „Durchleitung“ von Strom und Gas, sondern auch unmittelbar mit der Durchleitung verbundene Systemdienstleistungen des Netzbetreibers wie etwa die Frequenz- und Spannungshaltung, Bereitstellung von Blind- und Kurzschlussleitungen, Betriebsführung etc.

I. Endkundenentgelte

Abzugrenzen sind die Netzzugangsentgelte von den Endkundenentgelten. Als Endkundenentgelte sind die Entgelte für den konsumtiven Zugang einzustufen.

---

[60] Zur Entstehung des Gesetzes und insbesondere zu der Frage, wer der Gesetzgeber im Energiewirtschaftsrecht eigentlich sei, vgl. den gleichnamigen Aufsatz von *Becker*, ZNER 2005, 108 ff.

[61] Vgl. dazu auch die Legaldefinition des jeweiligen § 1 NEV.

Die liquidierte Leistung wird unmittelbar vom Verbraucher konsumiert.[62] Die Regulierung der Endkundenentgelte wird nach § 39 Abs. 2 EnWG i.V.m. einer Verordnung über die Kalkulation von Endkundenentgelten durchgeführt.[63] § 39 Abs. 2 EnWG entspricht der Regelung des § 11 Abs. 2 des EnWG a.F. Er enthält die Grundlage für den Erlass von Rechtsverordnungen zur Regelung der Geschäftsbedingungen der Grundversorger bei der Grund- und Ersatzversorgung von Haushaltskunden. Bis zum Erlass einer Verordnung richtet sich die Kalkulation der Entgelte nach der BTOElt.

II. Objektnetze

Gegenstand der Entgeltregulierung sind hingegen nicht solche Netze, die als Objektnetze i.S.d. § 110 EnWG zu bezeichnen sind. Insofern stellen Objektnetze regulierungsfreie. Umso bedeutender ist die Abgrenzungsentscheidung. Objektnetze sind zum einen solche Energieversorgungsnetze, die sich gem. § 110 Abs. 1 S. 1 Nr. 1 EnWG auf einem zusammengehörigen Betriebsgebiet befinden, sowie dem Transport von Energie im eigenen Unternehmen dienen. Zu dem eigenen Unternehmen zählen solche Unternehmen, die im Sinne des § 3 Nr. 38 EnWG verbundene Unternehmen sind.[64] Nach § 110 Abs. 1 S. 1 Nr. 2 EnWG sind auch solche Netze Objektnetze, die sich auf räumlich zusammengehörenden privaten Gebiet befinden und dem Netzbetreiber oder einem Beauftragten dazu dienen, durch einen gemeinsamen übergeordneten Geschäftszweck bestimmbare Letztverbraucher mit Energie zu versorgen. § 110 Abs. 1 S. 1 Nr. 2 EnWG ist für die energiewirtschaftliche Praxis der strittigste aller zu prüfenden Punkte.[65] Denn hier ist nicht deutlich, welche Fallgruppen unter das „Geschäftsnetz" zu fassen sind, zumal sich hier eine Reihe unbestimmter Rechtsbegriffe im Gesetz finden lassen. Eine solche Einordnung als Objektnetz hat aber für viele Unternehmungen eine entscheidende Bedeutung. Beispielsweise ist fraglich, ob Einkaufszentren darunter zu fassen sind, wobei es dabei in der Regel wohl an einem übergeordneten Geschäftszweck fehlen wird. Es kann für einzelne, z.B. in einem Flughafen ansässige Unternehmen allerdings auch von Interesse sein, dass sie

---

[62] *Kühling*, Sektorspezifische Regulierung in den Netzwirtschaften. Typologie Wirtschaftsverwaltungsrecht Wirtschaftsverfassungsrecht, 2004, S. 285.

[63] Eine Ausnahme stellen die individuellen Entgelte nach § 19 Abs. 2 StromNEV dar.

[64] § 3 Nr. 38 EnWG definiert verbundene Unternehmen legal als ein „im Elektrizitäts- oder Gasbereich tätiges Unternehmen oder eine im Elektrizitäts- oder Gasbereich tätige Gruppe von Unternehmen, die im Sinne des Artikels 3 Abs. 2 der Verordnung (EG) Nr. 139/2004 des Rates vom 20.1.2004 über die Kontrolle von Unternehmenszusammenschlüssen miteinander verbunden sind, wobei das betreffende Unternehmen bzw. die betreffende Gruppe im Elektrizitätsbereich mindestens eine der Funktionen Übertragung oder Verteilung und mindestens eine der Funktionen Erzeugung oder Vertrieb von Elektrizität oder im Erdgasbereich mindestens eine der Funktionen Fernleitung, Verteilung, Betrieb einer LNG-Anlage oder Speicherung und gleichzeitig eine der Funktionen Gewinnung oder Vertrieb von Erdgas wahrnimmt".

[65] Vgl. dazu *Schroeder-Czaja/Jacobshagen*, IR 2006, 78 (81).

sich gerade in keinem Objektnetz befinden. Denn hier besteht die Möglichkeit zur Wahl des Energieanbieters gerade nicht. Insofern widerspricht die Regelung über Objektnetze auch den gemeinschaftsrechtlichen Zielen, dass der Auswahlvorteil für die Kunden durch Wettbewerb auf den Netzen geschaffen werden sollte. Schließlich sind auch solche Netze als Objektnetze zu bezeichnen, die sich gem. § 110 Abs. 1 S. 1 Nr. 3 EnWG auf räumlich eng zusammengehörenden Gebiet befinden und überwiegend der Eigenversorgung dienen. Zu den genannten Voraussetzungen kommt bei der Begutachtung der jeweiligen Merkmale noch als Negativanforderung hinzu, dass das Energieversorgungsnetz nicht der allgemeinen Versorgung nach § 3 Nr. 17 EnWG dienen darf[66] und der Objektnetzbetreiber die Leistungsfähigkeit besitzen muss, um den Netzbetrieb auf Dauer zu gewährleisten.

Die Kategorisierung als Objektnetz muss bei der Regulierungsbehörde beantragt werden.[67] Die Zuständigkeit für die Entscheidung, ob ein Objektnetz vorliegt oder nicht, liegt bei der jeweils zuständigen Regulierungsbehörde. Bei den hier betroffenen Netzen geht es um kleinere Netze mit starken regionalen Berührungspunkten, die für die örtliche Infrastruktur wichtig sind. Hier liegt die Zuständigkeit bei den Ländern. Eine Länderzuständigkeit ist in diesen Punkten wichtig und angebracht. Denn diese sind für die lokale Entscheidung der Kategorisierung eines Netzes besser geeignet als die zentrale Regulierungsbehörde, die die Gegebenheiten im Einzelnen nicht kennen kann. Andererseits kann diese Zuständigkeitsordnung zu divergierenden Maßstäben führen.

III. Fahrstrom auf dem Eisenbahnsektor

Soweit das Eisenbahnrecht keine eigenen Regelungen dafür vorsieht, wird das EnWG nach § 3 künftig auch die Versorgung von Eisenbahnen mit leitungsgebundener Energie, also Fahrstrom usw. erfassen. Das bedeutet auch, dass die Entgelte, die für den Fahrstrom von Eisenbahnen berechnet werden, nach dem EnWG kalkulierte Netzzugangsentgelte enthalten werden, es sei denn, das Eisenbahnrecht sieht dafür eine andere Regelung vor. Dies ist nach dem derzeitigen Stand des AEG und der dazugehörigen Verordnungen aber nicht ersichtlich.

---

[66] Nach einer Entscheidung v. 24.1.2007 des OLG Düsseldorf, Az. VI-3 Kart. 452/06, ist ein Energieversorgungsnetz dann der allgemeinen Versorgung gewidmet, „wenn der Netzbetreiber objektiv in der Lage und subjektiv bereit oder verpflichtet ist, jeden Letztverbraucher im Einzugsbereich seines Netzes unabhängig von seiner Individualität an sein Netz anzuschließen und über dieses versorgen zu lassen, wenn dieser es wünscht".

[67] Zu der Frage, ob die behördliche Genehmigung Voraussetzung für die Privilegierung ist, siehe *Schroeder-Czaja/Jacobshagen*, IR 2006, 78 (83). Zu den Voraussetzungen siehe auch das Merkblatt der BNetzA, zu finden unter http://www.bundesnetzagentur.de/media/archive/7462.pdf.

Zwar enthält das Eisenbahnrecht eigene Vorgaben für die Regulierung des Netzzugangs und der Entgelte;[68] die Netzzugangsentgelte für den Fahrstrom werden jedoch nach den bisherigen Erkenntnissen dem Energieregime unterzuordnen sein.

C. Maßstäbe des EnWG und Leitfaden zur Kalkulation der Netzzugangsentgelte

Bei der Umsetzung dieser gemeinschaftsrechtlichen Richtlinien-Vorgaben hat sich der Gesetzgeber im EnWG für eine „normierende" Regulierung[69] entschieden. Das heißt, dass die wesentlichen Regulierungsinhalte im EnWG selbst oder in einer der auf dieser Grundlage erlassenen Rechtsverordnung sehr detailliert festgeschrieben sind. So werden beispielsweise Kalkulationsprinzipien, die notwendige Eigenkapitalverzinsung, steuerliche Fragen, Einzelheiten der Abschreibungsmethodik, die Zuordnung einzelner Kostenpositionen usw. verbindlich vorgeschrieben. Die normierende Regulierung ist damit eine starre Regulierungsform.

I. Maßstäbe für die Beschaffenheit der Entgelte nach § 21 Abs. 1 EnWG

Die Vorschrift des § 21 Abs. 1 EnWG enthält die Maßstäbe, die bei der Festlegung von Geschäftsbedingungen und der Berechnung von Entgelten für den Netzzugang zu beachten sind. Die Regelung dient der Umsetzung von Art. 23 Abs. 4 EltRL und Art. 25 Abs. 4 GasRL. Abs. 1 der Norm entspricht § 6 Abs. 1 S. 1 und § 6a Abs. 2 S. 1 EnWG a.F. Der Aufbau der Darstellung der Maßstäbe für die Beschaffenheit der Entgelte geht davon aus, dass zwischen den Maßstäben des EnWG und der Berechnungsmethode zu unterscheiden ist.

1. Angemessenheit

Die Entgelte müssen, so besagt es das erste Kriterium des § 21 Abs. 1 EnWG, angemessen sein. Dieses Adjektiv war bereits in Art. 23 Abs. 4 GasRL und Art. 25 Abs. 4 EltRL vorzufinden. Angemessen ist ein Entgelt, wenn der Netznutzer eine adäquate Leistung erhält, wenn also das beanspruchte Netzzugangsentgelt in einem vernünftigen Verhältnis zur erbrachten Leistung steht.[70] Möglich erscheint auch, den Begriff des angemessenen Entgelts an den Kosten der Netzeinrichtung und der Netzunterhaltung zu orientieren, sowie dem Anspruch des

---

[68] Siehe dazu genauer *Grün/Jasper*, N&R 2007, 46 ff.
[69] Siehe zu dieser Begrifflichkeit *Theobald*, IR 2004, 50 ff.
[70] *Kühling*, N&R 2004, 12 (13).

Netzinhabers, mit seiner Investition einen angemessenen Ertrag zu erzielen.[71] Ein Entgelt wird jedenfalls regelmäßig dann angemessen sein, wenn es sich auf dem Niveau vergleichbarer Anbieter aufhält. Diese Vorgabe stellt jedoch ein wenig greifbares Kriterium dar. Sie ist sehr unbestimmt und bedarf der inhaltlichen Ausfüllung, zu der die anderen im Folgenden genannten Maßstäbe und Kalkulationsmethoden herangezogen werden müssen.[72] Das Gesetz enthält insoweit Kriterien zur Bestimmung solcher „fairer" Entgelte.[73] Insbesondere die Frage, wann sich ein Entgelt auf dem Niveau eines vergleichbaren Netzbetreibers aufhält, wird sich nur durch ein Vergleichsverfahren klären lassen können. Der unbestimmte Rechtsbegriff „angemessen" ist aber auch in der Weise deutbar, dass damit ein wettbewerbsbezogener Maßstab angelegt ist. Danach darf der Netzinhaber nur die Vergütung verlangen, die auch bei Bestehen von wesentlichem Wettbewerb auf der Netzebene durchsetzbar wäre.[74] Der Begriff „angemessen" kann daneben auch eine tatbestandliche Anknüpfung bieten für Rechtsprobleme, die künftig im Bereich der Entgeltregulierung auftreten können. Beispielsweise ist denkbar, dass das regulatorische Problem der Preis-Kosten-Schere auftritt, dass also die Marge zwischen den Netzzugangsentgelten und den Endkundenentgelten zu klein wird und die Wettbewerber ihre Kosten, die auf dem Vorleistungsmarkt entstanden sind, nicht mehr durch die Entgelte decken können. Für eine solche Problematik gibt es im EnWG keinen Anknüpfungspunkt und keine tatbestandlichen Möglichkeiten, dagegen vorzugehen. Ein Konsistenzgebot gibt es – anders als in der Telekommunikation – nicht.[75] Die Forderung nach einem „angemessenen" Entgelt wäre ein tatbestandlicher Anknüpfungspunkt für regulatorische Maßnahmen. Denn ein Entgelt, das eine Kostendeckung auf dem insoweit durch den Monopolisten niedrig gehaltenen Endkundenmarkt unmöglich macht, ist unangemessen im Sinne des § 21 Abs. 1 EnWG.

---

[71] *Hohmann*, S. 266 f.; *Immenga/Mestmäcker-Möschel*, GWB-Kommentar, § 19 Rn. 204.

[72] In diesem Sinne ist auch der Beschl. des OVG NRW v. 19.8.2005, Az. 13 A 1521/03, abgedr. in CR 2006, 101 (103) zu verstehen, wonach angemessen „einem Bezugsobjekt angepasst oder entsprechend" bedeute. Das OVG nennt als Bezugsobjekt in diesem Beschl. die Ziele des TKG.

[73] Anders noch *Seeger*, Die Durchleitung der Energie nach dem neuen Recht, S. 357 im Hinblick auf die Rechtslage vor der EnWG-Novelle 2005, in dessen Rahmen sich der Gesetzgeber mehrfach gegen eine behördlich regulierte Tarifierung von Durchleitungsentgelten entschieden hatte. Die Durchleitungsentgelte sollten dem „freien Spiel der Kräfte" überlassen werden.

[74] Insofern auch das Vergleichsverfahren heranziehend, um die Angemessenheit der Entgelte zu überprüfen *Baur/Henk-Merten*, Kartellbehördliche Preisaufsicht über den Netzzugang, S. 88.

[75] Vgl. zu dem Konsistenzgebot im TKG *Koenig/Loetz/Neumann*, Telekommunikationsrecht, S. 142 ff.

Eine solche Preis-Kosten-Schere ist ein Missbrauch der Preisbildung, der erst deutlich wird, wenn Endkundenentgelt und Netzzugangsentgelt gemeinsam betrachtet werden. Insoweit ist § 21 Abs. 1 EnWG weit formuliert und bietet einen Anknüpfungspunkt für neue regulatorische Probleme.

2. Diskriminierungsfreiheit

Das zweite Kriterium des § 21 Abs. 1 EnWG ist die Diskriminierungsfreiheit. Eine Diskriminierung in einem weiten Sinne verstanden liegt immer dann vor, wenn zusammengehörige – und damit gleichartige – Sachverhalte ungleich behandelt werden. Daraus folgt unmittelbar, dass eine Diskriminierung anderer begrifflich nicht nur dann vorliegt, wenn Einzelne gegenüber vergleichbaren Anderen benachteiligt werden, sondern umgekehrt auch dann, wenn einzelne gegenüber diesen bevorzugt werden.[76] Entscheidende Bedeutung für die Feststellung, ob überhaupt begrifflich eine Diskriminierung vorliegt, kommt dabei der Frage zu, welche Sachverhalte gleichartig sind. Im Hinblick auf das wettbewerbliche Diskriminierungsverbot ist davon auszugehen, dass Gleichartigkeit vorliegt, wenn die zum Vergleich herangezogenen Unternehmen im Wesentlichen gleiche Funktionen ausüben.[77]

Eine diskriminierungsrelevante Handlung liegt bereits dann vor, wenn zwei solcher Sachverhalte ungleich behandelt werden.[78] Die trotz der wesentlichen Gleichartigkeit bestehenden Unterschiede können aber auch dazu führen, dass eine formale Gleichbehandlung ausnahmsweise eine („versteckte") Diskriminierung darstellt, weil sich die formal gleiche Behandlung angesichts der bestehenden tatsächlichen Unterschiede materiell als Ungleichbehandlung darstellt.

Zusätzlich ist auch ein „vertikales Diskriminierungsverbot" gesetzlich verankert. Zunächst ist dem Gesetz zu entnehmen, dass die Entgelte nicht ungünstiger sein dürfen, als die Entgelte, die von den Betreibern der Energieversorgungsnetze in vergleichbaren Fällen innerhalb ihres Unternehmens oder gegenüber verbundenen Unternehmen in Rechnung gestellt werden. Es handelt sich demnach um eine Konkretisierung des Diskriminierungsverbots entsprechend der Formulierung des § 6 Abs. 1 EnWG a.F.[79] Damit ist ausdrücklich gesetzlich geregelt, dass andere Unternehmen hinsichtlich der Nutzung der Netze den konzernver-

---

[76] Insoweit allgemein zur Diskriminierungsfreiheit *Markert*, in: Immenga/Mestmäcker, GWB, § 20 Rn. 121 m. w. N.

[77] BGH, Urt. v. 24.9.2002, Az. KZR 38/99, NJW-RR 2003, 834, 835.

[78] So für das Diskriminierungsverbot im TKG 1996 BVerwG, Urt. v. 21.1.2004, Az. BVerwG 6 C 1.03, MMR 2004, 398, 399.

[79] Vgl. dazu *Theobald/Theobald*, Grundzüge des Energiewirtschaftsrechts. Die Liberalisierung der Strom- und Gaswirtschaft, S. 177; *Büdenbender*, Kommentar zum EnWG, § 6 Rn. 77.

bundenen „Schwestern“ oder „Töchtern“ gleichzustellen sind.[80] Der Netzbetreiber muss von den „internen“ Kunden und den „externen“ Kunden dieselben Preise für die Netzzugang verlangen. Mit anderen Worten ist dem Netzbetreiber verboten, Bedingungen und Entgelte von Dritten zu verlangen, die sie nicht auch von ihrem „eigenen“ vertikal integrierten Vertrieb oder verbundenen Unternehmen verlangen würde. Eine diesbezügliche Ungleichbehandlung kann nicht mit der unterschiedlichen Konzernzugehörigkeit der Vertriebsorganisationen gerechtfertigt werden.

3. Transparenz

Dieses Merkmal verlangt eine Tarifgestaltung, die klar und in ihren wirtschaftlichen Folgen absehbar ist.[81] Auch vertrauliche Nebenabreden müssen sich am Grundsatz der Transparenz messen lassen. Die hier geforderte Transparenz kann insbesondere durch die Pflicht zur Veröffentlichung der Preise und der Kostenkalkulation durch die Netzbetreiber garantiert werden. Preisbestimmende Informationen, die die Preise erklären und für die Zukunft prognostizierbar machen, sind den Marktteilnehmern ebenfalls zur Verfügung zu stellen. Denn insbesondere für kleinere Wettbewerber besteht die Erforderlichkeit, an wichtige Daten und Informationen heranzukommen, um im Wettbewerb bestehen zu können. Andererseits ist auch nur so die Aufdeckung und mittelbar die Unterbindung von wettbewerbsverzerrenden Quersubventionen möglich. Schließlich ist eine leichte Verfügbarkeit sämtlicher relevanter Informationen für die Regulierungsbehörde entscheidend, da sich die Regulierungstätigkeit auch in starkem Umfang auf die nachträgliche Missbrauchskontrolle beschränkt.[82] Eine transparente Tarifgestaltung sichert daneben auch die Diskriminierungsfreiheit maßgeblich ab.

II. Maßstäbe nach § 21 Abs. 2 EnWG

Neben den Maßstäben des § 21 Abs. 1 EnWG für die Beschaffenheit der Entgelte enthält das EnWG in § 21 Abs. 2 EnWG Maßstäbe für die Bildung der Entgelte.

---

[80] *Säcker/Bösche*, in Säcker (Hrsg.) Berliner Kommentar zum Energierecht, § 6 EnWG, Rn. 95.

[81] *Theobald/Hummel*, ZNER 2003, 176 (178).

[82] Zwar ist eine Vorabregulierung der Entgelte vorgesehen, dennoch wird der Regulierer aus Kapazitätsgründen in vielen Fällen die Genehmigungsfiktion eingreifen lassen müssen und sich auf eine Ex-post-Kontrolle beschränken.

1. Kostenorientierung

Nach § 21 Abs. 2 S. 1 EnWG werden die Entgelte auf der Grundlage der Kosten einer Betriebsführung, die denen eines effizienten und strukturell vergleichbaren Netzbetreibers entsprechen, gebildet. Ausdrücklich enthält § 21 Abs. 2 S. 1 EnWG damit keinen Hinweis auf eine kostenorientierte Entgeltbildung, so wie er beispielsweise im Referentenentwurf zu finden war. Hier hieß es noch in § 20 Abs. 3 S. 3 EnWG-RE, die Entgelte müssten auf der Grundlage einer energiewirtschaftlich rationellen Betriebsführung kostenorientiert gebildet werden. Deutlich wird diese Maßgabe nunmehr erst, liest man § 21 Abs. 2 S. 1 EnWG bis zum Ende. Das in § 21 Abs. 2 S. 1 EnWG Gesagte gilt nicht, wenn in einer Rechtsverordnung eine Abweichung von der kostenorientierten Entgeltbildung vorgesehen ist. Grundsätzlich bedeutet das zunächst, dass das EnWG einen kostenorientierten Ansatz vorsieht. Aber in Zukunft ist nach § 21 Abs. 2 EnWG eine Abweichung von der kostenorientierten Entgeltbildung möglich. Ausdrücklich vorgesehen ist eine solche Abweichungsmöglichkeit auch in der Ermächtigungsnorm des § 24 S. 2 Nr. 5 EnWG. Nach Auffassung des Gesetzgebers kommt eine Abweichung insbesondere bei den Methoden für die Entgeltbildung für den Zugang zu Fernleitungsnetzen in Betracht.[83] Gegenüber dem Referentenentwurf ist diese Entwicklung bezeichnend. Dort war eine solche Änderungsmöglichkeit allenfalls bei Gasversorgungsnetzen ausdrücklich vorgesehen. Die Möglichkeit des Abweichens von der kostenorientierten Netzzugangsentgeltbildung darf allerdings nicht als Freifahrtschein verstanden werden. Dieser Spielraum darf nur dahingehend verstanden werden, dass kostenorientierte Entgelte preislich die Obergrenze bilden. Jede andere Entwicklung bedeutete eine Entfernung von dem angestrebten Wettbewerbsansatz. Eine Abweichung darf damit nur nach unten hin möglich sein. Mit anderen Worten kann eine Rechtsverordnung nach § 24 EnWG eine Abweichung von dieser Kostenorientierung nur dann vorsehen, wenn sie eine Entgeltreduzierung gegenüber der kostenorientierten Entgeltbildung ermöglicht.

Bei der Kostenorientierung sind die verschiedenen Kostenarten zu unterscheiden. Kosten beziffern den in Geld bewerteten Verzehr von Gütern und Leistungen zum Zweck der betrieblichen Leistungserstellung und zur Schaffung und Aufrechterhaltung der betrieblichen Leistungsbereitschaft.[84] Dabei werden verschiedene Kostenarten unterschieden. Fixkosten (fixed cost), als der Teil der Kosten, deren Höhe von der erbrachten Leistung unabhängig ist, variable Kosten (variable cost), als die Kosten, deren Höhe sich mit der Leistung ändert und Grenzkosten, die die Kosten der Produktion der letzten Faktoreinheit umfassen. Bei der kostenorientierten Entgeltregulierung ist zu bestimmen, welche Kosten-

---

[83] Dies geht aus der Begründung zu dem Kabinettsentwurf des EnWG, S. 40 hervor.

[84] *Baur/Henk-Merten*, Kartellbehördliche Preisaufsicht über den Netzzugang, S. 22.

arten in die Kostenrechnung eingestellt werden dürfen, wie die Zurechnung zu den unterschiedlichen Bereichen erfolgt und wie die Kosten zu ermitteln sind. Für den Energiesektor enthalten die StromNEV und GasNEV detaillierte Vorgaben für das betriebswirtschaftliche Verfahren der Kostenberechnung und Kostenzuordnung. Die Kostenorientierung für sich alleine stehend wird allerdings dem nach § 1 EnWG festgelegten Ziel der Effizienz nicht gerecht. Denn eine (nahezu gewährleistete) Kostendeckung wird zunächst unabhängig vom Kostenniveau garantiert, so dass sich für die bereits gut platzierten Netzbetreiber nur sehr wenige Anreize bieten, Produktivitätsverbesserungspotenziale auszuschöpfen und damit ihre Kosten zu senken.

2. Effizienzkostenorientierung des § 21 Abs. 2 EnWG

§ 21 Abs. 2 S. 1 EnWG konkretisiert das Prinzip der Kostenorientierung dahin gehend, dass die Entgelte „auf der Grundlage der Kosten der Betriebsführung gebildet werden, die denen eines effizienten und strukturell vergleichbaren Netzbetreibers entsprechen". Dieses Kriterium ist der wohl diskutierteste Punkt der Energierechtsnovelle und der zentrale Maßstab des § 21 Abs. 2 EnWG. Eine Orientierung an den Kosten einer Betriebsführung, die denen eines effizienten und strukturell vergleichbaren Netzbetreibers entsprechen, bedeutet, dass trotz einer grundsätzlichen Orientierung an den Kosten nicht schlechthin alle Kosten- und Erlöserwartungen geeignet sind, die Höhe des Netzzugangsentgelts zu rechtfertigen. Abzugrenzen sind diese Kosten des § 21 Abs. 2 EnWG damit von den tatsächlichen, bei jeder Leistungserbringung anfallenden Kosten. Idealtypisch sollen die tatsächlichen Kosten zwar dem Effizienzkostenansatz entsprechen, für gewöhnlich stimmt aber das Produktionskostenniveau eines ehemals monopolistischen Unternehmens nicht mit einem effizienten Kostenniveau überein.[85] Nach dem Grundgedanken des Kostenansatzes im EnWG sollen die tatsächlichen, bei jeder Leistungserbringung anfallenden Kosten nach dem nun implementierten Ansatz nur dann erstattet werden, wenn sie zugleich den Kosten eines effizienten Netzbetreibers entsprechen.

---

[85] So für die Telekommunikation z.B. *Ladeur*, K&R 1998, 479 (481); *Becker*, K&R 1999, 112 (114).

a. Auslegung des Begriffs der „Kosten einer Betriebsführung" gem. § 21 Abs. 2 EnWG

Hinsichtlich des Begriffs der „Orientierung an Kosten einer im strukturellen Vergleich effizienten Betriebsführung" stellt sich die Frage, ob mit diesem Begriff ein Effizienzkostenansatz – ähnlich wie er auch im TKG und im PostG zu finden ist – in das EnWG implementiert werden sollte, der der Regulierungsbehörde ein Werkzeug an die Hand gibt, die Kosten der Netzbetreiber auf ihre Effizienz hin zu prüfen. Für diese Einschätzung bedarf es einer genaueren Betrachtung des Begriffs mit Hilfe der Auslegung.

Der Kostenmaßstab, der in das EnWG implementiert wurde, wurde eigens für die Energiewirtschaft neu „erfunden". In einem ersten Entwurf des EnWG fand sich im Grundsatz der Kostenmaßstab der „Kosten einer energiewirtschaftlich rationellen Betriebsführung, die denen eines effizienten und strukturell vergleichbaren Netzbetreibers entsprechen muss", der teilweise bereits aus der Endkundenpreisgenehmigung hinlänglich bekannt war. Eine Auslegung im Sinne der bisherigen Praxis wäre möglich gewesen. Zudem wurde in der Begründung des Gesetzes auch darauf hingewiesen, dass in diesem Rahmen auch der Grundsatz der Nettosubstanzerhaltung und eine angemessene Verzinsung Beachtung finden sollte. Erst relativ spät im Gesetzgebungsprozess wurden die Begriffe „energiewirtschaftlich rationell" weggekürzt und durch die nun Gesetz gewordene Formulierung in § 21 Abs. 2 EnWG ersetzt. Die Streichung der ergänzenden Begriffe kann so verstanden werden, dass der Gesetzgeber ein Anknüpfen an das historische Verständnis dieses Begriffs von vorne herein verhindern wollte. Andererseits kann die Streichung auch als Indiz dafür gewertet werden, dass einer Auslegung im Hinblick auf eine durch diese Begriffe nach wörtlicher Auslegung[86] indizierte Effizienz vorgebeugt werden soll. Allerdings wäre dies insoweit verwunderlich, als dass die anderen Parameter des § 21 Abs. 2 EnWG auch nach der Streichung dieser beiden Begriffe weiterhin darauf hinweisen, dass Effizienzmaßstäbe angelegt werden sollen. Insofern kann die Streichung nur so verstanden werden, dass damit eine gewisse inhaltliche Rück-

---

[86] Wenn „rationell" semantisch gesehen bedeutungsgleich mit dem Adjektiv „effizient" wäre, läge es nahe zu vermuten, § 21 Abs. 2 EnWG hätte mit dem Begriff „energiewirtschaftlich rationelle Betriebsführung" bereits ein an den effizienten Kosten orientierter Maßstab zugrunde gelegen. „Rationalisierung" im Sinne des § 5 GWB betrifft die betriebsinterne Leistungserbringung und bedeutet Erhöhung der wirtschaftlichen Leistungsfähigkeit durch Verbesserung des Kosten-Nutzen-Verhältnisses, ist mit „Effizienz" also insofern bedeutungsgleich. Denn Effizienz setzt letztlich den Aufwand, der zur Erreichung des Ziels eingesetzt wird, in Relation zu der quantifizierten Leistung, die in einer bestimmten Qualität erbracht wird. Rationell und effizient decken sich somit inhaltlich weitgehend. Siehe zu dieser Diskussion *Engelsing*, RdE 2003, 249 (254), *Männel*, ET 2004, 256 (258) und *Gerstner*, WuW 2002, 131 (137). Dazu auch *Engelsing*, in Säcker (Hrsg.), Berliner Kommentar zum Energierecht, 2004, § 19 GWB, Rn. 323.

kopplung an die BTOElt und die VV II plus verhindert werden sollte. In der Anwendung der VV Strom II plus erlaubte dieser unbestimmte Rechtsbegriff nämlich faktisch noch, dass quasi alle Kosten, die bei der Führung eines elektrizitätswirtschaftlichen Betriebes verursacht wurden, in den Netzzugangsentgelten kalkuliert wurden. Eine effektive Kontrollpraxis jedenfalls konnte damit nicht stattfinden.[87] Insofern deutet die Streichung dieses bereits bekannten und (wenig renommierten) Maßstabs aus dem EnWG darauf hin, dass der Gesetzgeber die Anknüpfung an die historische Auslegung endgültig verhindern wollte.

Dem Wortlaut nach sind die Entgelte auf der Grundlage der Kosten einer Betriebsführung, „die denen eines effizienten und strukturell vergleichbaren Netzbetreibers entsprechen", anzusetzen. Schlüsselt man diesen Halbsatz auf, bedeutet der Begriff „Kosten einer Betriebsführung" zunächst, dass solche Kosten gemeint sind, die spiegelbildlich zu den Kosten einer Leistungserstellung auf die Betriebsführung, also die interne Organisation des Unternehmens abstellen. Die Kosten, die bei dieser betrieblichen Organisation anfallen, müssen denen eines effizienten und strukturell vergleichbaren Unternehmens entsprechen. Dabei bezieht sich der so bedeutsame Nebensatz, dessen Verb im Plural steht, auf die Kosten der Betriebsführung und nicht auf die Betriebsführung selbst, die ja auch in jedem Unternehmen von Grund auf unterschiedlich gestaltet ist. Die Kosten müssen damit denen eines strukturell vergleichbaren Anbieters entsprechen.

Im Hinblick auf die Betriebsführung kann dieser Hinweis aber nur bedeuten, dass auch diese einem Effizienzmaßstab genügen muss. Denn nur eine Betriebsführung, die dem Effizienzmaßstab gerecht wird, kann auch Kosten verursachen, die denen eines effizienten Netzbetreibers entsprechen. Anzusetzen sind nach dem Gesetz also die Kosten einer Betriebsführung, die die technischen, organisatorischen und personellen Möglichkeiten nach dem jeweiligen Erkenntnisstand zur Erzielung eines optimalen Betriebsergebnisses nutzt.[88] Eine effiziente Betriebsführung bedeutet – ähnlich einer rationellen Betriebsführung, wie sie ursprünglich im EnWG vorgesehen war – eine Erhöhung der wirtschaftlichen Leistungsfähigkeit durch Verbesserung des Kosten-Nutzen-Verhältnisses.[89] Denn Effizienz setzt letztlich den Aufwand, der zur Erreichung des Ziels eingesetzt wird, in Relation zu der quantifizierten Leistung, die in einer bestimmten Qualität erbracht wird. Damit in einem engen Zusammenhang steht auch die

---

[87] *Schulze zur Wiesche*, ET 2004, 708 (709); *Kühling*, N&R 2004, 12 (14); *Ruhle/Schuster*, ZfE 2004, 121 (127).

[88] *Braband*, Strompreise zwischen Privatautonomie und staatlicher Kontrolle, S. 71. In den ersten Entwürfen des EnWG fand sich der Begriff der „energiewirtschaftlich rationellen Betriebsführung", der im Laufe der Novellierung auf „Betriebsführung" zusammengestutzt wurde.

[89] *Bechthold*, GWB, § 5 Rn. 3; *Engelsing*, in Säcker (Hrsg.), Berliner Kommentar zum Energierecht, § 19 GWB, Rn. 323.

Leistungsbereitstellung, auf die der Gesetzgeber aber gerade nicht ausdrücklich abstellen möchte.[90] Letztlich kann aber nur die Leistungsbereitstellung desjenigen Anbieters effizient sein, dessen Betriebsführung effizient ist. Denn Effizienz stellt auf die bei *wirtschaftlicher* Betriebsführung entstehenden Kosten ab. Die Kosten einer derart gestalteten Betriebsführung sind demnach die effizienten Kosten, also nur jene, die notwendig zur Leistungsbereitstellung sind und daher in jedem vergleichbaren Unternehmen ebenfalls anfallen. Die Maßgabe der „Kosten der Betriebsführung" ist demnach zumindest dem Wortlaut nach als ein dem Maßstab der Telekommunikationswirtschaft ähnlicher Effizienzkostenmaßstab einzustufen.

In dem Ausdruck ist ebenfalls ein Hinweis auf einen Vergleich strukturell vergleichbarer Netzbetreiber enthalten. Dieser umfasst zunächst einen Maßstab und ist damit gleichzeitig auch ein Hinweis auf die Durchführung des Vergleichsverfahrens.

Zur systematischen Auslegung des Kostenmaßstabs können norminterne und normexterne Maßstäbe herangezogen werden. Nach § 21 Abs. 2 S. 2 EnWG dürfen bei einer kostenorientierten Bildung der Entgelte „nur solche Kosten Beachtung finden, die sich ihrem Umfang nach im Wettbewerb einstellen würden". Auch diese Maßgabe war bereits Bestandteil der VV II plus. Dort hieß es, alle bilanziellen und kalkulatorischen Kosten seien in einem Umfang anzusetzen, der sich im (hypothetischen) Wettbewerb einstellen würde. Damit werde man den Anforderungen der Kostengerechtigkeit und der Kosteneffizienz gerecht. Damit wird die von § 21 Abs. 2 S. 1 zunächst angeführte Kostenorientierung im Sinne eines effizienzorientierten Ansatzes erneut spezifiziert. Als Maßstab gilt damit die Hypothese von Kostenstrukturen in einem fiktiven Wettbewerb. Unter einem fiktiven „Als-ob-Wettbewerb" versteht man einen solchen, in dem die erwünschten Wechselwirkungen wie z.B. Angebotszusammensetzung, Einkommensverteilung, Marktmachtkontrolle, Produktionssteuerung, Anpassungsflexibilität und technischer Fortschritt stattfinden, die Versorgung flächenübergreifend angemessen und zu erträglichen Angebotsbedingungen gesichert ist. Allerdings bedarf es dazu in der Energiewirtschaft eines regulatorischen Eingriffs.[91] Als „Als-ob-Wettbewerb" kann in der regulierten Welt ein solcher Zustand bezeichnet werden, in welchem die Anbieter aufgrund des durch die Regulierungsmaßnahmen hervorgerufenen Konkurrenzdrucks nach Erstellung des Leis-

---

[90] Forderungen, die „Kosten einer effizienten Leistungsbereitstellung" zum Maßstab im EnWG zu machen, ist der Gesetzgeber wiederholt nicht nachgekommen.

[91] Vgl. zum Begriff des funktionsfähigen Wettbewerbs, wo es einen solchen regulatorischen Eingriffs nicht (mehr) bedarf *Koenig/Vogelsang/Kühling/Loetz/Neumann*, K&R 2003, 8 ff. (13); *Koenig/Vogelsang/Kühling/Loetz/Neumann*, Funktionsfähiger Wettbewerb auf den Märkten der Telekommunikation, 2002; *Koenig/Rasbach*, Rechtsfragen der regulatorischen Ausgestaltung des Netzzugangs bei Erdgas, 2004, S. 5.

tungsangebots streben müssen, das bei Deckung der Produktionskosten den Bedürfnissen der Nachfrager optimal entspricht.[92] Im einem solchen hypothetischen Wettbewerb kann der Netzbetreiber bei der Preisbildung regelmäßig nur solche Kosten auf die Entgelte abwälzen, die auch ein strukturell vergleichbarer, an Effizienzsteigerung orientierter Wettbewerber an seine Kunden weitergäbe, und die somit – wettbewerbsinduziert – notwendig für die Leistungserbringung wären.[93] Nach der normativen Zielrichtung des EnWG lassen sich damit umgekehrt die Kosten einer ineffizienten Betriebsführung als solche Kosten beschreiben, die für die betreffende Dienstleistung nicht anfallen würden, wenn das Unternehmen wirksamem Wettbewerb ausgesetzt wäre. Solche Kosten wären darunter zu fassen, die nur entstehen, weil auf das Unternehmen durch den Wettbewerb kein Rationalisierungsdruck ausgeübt wird.[94]

Diese Anlegung des Maßstabs eines solchen Als-ob-Wettbewerbs könnte beispielsweise bedeuten, dass in der monopolistischen Netzstruktur immer gefragt werden muss, in welchem Umfang und in welcher Art ein neu in den fiktiven Markt eintretendes Unternehmen investieren würde bzw. wie hoch die Kosten eines solchen Unternehmens wären. Regulatorisch wären danach nur die Kosten relevant, die ein aktueller, vorausschauender Wettbewerber hätte, wenn er seine Kapitalbasis erhöhen würde. Das wären dann die Kosten, die ihrem Umfang nach im Wettbewerb anfallen könnten. Ausgeschlossen wären damit jedenfalls die durch § 21 Abs. 2 S. 2 EnWG eliminierten Kosten und Kostenbestandteile, die sich ihrem Umfang nach im (fiktiven) Wettbewerb nicht einstellen würden.

Von Bedeutung für die systematische Auslegung ist ebenfalls, dass in § 21 Abs. 2 EnWG festgelegt ist, dass die Entgelte „unter Berücksichtigung von Anreizen für eine effiziente Leistungserbringung" zu bilden sind. In dieser Regelung kann zunächst ein Hinweis auf die Anreizregulierung zu lesen sein. Darüber hinaus ist sie ein weiteres Indiz dafür, dass der Gesetzgeber im EnWG

---

92 Zu dem von potentiellen oder tatsächlichen Wettbewerbern hervorgerufenen Konkurrenzdruck vgl. *Ewers*, Zusammenschaltung von Telekommunikationsnetzen: Entgeltbestimmung und Kostenrechnung, S. 26.

93 Hier wird die Methode der Kostenzuschlüsselung zum Dreh- und Angelpunkt des Effizienzmaßstabs. Denn insbesondere eine überhöhte Zuschlüsselung der Gemeinkosten an den Netzbetrieb führt zu einer Berücksichtigung nicht „effizienter" Kostenbestandteile. Das Problem der Gemeinkostenzuschlüsselung bleibt dabei funktional auch erhalten unter den neuen Rahmenbedingungen des im EnWG neu eingeführten gesellschaftsrechtlichen Unbundling. Insoweit sind die von der Netzgesellschaft mit anderen Konzerngesellschaften vertraglich vereinbarten Dienstleistungsentgelte über die Nutzung von „shared services" (Immobilien, IT-Systeme usw.) als funktionales Äquivalent der Gemeinkosten in der nicht „unbundelten" Welt zu begreifen und dementsprechend auf ihre Höhe hin zu kontrollieren, um subtil kaschierte Quersubventionierungen auszuschließen.

94 So für die Auslegung des Begriffs im Postwesen *Sedemund*, in Badura et al. (Hrsg.), Beck'scher Kommentar zum PostG, § 21 Rn. 19.

grundsätzlich einen Effizienzmaßstab anlegen will. Ziel bei der Regulierung der Entgelte ist es, dass schließlich nur die Kosten der effizienten Leistungserbringung auf das Netzzugangsentgelt abgewälzt werden. Dieser Effizienzmaßstab ist aber nicht auf Anhieb in das Gesetz implementiert: Die Formulierung „Berücksichtigung von Anreizen" deutet darauf hin, dass der Gesetzgeber diesen Maßstab als Orientierungsgröße festlegen möchte, nicht aber als unmittelbar gültigen Maßstab. Eine deutliche Angleichung des Maßstabs an das geltende TKG oder das PostG hat der Gesetzgeber damit aber noch nicht gewagt.

Die Auslegung des Maßstabs „Kosten einer Betriebsführung, die denen eines effizienten und strukturell vergleichbaren Netzbetreibers entsprechen" zeigt auf, dass der Gesetzgeber eine Abkehr von dem negativ besetzten, historischen Begriff der „energiewirtschaftlich rationellen Betriebsführung" vornehmen wollte. Der nun im EnWG implementierte Maßstab gibt jedenfalls als Ziel einen Effizienzkostenmaßstab vor. Leitbild ist der hypothetische Wettbewerb verschiedener Netzbetreiber und ein Preis, der sich unter diesen Bedingungen einstellen soll. Insofern legt der Gesetzgeber mit § 21 Abs. 2 S. 2 EnWG einen „wettbewerbsanalogen" Kostenmaßstab fest. Dies entspricht (fast) dem in § 20 Abs. 1 PostG und § 29 Abs. 2 TKG vorgesehenen Effizienzkostenmaßstab, der die notwendigen Produktionskosten zugrunde legt und solche Kosten unberücksichtigt lässt, die nicht vorhanden wären, wenn das Unternehmen wirksamem Wettbewerb ausgesetzt wäre.[95] Es handelt sich zunächst eben nur um eine „Effizienzkostenorientierung", nicht um einen Maßstab der Kosten einer effizienten Leistungsbereitstellung.[96] Diese Entwicklung hin zu einem Effizienzkostenmaßstab ist der Entwicklung im Telekommunikationssektor vergleichbar.[97]

---

[95] Vgl. dazu *Badura/v. Danwitz/Herdegen/Sedemund/Stern*, Beck'scher Post-Kommentar, § 20 Rn. 32 ff.

[96] Allerdings bestehen Ähnlichkeiten zu dem in dem TKG 1996 zu findenden Maßstab, der sich insofern auch nur als „Orientierungsmaßstab" verstand. Siehe dazu *Kühling/Barudi*, DVBl 2005, 1470 ff. Hier wird auch darauf hingewiesen, dass die RegTP bereits früh darauf hingewiesen hatte, dass ein pragmatischer Ansatz zu wählen sei zwischen dem Ausgangspunkt der bestehenden Infrastruktur und dem Idealbild eines auf der grünen Wiese effizient geplanten Netzes, vgl. dazu auch VG Köln, Urt. v. 13.2.2003, Az. 1 K 8003/98, Rn. 97. Bestätigt wird diese Auslegung durch die Entscheidungen der BNetzA zu dem Maßstab. Dort heißt es, dass eine vollständige Prüfung in der Weise, dass bereits jetzt nur abschließend festgestellte „effiziente Kosten" der Prüfung zugrundelägen, nicht durchgeführt werden konnte. Vgl. dazu z.B. den Beschluss BK 8-05/020, für Gas BK 9-06/101.

[97] Siehe dazu und zum Telekommunikationsrecht umfassend *Koenig/Loetz/Neumann*, Telekommunikationsrecht, 2005.

b. Angleichung des Kostenmaßstabs an die Kosten der effizienten Leistungsbereitstellung

Der Maßstab des EnWG, der eine Effizienzkostenorientierung vorschreibt, sieht als Ziel einen ähnlichen Maßstab vor, der im TKG bereits angewandt wird. Hinsichtlich der Begrifflichkeit der „Kosten der Betriebsführung, die denen eines effizienten und strukturell vergleichbaren Netzbetreibers entsprechen" wurde im Laufe des Gesetzgebungsverfahrens gefordert, ihn durch den Begriff der „Kosten der effizienten Leistungsbereitstellung" zu ersetzen.[98] Dies sei im Hinblick darauf vorteilhaft, dass die Regulierungsbehörde denselben regulatorischen Ausgangspunkt im TKG anwende. Deutlicher werde auch, dass die Entgeltbestimmung schon im Ausgangspunkt nicht kostenorientiert, sondern primär effizienzorientiert zu erfolgen habe. Des Weiteren finde sich auch keine Definition des Begriffs der „Kosten einer Betriebsführung" im EnWG. Dagegen sei der Begriff der effizienten Leistungsbereitstellung durch seine Anwendung in § 31 Abs. 1 TKG und die dort zu findende Definition in § 31 Abs. 2 TKG bereits hinreichend konkretisiert: Mittels eines Effizienzkostenansatzes sollen dort jene Kosten ermittelt werden, die zur Leistungsbereitstellung unter den Gegebenheiten funktionierenden Wettbewerbs unabdingbar sind. § 31 Abs. 2 TKG definiert diese wettbewerbsanalogen Kosten als notwendige Kosten, die sich als Summe der langfristigen zusätzlichen Kosten der Leistungsbereitstellung und eines angemessenen Zuschlags für leistungsmengenneutrale Gemeinkosten einschließlich einer angemessenen Verzinsung des eingesetzten Kapitals ergeben.[99]

Der Vorschlag einer Anpassung an den telekommunikationsrechtlichen Begriff der „Kosten einer effizienten Leistungsbereitstellung" erscheint im Hinblick auf eine Regulierung, die auch institutionell aus „einer Hand" ausgeführt wird, durchaus sinnvoll, insbesondere, weil mit dem bereits angewandten Begriff große regulatorische Erfahrungen bestehen, auf die innerhalb der Behörde zurückgegriffen werden kann. Eine solche Angleichung an den Begriff „Kosten der effizienten Leistungsbereitstellung" erscheint aber verfrüht. Zwar ist der Kostenmaßstab des EnWG, wie er eben dargestellt und näher konkretisiert wurde, dem Maßstab der „Kosten einer effizienten Leistungsbereitstellung" inhaltlich sehr stark angenähert. Denn eine effiziente Betriebsführung umfasst letztlich auch eine effiziente Leistungsbereitstellung. Allerdings drückt der Begriff „Effizienzkostenorientierung"[100] den bestehenden Abstand aber dennoch aus, der sich auch daraus ergibt, dass das EnWG und die Beschleunigungsrichtlinien eine kostenorientierte Entgeltregulierung vorgeben. Eine beschleunigte Absenkung

---

[98] *Schulze zur Wiesche*, ET 2004, 708 (709); *Ruhle/Schuster*, ZfE 2004, 121 (127). So forderte es im laufenden Gesetzgebungsverfahren auch Bündnis 90/Die Grünen, z.B. in einer konsolidierten Arbeitsfassung zum EnWG v. 22.2.2005.

[99] *Koenig/Loetz/Neumann*, Telekommunikationsrecht, 2005, S. 146.

[100] Siehe zu dieser Begrifflichkeit *Kühling/Barudi*, DVBl. 2005, 1470 ff.

auf Effizienzkosten ist durch den Gesetzgeber nicht gewünscht.[101] Insofern wäre es möglich, den Maßstab einer „Orientierung an den Kosten einer effizienten Leistungsbereitstellung" zugrunde zu legen, wollte man die Maßstäbe aneinanderkoppeln. Damit hätte die Regulierungsbehörde die Möglichkeit, anwendungsbezogen an die Prüfung der Kosten heranzugehen und einen angemessenen Ansatz zu finden, wie das auch in der Telekommunikation geschehen ist.[102]

c. *Beurteilung von Kosten unter diesem Maßstab*

Die Prüfung, ob der Netzbetreiber seine Aufgaben mit möglichst geringem Kostenaufwand („Kosten einer effizienten Betriebsführung") erfüllt, wird zumeist das Spannungsverhältnis zwischen den Gesetzeszielen des EnWG widerspiegeln. So hängen Entscheidungen über Investitionen wesentlich davon ab, wie die zugrunde liegende Bedarfsprognose die Ziele sicherer und preisgünstiger Versorgung gewichtet und hieraus Schlussfolgerungen für die Erforderlichkeit eines Ausbaus der Erzeugungskapazitäten ableitet. Daran wird deutlich, dass es nur ausnahmsweise ein Betriebsverhalten geben kann, das dem Gebot des § 21 Abs. 2 EnWG alleine gerecht wird. Vielmehr kann es eine Bandbreite von betrieblichen Entscheidungen geben, die diesem Kostenmaßstab in vertretbarer Weise entsprechen. Bereits im Bereich der BTOElt wurde vertreten, dass es stets eine Bandbreite von Kosten verursachenden betrieblichen Entscheidungen gibt, die dem Gebot der rationellen Betriebsführung entsprechen können.[103] Übertragt man diesen Gedanken auf die Regulierung von Netzzugangsentgelten, würde hieraus folgen, dass der Netzbetreiber über einen unternehmerischen Entscheidungsspielraum verfügt, der sich einer Überprüfung durch die Regulierungsbehörde entzieht. Denn aufgrund der Zukunftsgerichtetheit der Tarife und des relativ großen Anteils an subjektiver Prognoseeinschätzungen kann es in Bezug auf die Kosten- und Erlöslage und insbesondere im Hinblick auf die Entscheidung, welche Unternehmensentscheidung einer nach § 21 Abs. 2 EnWG geforderten effizienten Betriebsführung entspricht, zu unterschiedlichen Auffassungen kommen zwischen dem Netzbetreiber und der Regulierungsbehörde. Hier muss ein ausgleichender Kompromiss gefunden werden: Müsste die Regulierungsbe-

---

[101] Dies ergibt sich bereits aus den Vorgaben des § 21 Abs. 1, 2 EnWG, aber auch aus den Vorgaben zur Anreizregulierung, z.B. die „Zumutbarkeit". Die BNetzA vertritt die Auffassung, dass die Regelung des § 21 Abs. 2 EnWG für eine sofortige Umsetzung spricht. Vgl. dazu den Entwurf des Berichts der BNetzA gem. § 112a EnWG, im WWW unter http://www.bundesnetzagentur.de/media/archive/5858.pdf, Rn. 953.

[102] Dass eine solche Tendenz in der Herangehensweise der BNetzA erkennbar ist, zeigt die Entscheidung v. 28.7.2006, Az. BK 8-05/020, exemplarisch auf. Darin macht die BNetzA deutlich, dass die Entgelte unter einem „Effizienzvorbehalt" stehen. Es habe nicht abschließend die Effizienz der Entgelte geprüft werden können.

[103] *Schneider/Theobald-Franke*, Handbuch zum Recht der Energiewirtschaft, S. 924; *Schulze zur Wiesche*, ET 2004, 708 (709).

hörde allerdings die Entscheidung des Netzbetreibers, dass die Betriebsführung dem § 21 Abs. 2 EnWG entspricht, ungeprüft hinnehmen, bliebe die Frage der Kostenerforderlichkeit letztlich trotz (Methoden-)Regulierung den Unternehmen selbst überlassen. Andererseits haben die Unternehmen als Grundrechtsträger nach Art. 19 Abs. 3 GG ein Recht auf unternehmerische Selbstbestimmung bis zu den Grenzen des geltenden Rechts. Das umfasst auch das Recht, unternehmerische Entscheidungen frei zu treffen. Wenn die Unternehmen die Kosten dieser Betriebsführung allerdings über die Entgelte abwälzen möchten, müssen sich die Kosten ihrer Betriebsführung an denen eines vergleichsweise effizienten Netzbetreibers orientieren. Deshalb muss dem Regulierer die Gelegenheit gegeben werden, von den an ihn herangetragenen Kosten und Kostenbestandteile diejenigen herauszufiltern, die mit den Anforderungen des energierechtlichen Kalkulationsrahmens nicht vereinbar sind. Sie muss dem Netzbetreiber dann nachweisen, dass die Kostenbestandteile dem Kostenmaßstab nicht entsprechen sind. In der Regel dürfte dieser Nachweis allerdings schwierig zu führen sein.

d. Beurteilungsspielraum der Regulierungsbehörde bei der Überprüfung der „Kosten einer Betriebsführung“

Im Telekommunikationsrecht wird von Rechtsprechung und Literatur insbesondere für den Bereich der Entgeltprüfung teilweise[104], oder sogar in Gänze für den Bereich der Entgeltprüfung[105] ein Beurteilungsspielraum der Regulierungsbehörde gegenüber den Gerichten angenommen. Dieser wird mit der Dynamik des Wirtschaftssektors und der fehlenden ökonomischen Vorbestimmtheit der behördlichen Regulierungsentscheidungen begründet.

Allerdings ist auch bei Benutzung eines unbestimmten Rechtsbegriffs zu beachten, dass eine grundsätzlich vollumfängliche Kontrolldichte den Gerichten obliegt. Alleine aus der Verwendung unbestimmter Rechtsbegriffe wie z.B. den Begriff der „Kosten einer effizienten Betriebsführung“ ist noch nicht auf die Intention des Gesetzgebers zu schließen, der Regulierungsbehörde einen Beurteilungsspielraum zuzusprechen. Lässt sich der Inhalt des Begriffs durch Hinzuziehen eines Sachverständigen klären, stößt die Rechtsprechung grundsätzlich nicht

---

[104] VG Köln, Urt. v. 13.2.2003, AZ. 1K 8003/98, Rn. 174 ff.; offengelassen wurde diese Frage vom OVG NRW, Beschl. v. 19.8.2005, AZ. 13 A 1521/03, abgedruckt in CR 2006, S. 101 ff. Im Ergebnis hätte das OVG NRW einen Beurteilungsspielraum wohl abgelehnt; es wird damit argumentiert, dass „ [...] die den Maßstab bildenden Kosten der effizienten Leistungsbereitstellung an sich insoweit noch keinen solchen Freiraum eröffnen, als ihre Elemente in § 3 Abs. 2 TEntgV auch für die Regulierungsbehörde konkretisiert und ihre Begriffsinhalte in der betriebswissenschaftlichen Wissenschaft jedenfalls im Grundsätzlichen klar sowie vom Gericht unter Berücksichtigung der Ziele des Telekommunikationsgesetztes ggf. unter Zuhilfenahme von Sachverstand Dritter feststellbar sind.“

[105] *Koenig/Braun*, MMR 2001, 563 (566-568); dazu auch BayVBl. 1989, 307 (309).

an die Funktionsgrenzen, die einen Beurteilungsspielraum rechtfertigen würden. Eine andere Beurteilung der Lage würde sich aber für den Fall ergeben, dass es sich um eine Prognoseentscheidung handelt, bei der wissenschaftlich abgesicherte Erkenntnisgrundlagen nicht vorliegen.[106]

Während bei Ermessensprüfungen der Verwaltung mehrere Alternativen als gleichsam rechtmäßige Handlungsoptionen auf der Rechtsfolgenseite an die Hand gegeben werden, führt die Einräumung eines Beurteilungsspielraums zu einer eingeschränkten richterlichen Kontrolle der Anwendung unbestimmter Rechtsbegriffe auf der Tatbestandsseite einer Rechtsnorm.[107] Vor dem Hintergrund des Art. 19 Abs. 4 GG und der Verpflichtung, Verwaltungsentscheidungen vollständig nachzuprüfen, ist die Einräumung eines Beurteilungsspielraums in der Gesetzgebung jedoch eine Ausnahme. Art. 19 Abs. 4 GG fordert die Wirksamkeit des Rechtschutzes und schließt somit auch die Überprüfung der Feststellungen anderer Gewalten ein. Trotz dieser grundsätzlich gebotenen Rechtsanwendungskontrolle darf der Exekutivgewalt in Ausnahmefällen die letztverbindliche Entscheidungskompetenz übertragen werden. Einfallstor für eine derartige Einräumung eines Beurteilungsspielraums kann ein unbestimmter Rechtsbegriff sein, möglich ist aber auch die ausdrückliche Einräumung eines Burteilungsspielraums für eine bestimmte Behörde. Einen solchen unbestimmten Rechtsbegriff stellt der Begriff der „Kosten einer effizienten Betriebsführung" dar. Hingewiesen werden kann in diesem Zusammenhang auf ein Urteil des VG Freiburg[108]. Dort wurde eine Strombedarfsprognose, die das antragstellende Unternehmen und die Genehmigungsbehörde ihrer Entscheidung zu Grunde gelegt hatten, durch das Gericht lediglich auf ihre Übereinstimmung mit den Prognosen anerkannter Wirtschaftsforschungsinstitute überprüft. Es ging im vorliegenden Fall um eine verwaltungsgerichtliche Überprüfung einer behördlichen Prognose. Dennoch ist dieser Sachverhalt vergleichbar mit Entscheidungen der Regulierungsbehörde im Hinblick auf Kosten und Erlöse oder z.B. auch der Frage, ob Kosten einer in § 21 Abs. 2 EnWG vorgesehenen effizienten Betriebsführung vorliegen. Daher bietet sich in einem solchen Fall die Übertragung der Grundsätze zur Anerkennung eines gerichtlich nur eingeschränkt überprüfbaren Beurteilungsspielraums von administrativen Prognoseentscheidungen an.

Um einen nachgelagerten „Justizregulierer" zu verhindern, muss das EnWG mit Beurteilungsspielräumen für die Regulierungsbehörde ausgestattet sein, die nur eingeschränkt justiziabel sind. Für einen Beurteilungsspielraum der Regulierungsbehörde bei der Festlegung des Maßstabs der „Kosten einer effizienten Be-

---

[106] VG Köln, Urt. v. 13.2.2003, AZ. 1K 8003/98, Rn. 174 ff. Das OVG NRW hat dies in seinem Beschl. v. 19.8.2005, AZ. 13 A 1521/03, abgedruckt in CR 2006, S. 101 ff. (103), ausdrücklich offen gelassen.

[107] *Maurer*, Allgemeines Verwaltungsrecht, § 7 Rn. 26 ff.

[108] VG Freiburg, DVBl. 1975, 343 (346).

triebsführung" spricht, dass die Gerichte lediglich die Rechtskontrolle am Normenmaßstab innehaben, nicht aber die auch ökonomischen Gesichtspunkten folgende Regulierung. Zum anderen würde völliges Letztentscheidungsrecht der Gerichte in Regulierungsfragen den Sachverstand und die Regulierungsverantwortung der Regulierungsbehörde unterlaufen. Die Funktionsgrenzen der Nachprüfbarkeit sind nämlich dann erreicht, wenn das Gericht die Gründe der behördlichen Maßnahmen nicht selbstständig nachvollziehen kann und insofern auch nicht überprüfen kann. Insbesondere aber ist dieser Beurteilungsspielraum angesichts der Dynamik des Wirtschaftssektors und der fehlenden ökonomischen Vorbestimmtheit der behördlichen Regulierungsentscheidungen einzurichten.[109] Ein ähnliches Bestreben gab es bereits in dem Referentenentwurf zum TKG.[110] Dort sollte die Anwendung der Entgeltregulierung der Endnutzerleistungen dem Beurteilungsspielraum der Regulierungsbehörde unterstellt werden. Leider wurde dieser Gedanke im Regierungsentwurf verworfen. Gerichtlich wurde der Regulierungsbehörde aber zumindest in der Frage der Zinsfußbemessung ein Beurteilungsspielraum zugestanden.[111] Entscheidend ist, dass ein möglicherweise ohnehin nach jahrelanger Unsicherheit von den Gerichten festgeschriebener Beurteilungsspielraum besser unmittelbar im EnWG festgeschrieben würde bzw. der Regulierungsbehörde eingeräumt würde. Das würde eine lange währende Rechtsunsicherheit in diesem Punkt verhindern. Dass das Gericht einen Beurteilungsspielraum der Behörde im Hinblick auf schwierige ökonomische Sacherverhalte möglicherweise anerkennt, dafür spricht einer der ersten Beschlüsse des OLG Düsseldorf zum Auskunftsverlangen in der Anreizregulierung.[112]

---

[109] So begründete das BVerfG in einem grundlegenden Beschluss BVerfGE 84, 34, 50, die Zulässigkeit eines Beurteilungsspielraums. Siehe dazu auch *Koenig/Braun*, MMR 2001, 563 (567).

[110] So zum Beispiel zu § 3 Abs. 2 TEntgV a.F. *Koenig/Braun*, MMR 2001, 563 (566); *Groebel* in Säcker (Hrsg.), Berliner Kommentar zum TKG, 2006, § 31 Rn. 39 f.

[111] Zum Beispiel folgte die Rechtssprechung diesem Wunsch auch in dem Urt. d. VG Köln v. 13.2.2003, 1 K 8003/98. Ausdrücklich offen gelassen wurde dies jedoch in dem Beschl. des OVG NRW v. 19.8.2005, Az. 13 A 1521/03, abgedr. in CR 2006, 101 ff.

[112] Beschluss v. 20.3.2006, Az. VI-3 Kart. 150/06. *Laubenstein*, ET Special 2006, 24 (26) hält dieses Verständnis des Beschlusses für „überinterpretiert". Am 19.6.2007 hat der BGH, Az.: KVR 16/06, KVR 17/06, KVR 18/06, die Auffassung der BNetzA in der Sache bestätigt. Es sei grundsätzlich Sache der BNetzA zu beurteilen, ob eine Auskunft erforderlich ist, um den Bericht nach § 112a EnWG zu erstellen. Allerdings unterliege diese Beurteilung im Hinblick auf die Bestimmung des § 83 Abs. 5 EnWG auch hinsichtlich der Zweckmäßigkeit der uneingeschränkten richterlichen Kontrolle.

Bei Einräumung eines Beurteilungsspielraums könnte das Gericht die Einschätzungen im Hinblick auf den Kostenmaßstab „Kosten einer effizienten Betriebsführung“ der Regulierungsbehörde – bei Übertragung der Grundsätze, die in anderen Rechtsgebieten mit Beurteilungsspielräumen und fachplanerischen Abwägungsentscheidungen herausgearbeiteten Grenzziehungskriterien[113] – nur auf folgende Punkte hin überprüfen:

Zunächst kann die Entscheidungsbasis durch das Gericht kontrolliert werden. Geprüft wird dabei, inwiefern der zu Grunde gelegte Sachverhalt, vorliegend das zugrunde liegende Datenmaterial, durch die Regulierungsbehörde zutreffend und sorgsam ermittelt wurde. Dabei ist die Informationspolitik des betroffenen Unternehmens auch ein wesentlicher Betrachtungspunkt. Des Weiteren kann das Gericht überprüfen, ob gegen das Willkürverbot verstoßen wurde. Die Behörde darf bei ihrer Entscheidung keine sachfremden Erwägungen getroffen haben. Das Gericht kann überprüfen, ob die zugrunde gelegte Berechnung bzw. die Einschätzung der Regulierungsbehörde der „Effizienzkostenorientierung“ einer betriebswirtschaftlich anerkannten Methode entspricht. Beispielsweise kann das Gericht überprüfen lassen, ob es sich um ein anerkanntes betriebswissenschaftliches Konzept handelt. Das Gericht kann weiterhin prüfen lassen, ob die gewählte Methode systemlogisch und stringent angewandt worden ist.

3. Kalkulationsmodell

Die Ermächtigungsnorm des § 24 S. 2 Nr. 4 EnWG fordert, die Ausgestaltung der Entgeltbildung auf dem Verordnungswege derart vorzunehmen, dass die notwendigen Investitionen in die Netze mit dem Ziel vorgenommen werden können, die Betriebs- und Versorgungssicherheit sowie die Funktionsfähigkeit der Netze zu gewährleisten. Daraus wird noch einmal deutlich, dass die Energiewirtschaft einen Versorgungsauftrag hat, der weit über dem Auftrag anderer Branchen liegt. Sorge zu tragen ist für die Instandhaltung, die Erneuerung und die bedarfsgerechte Erweiterung der Anlagen. Dies beschreibt eine Untergrenze für die Preisbildung, welche die Lebens-, Funktions- und Anpassungsfähigkeit der Netze gewährleistet und entspricht in etwa der Formulierung in den Beschleunigungslinien aus Art. 25 Abs. 2 lit. a S. 2 GasRL und Art. 23 Abs. 2 lit. a S. 2 EltRL. Zur Sicherung des derart umschriebenen Substanzerhalts der Netze ist es aber unerlässlich, die Entgelte so zu kalkulieren, dass am Ende der Nutzungsdauer des Anlagengegenstands für den eigenkapitalfinanzierten Anteil aus den Abschreibungen und dem erforderlichen Zinsbestandteil die zur Reinvestition ausreichenden Mittel zur Verfügung stehen.[114] Um ein Entgelt zu bilden, das

---

[113] Siehe den grundlegenden Beschluss des BVerfGE, 84, 34 ff.

[114] *Schmidt-Preuß*, Substanzerhaltung und Eigentum, S. 51; *Baur/Henk-Merten*, Kartellbehördliche Preisaufsicht über den Netzzugang, S. 91 ff.

diesen Anforderungen gerecht wird und zugleich die inflationäre Lücke schließt, durch die der Substanzerhalt gefährdet wird, kann der Gesetzgeber hauptsächlich zwischen zwei Konzepten wählen: dem Konzept der Nettosubstanzerhaltung und dem Konzept der Realkapitalerhaltung. Beiden Konzepten liegt der Ansatz zugrunde, dass die Reinvestitionsfähigkeit eines Netzbetreibers über die Investitionszyklen hinweg, auch dann, wenn steigende Preise vorliegen, gesichert bleiben muss.

Vor dem Hintergrund der geplanten Anreizregulierung ist die Substanzerhaltung nicht weniger von Bedeutung: Gesetzte Anreize bedürfen der Flankierung durch ein Konzept der Substanzerhaltung. Durch Anreize kann eine Preisspirale in Gang gesetzt werden, die relativ schnell Erfolge erzielt, jedoch dazu führen kann, dass nicht mehr in die Netze investiert wird und diese dann nur mit noch größerem Aufwand instand zu setzen sind. Das Abwirtschaften von Netzen würde jedoch zu nachhaltigen Qualitätsproblemen in der Energieversorgung führen. Umso bedeutender ist es, durch die Kalkulation der Entgelte auf der Basis einer konsistenten Kapitalerhaltungsmethode die Nachhaltigkeit einer Anreizregulierung sicherzustellen. Im novellierten EnWG findet sich kein Hinweis auf ein bestimmtes Kalkulationsmodell. Der Gesetzgeber sichert dem Netzbetreiber zwar eine risikoangepasste und wettbewerbsfähige Verzinsung zu, er garantiert aber nicht die Ausgestaltung der Kostenrechnungsmethode. Diese Ausgestaltung wird als Aufgabe des Verordnungsgebers eingeordnet. Im Lichte von Regulierungserfahrungen und Markterfordernissen soll der Verordnungsgeber in der Lage sein, Anpassungen und Korrekturen der Kostenrechungsmethode vorzunehmen, ohne dass es einer erneuten Änderung des EnWG bedarf. Die gesetzliche Festlegung einer Kalkulationsmethode hindert den Verordnungsgeber daran, eine marktgerechte, den Regulierungszielen entsprechende Regelung über die Kostenrechnungsmethode zur Ermittlung der Netzzugangsentgelte zu treffen. Sie birgt die Gefahr, dass bereits um die Frage der gesetzeskonformen Konkretisierung des Kostenbegriffs in der Verordnung zahlreiche Rechtsstreitigkeiten entstehen könnten.[115] Insofern erfolgt die Festlegung, welche substanzerhaltende Kalkulationsmethode Anwendung findet, erst in den Verordnungen zur Kalkulation der Entgelte. Es ist im Hinblick auf den Vorbehalt des Gesetzes ausreichend, den Anspruch der Kapitalgeber auf eine angemessene Verzinsung des eingesetzten Kapitals im Gesetz zu normieren. Detailregelungen sollen – der Systematik des Gesetzes folgend – erst im Rahmen der Darstellung der NEV angesprochen werden.

[115] Dies war die Sorge der Opposition, wie sie sich in den Forderungen zum Vermittlungsverfahren v. 31.5.2005, S. 18 ausdrückte.

4. Verzinsung des eingesetzten Kapitals

In Umsetzung der Beschleunigungsrichtlinien und vor dem Hintergrund des § 24 S. 2 Nr. 4 EnWG, wonach die notwendigen Investitionen in die Netze gewährleistet werden sollen, normiert der Gesetzgeber in § 21 Abs. 2 EnWG, dass die Eigenkapitalverzinsung angemessen sein muss. Eine angemessene Eigenkapitalverzinsung ist Bedingung einer kapitalstrukturerhaltenden Kostenkalkulation und muss nach der zumindest teilweise enthaltenen Normierung des Nettosubstanzerhaltungsprinzips ohnehin vorgesehen werden. Die Anforderungen an die Ausgestaltung der Eigenkapitalverzinsung werden durch die Begriffe „wettbewerbsfähig“ und „risikoadjustiert“ noch näher ausgestaltet. Wettbewerbsfähig ist die Verzinsung des Eigenkapitals dann, wenn sie vergleichbar mit der Eigenkapitalverzinsung anderer Wirtschaftssektoren ist. Denn nur dann können die verschiedenen Sektoren bei der Investorenakquise im Wettbewerb miteinander stehen. Eng verknüpft mit der Wettbewerbsfähigkeit eines Eigenkapitalzinssatzes ist auch dessen Orientierung an dem geschätzten Risiko der Branche. Denn bei einem Vergleich mehrerer Anlagealternativen ist für den Investor das mit der jeweiligen Anlageform einhergehende Marktrisiko auch ein maßgebliches Kriterium. Um die Rendite unterschiedlich riskanter Anlagen miteinander vergleichbar zu machen, werden sie üblicherweise risikoadjustiert. Eine risikoadjustierte Eigenkapitalverzinsung indiziert auch, dass ein Wagniszuschlag – dem jeweiligen Risiko des Energiesektors entsprechend – schon kraft Gesetz vorgeschrieben ist. Bei der Bestimmung der Verzinsung des Eigenkapitals kann die telekommunikationsrechtliche Rechtsprechung zu § 3 Abs. 2 TEntgV herangezogen werden, wo zu der Frage der Angemessenheit bereits Stellung genommen wurde.[116] Angemessen kann danach nur eine solche Verzinsung des Eigenkapitals sein, die nicht nur die Gewinnerwartungen der den Markt beherrschenden Unternehmen im Blick hat, sondern dabei auch dem öffentlichen Interesse an der Herstellung eines chancengleichen und funktionsfähigen Wettbewerbs Rechnung trägt. Das bedeutet, dass eine angemessene Eigenkapitalverzinsung einen Ausgleich schaffen muss zwischen den Interessen der Netzbetreiber und den Zielen der Wettbewerbsförderung. Aus diesem Interessenausgleich ergibt sich auch, dass die festgeschriebene angemessene Eigenkapitalverzinsung, die in der StromNEV und GasNEV näher bestimmt wird, nicht für das ganze eingebrachte Kapital gelten kann. Eine Verzinsung darf nur für das für eine effiziente Betriebsführung notwendige Kapital gewährt werden. Eine Garantie der Verzinsung des gesamten eingesetzten Eigenkapitals würde zu einer Überausstattung mit Kapital und damit zu volkswirtschaftlichen Ineffizienzen führen. Die Verzinsung des Eigenkapitals ist somit im Grundsatz auf das notwendig aufzubringende Kapital beschränkt.

---

[116] Dazu VG Köln, Urt. v. 13.2.2003, Az. 1 K 8003/98, Rn. 131 ff. Daraufhin folgte noch ein Beschl. des OVG NRW v. 19.8.2005, Az. 13 A 1521/03, abgedr. in CR 2006, 101 ff.

III. Leitfaden zur Kalkulation der Entgelte nach den StromNEV und GasNEV

Die Verordnungen, in denen die Maßstäbe des EnWG konkretisiert werden, müssen eine Gratwanderung meistern: Sie müssen einerseits den Rahmen für die Erhaltung der Netzinfrastruktur schaffen und andererseits unnötig hohe Entgelte verhindern. Die Aufgabe der StromNEV[117] und GasNEV ist nach § 1 die Festlegung der Methode zur Bestimmung der Entgelte für den Zugang zu den Stromübertragungs- und Stromverteilnetzen. Die Vorgaben des § 21 Abs. 2 und Abs. 3 EnWG werden in diesen Verordnungen umgesetzt. Die Ermächtigung des § 24 S. 1 Nr. 1 und S. 2 Nr. 4 EnWG gibt zusätzlich vor, dass die Methode zur Berechnung der Netzzugangsentgelte so zu gestalten ist, dass die für die Betriebs- und Versorgungssicherheit sowie die Funktionsfähigkeit der Netze notwendigen Investitionen in die Netze gewährleistet sind.

1. Einführung

Die Verordnungen gehen systematisch nach dem Dreischritt der Kostenrechnung vor.[118] Aufgabe einer Kostenrechnung ist die Erfassung, Verteilung und Zurechnung der Kosten, die bei der betrieblichen Leistungserstellung entstehen.[119] Sie geben in § 3 Abs. 1 S. 1 vor, dass die Netzkosten zunächst gem. den §§ 4 bis 11 zusammenzustellen sind (Kostenartenrechnung). Bei der Kostenartenrechnung werden systematisch alle Kosten erfasst, die bei der Erstellung und Verwertung der Kostenträger, also bei der Erstellung der Leistung, entstehen. Sie ist der Ausgangspunkt der periodischen Betriebsabrechnung. Die Periodenkosten eines Betriebs lassen sich nach den verschiedensten Kriterien gliedern. Nach der Art der verbrauchten Kostengüter können die Periodenkosten eines Betriebs in Material- und Personalkosten aufgeteilt werden. Zu den Kostengütern zählen ferner auch die Betriebsmittelkosten, dabei in erster Linie die Abschreibungen. Auch die Zinskosten, bestimmt nach Zinssatz und dem zinspflichtigen Kapital, sind davon umfasst. Danach sind die so ermittelten Netzkosten nach § 13 StromNEV bzw. § 12 GasNEV den Hauptkostenstellen zuzuordnen. Diese sind dann den Kostenträgern zuzuschlüsseln (Kostenstellenrechnung). Kostenstellen sind die Orte der Kostenentstehung.[120] Damit gibt die Kostenstel-

---

[117] Zu den Auswirkungen der Netzentgeltverordnung Strom auf die Erlöse der Netzbetreiber vgl. *Papanikolau/Wagner/Höhn*, e/m/w 2005, 72 ff.

[118] *Theobald*, IR 2004, 125; *Müller-Kirchenbauer/Thomale*, IR 2004 148 (149). Zur Umsetzung der Kalkulation in der Praxis siehe den Beitrag zum Geschäftsprozess „Netznutzungsentgeltkalkulation" *Schramm*, e/m/w 2005, 50 ff.

[119] *Wöhe*, Einführung in die Allgemeine Betriebswirtschaftslehre, S. 1083; *Schierenbeck*, Grundzüge der Betriebswirtschaftslehre, S. 659.

[120] *Schierenbeck*, Grundzüge der Betriebswirtschaftslehre, S. 664.

lenrechnung Aufschluss darüber, wo die Kosten angefallen sind.[121] Nach § 16 StromNEV werden die Entgelte dann für jede Netz- und Umspannungsebene bestimmt. In einem weiteren Schritt werden die Kosten über die Kostenträgerrechnung schließlich auf die Leistungseinheiten verrechnet – Ziel ist die Erfassung, wofür welche Kosten in welcher Höhe in der Abrechnungsperiode entstanden sind.[122] Kostenträger sind die Erzeugnisse des Betriebs. Diese Kostenträgerrechnung geschieht mit Hilfe einer Gleichzeitigkeitsfunktion. Für die Gasfernleitung und die Gasverteilung werden die Entgelte nach Maßgabe der §§ 13 bis 18, 20 GasNEV errechnet. Die Berechnungen erfolgen jeweils auf der Basis der Daten des abgelaufenen Geschäftsjahrs. Schließlich sehen die Verordnungen noch ein Vergleichsverfahren vor, mit dessen Hilfe die Kosten einer effizienten Betriebsführung ermittelt werden sollen. Entgegen der Begrifflichkeit der Methodenregulierung, die einen rein instrumentalen Ansatz vermuten lässt, enthält die Ausgestaltung der einzelnen Kostenrechnungsschritte an zahlreichen Stellen normative Vorgaben zur Berücksichtigungsfähigkeit einzelner Kosten und Kostenbestandteile. An dieser Stelle soll zunächst die in der StromNEV und fast (bis auf die durch das System erzwungenen Verschiedenheiten) parallel auch in der GasNEV festgeschriebene Ermittlung der Kosten erläutert werden.

2. Kostenartenrechnung

Die Verordnungen sehen eine Ermittlung der Netzzugangsentgelte in mehreren Stufen vor. In der ersten Stufe, der Kostenartenrechnung, werden die berücksichtigungsfähigen Kosten ermittelt, die durch die Netzzugangsentgelte gedeckt werden sollen. Der erste Schritt in der Entgeltberechnung ist somit die Ermittlung der Kostenbasis. Nach § 3 Abs. 1 StromNEV und GasNEV finden, falls hinsichtlich der Kostenermittlung keine speziellen Regelungen getroffen werden, die Leitsätze für die Preisermittlung aufgrund von Selbstkosten Anwendung.[123] Diese Leitsätze stellen derzeit die einzige gesetzliche Regelung für die Ermittlung von Kosten dar. Sie enthalten hilfreiche Definitionen, zudem existiert bereits eine Kommentierung, die bei Auslegungsschwierigkeiten herangezogen werden kann. § 4 Abs. 1 StromNEV und GasNEV schreiben noch einmal fest, was § 21 Abs. 2 EnWG bereits besagt. Die Kosten des Netzbetriebs werden auf der Basis einer Betriebsführung angesetzt. Berücksichtigungsfähig und somit „entgeltrelevant" im Sinne dieser Verordnungen sind demnach nur solche kalkulatorischen Kosten, die denen eines effizienten und strukturell vergleichba-

---

[121] *Wöhe*, Einführung in die Allgemeine Betriebswirtschaftslehre, S. 1101; ebenso *Schierenbeck*, Grundzüge der Betriebswirtschaftslehre, S. 664.
[122] *Wöhe*, Einführung in die Allgemeine Betriebswirtschaftslehre, S. 1101.
[123] Diese Leitsätze finden sich in der LSP-Anlage zur VO PR Nr. 30/53 v. 21.11.1953, zuletzt geändert durch VO PR Nr. 1/89 v. 13.6.1989, im WWW unter http://www.vergabe.nrw.de/vorschriften/besonderes/preisvorschriften/1_vo_PR_30_53.pdf.

ren Netzbetreibers entsprechen, mithin die „effizienzorientierten" Kosten. Bei der Überlassung des Netzes an Dritte (z.B. im Wege der Pacht) findet § 4 Abs. 5 StromNEV und GasNEV i.V.m. § 21 Abs. 2 EnWG Anwendung. Die aus der Überlassung des Anlagevermögens resultierenden Kosten (Pachtzins) dürfen nur bis zu der Höhe angesetzt werden, wie sie anfielen, wenn der Netzbetreiber Eigentümer der Anlagen wäre.[124] Ausgangspunkt sind mithin die im Netzbetrieb angefallenen tatsächlichen Kosten, allerdings nur diese, die dem genannten Vergleichsmaßstab entsprechen. An dieser Stelle wird in der praktischen Umsetzung das Problem auftreten, dass der Netzbetreiber zum Zeitpunkt der Kalkulation der Netzkosten nicht wissen kann, welche Kosten denen eines effizienten und strukturell vergleichbaren Netzbetreibers entsprechen.[125] Der Hinweis in § 4 Abs. 1 StromNEV und GasNEV ist aber nicht als unmittelbarer Auftrag an die Netzbetreiber zu verstehen, die Kosten eines eventuell strukturell vergleichbaren Netzbetreibers zu recherchieren und sich diesen anzupassen. Vielmehr ist dies ein Hinweis auf das Vergleichsverfahren, das die veranschlagten Kosten der Netzbetreiber in Relation setzen soll. Ziel muss es für die Zukunft sein, einen derartigen Kostenansatz zu erreichen. Zusätzlich sind in dieser Kalkulation nur solche Kosten berücksichtigungsfähig, die sich auch im Wettbewerb einstellen würden.[126]

Nach § 4 Abs. 2 S. 1 der Verordnungen ist eine kalkulatorische Rechnung zur Bestimmung der Netzkosten zu erstellen. Gem. § 4 Abs. 2 S. 2 StromNEV und GasNEV setzen sich die Netzkosten aus den aufwandsgleichen Kosten nach § 5, den kalkulatorischen Abschreibungen nach § 6, der kalkulatorischen Eigenkapitalverzinsung nach § 7 und den kalkulatorischen Steuern nach § 8 zusammen. Abgezogen werden nach § 9 StromNEV und GasNEV die kostenmindernden Erlöse und Erträge. Auch § 10 StromNEV muss Beachtung finden. Danach sind Netzverluste zu berücksichtigen, die darauf zurückzuführen sind, dass der Transport und die Verteilung von Energie diese schon physikalisch bedingen. Eine periodenübergreifende Saldierung ist nach § 11 StromNEV und § 10 GasNEV möglich. Bei der Berechnung der Netzkosten sind die Einzelkosten des Netzes gem. § 4 Abs. 3 S. 1 StromNEV und GasNEV dem Netz direkt zuzuord-

---

124 Die erforderlichen Nachweise zu der Überlassung betriebsnotwendiger Anlagen hat der Netzbetreiber zu führen. Bleibt der Netzbetreiber diesbezüglich beweislastig, führt dies zu einer entsprechenden Kürzung der Postition „Aufwendungen für überlassene Infrastruktur". Vgl. insoweit die Entscheidung der BNetzA v. 28.7.2006, Az. BK 8-05/020.

125 So auch *VKU*, Stellungnahme zum Entwurf einer Netzentgeltverordnung Strom (StromNEV) v. 13.9.2004, 15.10.2004, 3/26, mit der Empfehlung, diesen Hinweis zu streichen. Die Stellungnahme ist im WWW unter http://rsw.beck.de/rsw/upload/IR/11_2004_NNEV_e_Strom_VKU.pdf zu finden.

126 Darauf weist der Verordnungsgeber in der Begründung noch einmal hin. Dieser Maßstab ergibt sich jedoch auch bereits unmittelbar aus § 21 Abs. 2 S. 2 EnWG.

nen.[127] Die Gemeinkosten sind mit Hilfe einer verursachungsgerechten Schlüsselung dem Übertragungs- und Verteilnetz bzw. im Gassektor dem Gasversorgungsnetz zuzuordnen. Die im Hinblick auf das Entgeltniveau wesentlichen Faktoren der Kostenartenrechnung und deren Regelung in den Netzzugangsentgeltverordnungen sollen nun im Folgenden einzeln dargestellt und kritisch beleuchtet werden. Die Kapitalkostenermittlung ist ein Teil dieser Kostenartenrechnung. Die Kapitalkosten bestimmen sich aus den Kosten des Eigenkapitals, also den Renditeerwartungen der Eigenkapitalgeber, und den Kosten des Fremdkapitals, die sich aus den Renditeerwartungen der Fremdkapitalgeber ergeben. Die Kapitalkosten eines Unternehmens bestehen aus den Komponenten der Abschreibung und der Zinsen. Die erste Komponente ist als Wertverzehr des eingesetzten Kapitals mittels der kalkulatorischen Abschreibung (a.) zu bestimmen. Die zweite Komponente ist als Zins auf das eingesetzte Kapital kalkulatorisch anzusetzen (b.).

a. Kalkulatorische Abschreibungen

Für die Bemessung der kalkulatorischen Abschreibungen sind drei Determinanten maßgeblich. Die Abschreibungssumme, der anzusetzende Abschreibungszeitraum und die Abschreibungsmethode bestimmen die Kalkulation. Die Anerkennung von Abschreibungen auf den Eigenfinanzierungsanteil ist bedeutsam, damit die durch die Nutzungsdauer entstehenden Kosten gedeckt werden können. Doppelerfassungen sowie inflatorische Finanzierungslücken müssen vermieden werden. Die Vermeidung von Finanzierungslücken ist insbesondere vor dem Hintergrund bedeutsam, dass in den anlagenintensiven Wirtschaftszweigen der Energiebranche eine lange Nutzungsdauer der Anlagen üblich ist.[128]

Bei der Berechnung der kalkulatorischen Abschreibungen wird in § 6 Abs. 1 StromNEV und GasNEV zwischen Altanlagen (aa.) und Neuanlagen (bb.) unterschieden. Somit ist eine zweigeteilte Kalkulation vorzunehmen.[129] Altanlagen sind solche Anlagegüter, die vor dem 1. Januar 2006 aktiviert wurden, während als Neuanlagen solche Anlagen bezeichnet werden, die nach dem 1. Januar 2006 aktiviert werden.

---

[127] Vgl. zu § 4 Abs. 3 StromNEV und dessen verfassungsrechtlicher Vereinbarkeit *Becker*, ZNER 2005, 190 ff.

[128] Für die Erdgaswirtschaft lässt sich das aus der VV Erdgas II, Anlage 9, Tabelle 5 herauslesen.

[129] Vgl. dazu auch *Kühne*, NVwZ 2005, 849 (853).

aa. Die kalkulatorischen Abschreibungen der Altanlagen

(1) Regelung in den StromNEV und GasNEV

Die Regelungen über die kalkulatorischen Abschreibungen werden dementsprechend in zwei Abschnitte aufgeteilt. Zunächst wird in § 6 Abs. 2 StromNEV und GasNEV die Abschreibung der Altanlagen erläutert. Die Netzzugangsentgeltverordnungen sehen in § 6 Abs. 2 Nr. 1 kalkulatorische Abschreibungen für den eigenfinanzierten Anteil auf der Basis von Tagesneuwerten vor. Die Abschreibungen sind nach der linearen Abschreibungsmethode zu ermitteln. Die lineare Abschreibung verteilt die Wertminderung auf die Jahre der Nutzungsdauer.[130] Demnach ist zweckmäßiger Weise die Annahme einer stetigen Abnahme des Nutzungspotenzials der betreffenden Anlagen zugrunde gelegt. § 6 Abs. 2 StromNEV und GasNEV entspricht der betriebswirtschaftlichen Konzeption der Nettosubstanzerhaltung, wonach Abschreibungen eigenfinanzierter Anlagen regelmäßig auf Wiederbeschaffungs- bzw. Tagesneuwertbasis kalkuliert werden. Der Tagesneuwert ist der unter Berücksichtigung der technischen Entwicklung maßgebliche Anschaffungswert zum Zeitpunkt der jeweiligen Bewertung.[131] Er wird am Kalkulationsstichtag ermittelt, indem die Anschaffungs- und Herstellungskosten mit einem spezifischen Preisindex hochgerechnet werden. Tagesneuwertbasierte Abschreibungen geben den tatsächlichen ökonomischen Wertverlust aus der Sicht des Unternehmens wieder und erhalten die Leistungsfähigkeit der Unternehmen auch in Zeiten steigender Preise. Die anzusetzende Eigenkapitalquote wird kalkulatorisch für die Berechnung der Netzzugangsentgelte auf höchstens 40% festgelegt. Die StromNEV und GasNEV sehen Indizes in § 6 Abs. 3 S. 2 vor, mit deren Hilfe der Tagesneuwert berechnet wird. Im Falle der im östlichen Teil der Bundesrepublik liegenden Gebiete, die im Einzelnen in § 6 Abs. 3 S. 3 StromNEV und GasNEV aufgeführt sind, sind die Anschaffungs- und Herstellungskosten unter Verwendung zeitnaher üblicher Anschaffungs- und Herstellungskosten und einer Rückrechnung mittels der anwendbaren Preisindizes zu ermitteln. Diese Lösung durch die Verordnung wurde notwendig, weil die Beitrittsbundesländer als buchhalterische Anschaffungs- und Herstellungskosten fiktiv ermittelte Werte aus der Eröffnungsbilanz haben. Da diese aber nicht den Kosten westdeutscher Unternehmen bei gleicher oder ähnlicher Anlagenqualität und gleichem Alter entsprechen, musste eine Lösung gefunden werden, die nun in § 6 Abs. 3 S. 3 StromNEV zu finden ist. Damit ist die Kalkulation der einzelnen Unternehmen einheitlich, objektiv und transparent. Ohne die Festlegung derartiger Indizes wäre die Ermittlung der Tagesneuwerte dagegen auf der Basis selbsterstellter Kostenvoranschläge möglich. Dann bestünden

---

[130] *Jossé*, Basiswissen Kostenrechnung, S. 52.

[131] *Busse v. Colbe*, in W. Delfmann (Hrsg.), Der Integrationsgedanke in der Betriebswirtschaftslehre, S. 75 (76).

bei der Ermittlung der Tagesneuwerte erhebliche Freiheitsgrade, die zu einer systematischen Überhöhung der Kapitalbasis genutzt werden könnten. In Einzelfällen wird sogar vermutet, dass alleine die Gestaltungsspielräume bei der Ermittlung der Tagesneuwerte zu einer Überhöhung der Netzzugangsentgelte von 20% führen können.[132] § 6 Abs. 3 S. 2 StromNEV und GasNEV wirken dem – im Sinne einer transparenten Verwirklichung der im EnWG geforderten Nettosubstanzerhaltung – entgegen. Abschreibungen unter Null sind nach § 6 Abs. 6, 7 StromNEV und GasNEV verboten. Damit soll sichergestellt werden, dass nach Ablauf des Abschreibungszeitraums der kalkulatorische Restwert gleich Null ist und keine weiteren Abschreibungen vorgenommen werden. Dies wirft im Hinblick auf Netzübernahmen, sprich die Änderung von Eigentumsverhältnissen, Probleme auf. Denn auch hier gilt nach § 6 Abs. 7 GasNEV und StromNEV dieses Verbot. Das bedeutet, dass nach der Netzübernahme durch den neuen Netzbetreiber nur die Abschreibungen des weichenden Netzbetreibers fortgeführt werden können.

Zur Überprüfung durch die Regulierungsbehörde wäre eine Dokumentation der kalkulatorischen Abschreibungen sinnvoll gewesen. Diese Pflicht der Netzbetreiber wird zwar z.T. als buchhalterisch nicht leistbar angesehen, jedoch lässt sich nur auf diese Weise nachprüfen, ob der Netzbetreiber tatsächlich anhand des Leitfadens der StromNEV und GasNEV kalkuliert hat. Das ist nach Gesetz und Verordnungen nur begrenzt möglich. Darüber hinaus kann die Regulierungsbehörde nach § 30 Abs. 2 Nr. 2 StromNEV und GasNEV Festlegungen zur Gewährleistung einer sachgerechten Ermittlung der Tagesneuwerte treffen.

(2) Prinzip der Nettosubstanzerhaltung

Die kalkulatorischen Abschreibungen bei Altanlagen richten sich aus an dem Prinzip der Nettosubstanzerhaltung. Dieses Prinzip ist auf den Erhalt der Unternehmenssubstanz ausgelegt. Es fordert eine kapitalstrukturerhaltende Kostenkalkulation: Für die zwei bedeutenden Faktoren, die Abschreibungen eigenfinanzierter Anlagen und die Eigenkapitalverzinsung, ist nach diesem Konzept vorgesehen, dass die Abschreibungen auf Wiederbeschaffungs- bzw. Tagesneuwertbasis erfolgen. Da die Abschreibungen tagesneuwertbasiert sind, ist dort bereits der Inflationsausgleich berücksichtigt. Die Zinskosten sind auf den mit Eigenkapital finanzierten Teil des betriebsnotwendigen Vermögens auf Tagesneuwertbasis und unter Verwendung eines Realzinssatzes zu ermitteln sind. Grundlage für die Verzinsung anhand eines Realzinses ist damit das „betriebsnotwendige Eigenkapital".

---

[132] *BNE*, Ausschuss für Wirtschaft und Arbeit, Sitzung v. 29.11.2004, Ausschussdrucks. 15/1525, S. 65.

Kritisch zu betrachten ist an dem Konzept der Nettosubstanzerhaltung, dass die Unternehmen Gewinnrücklagen durch höhere Entgelte bilden können, die zwar zweckgebunden für eine Reinvestition gebildet werden, tatsächlich aber als Gewinn ausgeschüttet werden können, wenn die Investitionen tatsächlich nicht oder nicht in dem geplanten Umfang durchgeführt werden. Das kann unter Umständen häufig geschehen, wenn aufgrund der langen Nutzungsdauern über mehrere Jahrzehnte häufig keine oder jedenfalls keine identische Wiederbeschaffung eines Anlagegutes erfolgt. Dies tritt etwa dann ein, wenn im Zuge des technischen Fortschritts alte Anlagen durch kostengünstigere, andersartige Anlagen ersetzt werden können oder wenn ein Rückbau infolge von Überkapazitäten erfolgt. Auch eine geänderte Systemtechnik kann zu großen Veränderungen bei Investitionen führen. Bei Nutzungsdauern von 40 bis 50 Jahren ist eine solche Entwicklung nahezu wahrscheinlich. Dann kann die Differenz zwischen abgeschriebenem Wiederbeschaffungswert und den tatsächlichen Anschaffungskosten als Gewinn ausgeschüttet werden. Die Nettosubstanzerhaltung schafft demnach Raum für verdeckte Gewinne und intransparente Kalkulationen. Daraus ergeben sich Schwierigkeiten für die Entgeltbestimmung, da jeder angenommene Wiederbeschaffungswert Unsicherheiten unterliegt. Es kann noch nicht einmal mit Sicherheit gesagt werden, dass investiert wird. Dadurch besteht auch die Gefahr, dass Kapital verzinst wird, das nie investiert wurde.[133] Der Gesetz- bzw. Verordnungsgeber kann dem zwar abhelfen, beispielsweise durch eine „investitionslenkende" Saldierung. Aber das Problem an sich ist der Nettosubstanzerhaltung systemimmanent. Die Nettosubstanzerhaltung erlaubt, die eingenommenen Entgelte zu einem Aufbau an zusätzlichem Eigenkapital zu nutzen. Dieses Eigenkapital wird dann verzinst. Der Netzbetreiber erhält demnach eine zusätzliche Rendite auf Eigenkapital, das nicht er aufgebracht hat, sondern die Netznutzer. Dadurch setzt die Nettosubstanzerhaltung Anreize in eine nicht wünschenswerte Richtung: Damit wird erreicht, dass Reinvestitionen möglichst spät vorgenommen werden.[134] Stranded costs behandelt der Netzbetreiber dann möglichst lange nicht als solche und schreibt im Hinblick auf die (fiktive) Wiederbeschaffung weiterhin ab, um Eigenkapital zu generieren. Und schließlich kann das Prinzip der Nettosubstanzerhaltung auch dazu führen, dass der Netzbetreiber, um Verzinsung für das Eigenkapital zu erhalten, bereits abgeschriebene Anlagen und Anlagenteile im Betrieb belässt.

Dass diese Gefahr tatsächlich besteht, zeigt die Statistik des Bundes der Energieverbraucher, in der darauf hingewiesen wurde, dass die Kosten für die Netzzugang seit 1998 um das Dreifache gestiegen sind, die Investitionen in die Netze

---

[133] *Bauer/Bier/Weber*, ET 2005 (Special), 12 (15).
[134] Zur Nettosubstanzerhaltung vgl. *Bauer/Bier/Weber*, ET 2005 (Special), 12 (14).

jedoch drastisch teilweise auf ein Drittel zurückgegangen sind.[135] Auch eine unabhängige Untersuchung bestätigt, dass der Zustand der deutschen Netze gefährlich schlecht ist.[136] Diese Zahlen und Untersuchungen weisen darauf hin, dass Netzkosten unabhängig davon geltend gemacht werden, dass sie auch zu einem Teil wieder investiert werden. Das Konzept der Nettosubstanzerhaltung schafft also gerade keinen Anreiz, in die Erneuerung und den Bestand der Netze zu investieren. Dem Netzeigner ist eine hohe Rendite für mehrere Jahrzehnte gesichert, auch ohne dass eine Neuinvestition getätigt wird. Auch die Abschreibungen auf Tagsneuwertbasis sind angesichts der grundsätzlich unklaren Bestimmung der Tagesneuwerte nicht transparent. Ohne die Festlegung von Indizes ist die Ermittlung der Tagesneuwerte auf der Basis selbsterstellter Kostenvoranschläge möglich. Dann bestehen bei der Ermittlung der Tagesneuwerte erhebliche Freiheitsgrade, die zu einer systematischen Überhöhung der Kapitalbasis genutzt werden könnten. Dem kann der Gesetz- bzw. Verordnungsgeber durch eine Zusatzregelung, beispielsweise durch Indizes abhelfen. Betrachtet man diese Kritikpunkte, die sich hinsichtlich des Modells der Nettosubstanzerhaltung herausarbeiten lassen, stellt sich die Frage, ob sich dieses Modell vor dem Hintergrund der Beschleunigungsrichtlinien überhaupt in das EnWG implementieren lässt. Dass dieses Modell den dort geforderten Substanzerhalt („Lebensfähigkeit der Netze") leistet, ist zwar vorauszusetzen. Aber aus den Beschleunigungsrichtlinien ergibt sich darüber hinaus der Grundsatz der Transparenz, der auch und gerade die Kalkulation der Entgelte betrifft. Wird nun das Konzept der Nettosubstanzerhaltung der Entgeltkalkulation zugrunde gelegt, ermöglicht der Gesetzgeber den Netzbetreibern eine intransparente und für Dritte – auch für die Regulierungsbehörde – wenig nachvollziehbare Berechnung.[137] Jedenfalls verhilft das Konzept der Nettosubstanzerhaltung der Transparenz der Entgeltkalkulation nicht zu höchstmöglichen Geltung. Die größtmögliche Wirkungsweise einer Regelung soll jedoch durch die Umsetzung von Richtlinien erreicht werden. Das Konzept der Nettosubstanzerhaltung ist vor diesem Hintergrund mit den Beschleunigungsrichtlinien nicht zu vereinbaren. Um Schwierigkeiten, die beim Wechsel der Kalkulationsmethode auftreten können, zu entgehen, hielt der Verordnungsgeber es für notwendig, dass die Nettosubstanzerhaltung für die derzeit in Betrieb befindlichen Anlagen weiter Geltung hat. Zwar warnen in der Literatur einige Stimmen, dass ein grundsätzlich denkbarer Wechsel von der Nettosubstanzerhaltung auf die Realkapitalerhaltung zu gravierenden Erhöhun-

[135] Vgl. dazu die Stellungnahme im Ausschuss für Wirtschaft und Arbeit, Ausschussdrucksache 15(9)1511, S. 218.

[136] Es handelt sich um eine unabhängige Untersuchung von SAG Netz- und Energietechnik GmbH, deren Ergebnis unter www.energieverbraucher.de/seite1293.html abzurufen ist.

[137] Auch *Hammerstein/Schlemmermeier*, VIK-Mitteilung 2004, 78 (79) lehnen die Festschreibung der Nettosubstanzerhaltung im EnWG als gemeinschaftsrechtswidrig ab.

gen der Netzzugangsentgelte führen kann.[138] Andererseits sind Modelle[139] denkbar, mit deren Hilfe eine Erhöhung vermieden werden kann. Ein Fortführen der Nettosubstanzerhaltung ist keine Möglichkeit, eine transparente, auf marktwirtschaftlichen Grundsätzen beruhende Kalkulation zu gewährleisten, die gleichzeitig überhöhte Netzzugangsentgelte verhindert und eine kapitalmarktorientierte Verzinsung sichert.[140]

(3) Übergangsvorschriften

Für die erstmalige Ermittlung der Netzzugangsentgelte gilt § 32 Abs. 3 StromNEV. Damit ist eine „regulated asset base" in die Verordnung eingefügt worden.[141] Dabei wird vom Marktwert der Anlagen zum Zeitpunkt des Beginns des regulierenden Eingriffs in die Entgeltbildung ausgegangen. Die Zugrundelegung dieses Ansatzes, der in der britischen Regulierungspraxis verwendet wird, ist in der Literatur in Frage gestellt worden. Die kritischen Stimmen weisen hauptsächlich darauf hin, dass die „regulated asset base" aufgrund des Einbezugs historischer Bewertungselemente nicht mit dem aktuellen Marktwert übereinstimmt.[142] Die kalkulatorischen Restwerte des Sachanlagevermögens sind danach für den eigenfinanzierten Anteil auf Tagesneuwertbasis zu bestimmen. Für den fremdfinanzierten Teil gilt eine andere Regelung: Hier sind die kalkulatorischen Restwerte anschaffungsorientiert zu bestimmen, also auf der Grundlage der historischen Anschaffungs- und Herstellungskosten. Die kalkulatorischen Restwerte sind anlagenscharf zu dokumentieren. Diese Übergangsregelung für die erste Kalkulation der Netzzugangsentgelte dient dazu, eine „Bestandsaufnahme" der Abschreibungen der „Altanlagen" zu Beginn der Regulierungsperiode durchzuführen. Die Nutzungsdauer, die der Kalkulation zugrunde gelegt wird, muss sich nach § 32 Abs. 3 S. 2-4 StromNEV richten, also entweder nach dem Tarifgenehmigungsverfahren bestimmt sein oder ansonsten wird ein unterer Wert der in Anlage 1 genannten Spannen als durch den Netzbetreiber widerlegbar vermutet.[143]

---

[138] So z.B. *Hohlefelder/Kästner*, WiVerw 2005, 66 (76).

[139] Ein solches bieten beispielsweise *Bauer/Bier/Weber*, ET 2005 (Special), 12 (15 f.) an.

[140] So im Ergebnis auch *Jarass/Obermair*, IR 2005, 146 (146).

[141] Zu diesem Begriff *Knieps*, Entscheidungsorientierte Ermittlung der Kapitalkosten in liberalisierten Netzindustrien, S. 20.

[142] So *Knieps*, Entscheidungsorientierte Ermittlung der Kapitalkosten in liberalisierten Netzindustrien, S. 20 m.w.N.

[143] Siehe zu dem Verständnis der Regulierungsbehörden dieser Regelungen das Positionspapier der Regulierungsbehörden des Bundes und der Länder zu Einzelfragen der Kostenkalkulation gemäß der StromNEV v. 7.3.2006. Zur Frage der Ermittlung der kalkulatorischen Restwerte nach § 32 Abs. 3 StromNEV vgl. *Hummel/Ochsenfahrt*, IR 2006, 74 ff.

bb. Die kalkulatorischen Abschreibungen der Neuanlagen

Die kalkulatorischen Abschreibungen der Neuanlagen richten sich nach einem anderen Prinzip, nach der Realkapitalerhaltungsmethode. Nach § 6 Abs. 4 StromNEV und GasNEV sind die Neuanlagen dementsprechend ausgehend von dem jeweiligen historischen Anschaffungs- und Herstellungskosten nach der linearen Abschreibungsmethode zu ermitteln. Das Konzept der Realkapitalerhaltung, das ebenfalls geeignet ist, Investitionen in die Netze langfristig zu sichern, wird von vielen Stimmen in der Wirtschaft bevorzugt.[144] Dabei fließt die Inflation durch die Nominalverzinsung des betriebsnotwendigen Kapitals in die Berechnung ein. Der Nominalzins liegt um die Inflationsrate erhöht über dem Realzins. Die Realkapitalerhaltung stellt den Als-ob-Wettbewerb in den Vordergrund. Finanzierung und Abschreibungen werden bei diesem Konzept strikt getrennt. Die Abschreibungen werden auf Anschaffungsbasis errechnet und die Berechnung der kalkulatorischen Zinsen erfolgt zu einem nominalen Marktzinssatz, der die Inflation beinhaltet. Für Zugrundelegung der Realkapitalerhaltung spricht, dass das Abstellen auf Anschaffungswerte zu einer höheren Transparenz und Nachvollziehbarkeit führt. Sowohl die tatsächlichen Anschaffungs- und Herstellungskosten also auch der Nominalzinssatz sind allgemein verfügbar. Überdies werden bei der Realkapitalerhaltung Daten zugrunde gelegt, die im Rahmen der Buchhaltung eines Unternehmens ohnehin vorliegen. Die Realkapitalerhaltung ist grundsätzlich gleich geeignet wie die Nettosubstanzerhaltung, das Kapital eines Unternehmens und damit die Investitionsfähigkeit zu erhalten.[145] Beide Verfahren führen zum gleichen Kostenbeitrag zu den Netzzugangsentgelten über die Lebensdauer eines Investitionsgutes.[146] Die Realkapitalerhaltung wird nur den Anforderungen, die durch die Regulierung der Netzwirtschaft entstehen, besser gerecht. Das Modell der Realkapitalerhaltung gewährleistet eine größere Transparenz und entspricht damit auch den Maßstäben der Beschleunigungsrichtlinien und des § 21 Abs. 1 EnWG in erhöhtem Maße. Damit ist das von Dritten zu überprüfende Kalkulationssystem auch leichter nachzuvollziehen und unterliegt nicht so vielen Unsicherheiten.

Der Substanzerhalt und die Kalkulation auf der Basis der Realkapitalerhaltung gelten im EnWG für die Neuanlagen jedoch auch nicht uneingeschränkt:

---

[144] *Leprich/Gaßner*, Anreizregulierung – Eckpfeiler zur Einführung der Anreizregulierung im Rahmen des bundesdeutschen Regulierungsmodells für Stromnetzbetreiber, November 2004, S. 2, zu finden im WWW unter www.bne-online.de.

[145] *Kaldewei/Kutschke/Simons*, ET 2005 (Special), 17 (18).

[146] Einige Stimmen in der Literatur weisen darauf hin, dass ein grundsätzlich denkbarer Wechsel von der Nettosubstanzerhaltung auf die Realkapitalerhaltung zu gravierenden Erhöhungen der Netzzugangsentgelte führen kann. *Bauer/Bier/Weber*, ET 2005 (Special), 12 (15 f.) bieten ein Modell an, mit dessen Hilfe eine Erhöhung vermieden werden kann.

§ 21 Abs. 2 S. 1 EnWG stellt die Kalkulation der Entgelte unter den Vorbehalt, dass diese „unter Berücksichtigung von Anreizen für eine kosteneffiziente Leistungserbringung" erfolgen muss. Dieser Hinweis stellt auch die Realkapitalerhaltung unter den Vorbehalt der Effizienz: Die Substanz ist nur soweit schützenswert, wie sie sich auch im (hypothetisch unterstellten) funktionsfähigen Wettbewerb behaupten könnte und auch dort Bestand hätte. Geschützt wird also jene im fingierten Wettbewerb „effiziente" Substanz. Diese Netzsubstanz soll sich ständig dem technischen Fortschritt stellen und flexibel anpassen können. Ineffiziente Strukturen können nicht durch den Schutz der Realkapitalerhaltung künstlich am Leben gehalten werden. Dies bedeutet, dass nicht jede Investition durch das Prinzip der Realkapitalerhaltung abgesichert sein kann. Wenn überhaupt, darf die Realkapitalerhaltung für Regulierungszwecke nur auf effiziente Substanz angewendet werden.[147] Kapitalstrukturerhaltend wird nur für die notwendigen, zu verstehen i.S.v. „anpassungsfähigen", Investitionen kalkuliert. Selbstverständlich sind auch unter dem Effizienzparadigma all jene Investitionen als notwendig anzuerkennen, die aufgrund der imperativen Vorgaben von EEG und KWKG[148] vorgenommen werden, obwohl kein effizienter Netzbetreiber sie freiwillig getätigt hätte. Denn nach § 4 Abs. 2 S. 2 EEG ist ein Netzbetreiber verpflichtet, sein Netz im wirtschaftlich zumutbaren Maß unverzüglich auszubauen, wenn die technische Eignung des Netzes zur Aufnahme der Elektrizität aus Erneuerbaren Energien oder Grubengas erst dadurch hergestellt werden kann. Und das KWKG verpflichtet die Netzbetreiber nach § 3 Abs. 1 S. 1 i.V.m. § 4 Abs. 1, KWK-Anlagen an ihr Netz anzuschließen, den Strom aus diesen Anlagen abzunehmen und zu einem bestimmten Preis zu vergüten. Keinesfalls soll der Substanzerhalt aber dazu führen, unternehmerische Fehlleistungen zu honorieren.[149] Es darf nach dem EnWG keine Gewinn- und Investitionsgarantie für Netzbetreiber geben. Damit wird das EnWG dem Grundsatz der Substanzerhaltung gerecht, der sich ausgehend von den Zielsetzungen des EnWG herausgebildet und verfestigt hat.[150] Dieser Grundsatz der Substanzerhaltung fordert nichts anderes, als dass Entgelte derart kalkuliert sind, dass es auf lange Sicht nicht zum Verzehr des Unternehmens kommt, was die Ziele des § 1 EnWG untergraben würde. Jedoch, und das ist der wesentliche Punkt, den auch der Gesetzgeber nun mit der Novelle des Gesetzes umgesetzt hat, entsteht da-

---

[147] *Busse von Colbe*, Ausschuss für Wirtschaft und Arbeit v. 29.11.2004, Ausschussdrucks. 15/1508, S. 236.

[148] Gesetz zum Schutz der Stromerzeugung aus Kraft-Wärme-Kopplung v. 12.5.2000, BGBl. I-2000, S. 703.

[149] *Schmidt-Preuß*, Fn. 3, S. 58; *Wegmann*, Regulierte Marktöffnung in der Telekommunikation, 2001, S. 275; *Sieben/Maltry*, Gutachten zu den Grundsätzen der Bestimmung von Netzzugangsentgelten für elektrische Energie auf der Basis einer Kostenermittlung unter besonderer Beachtung der Unternehmenserhaltung, April 2002, S. 63.

[150] *Braband*, Strompreise zwischen Privatautonomie und staatlicher Kontrolle, S. 51.

durch kein Anspruch des jeweiligen Netzbetreibers auf Vollkostendeckung und angemessene Gewinnbeteiligung.[151]

cc. Eigenkapitalquotenbegrenzung

Die Eigenkapitalquote ist ausdrücklich für die Altanlagen nach § 6 Abs. 2 S. 4 GasNEV und § 6 Abs. 2 S. 4 StromNEV kalkulatorisch auf höchstens 40 % begrenzt. Gegen diese Eigenkapitalquotenregulierung wurden aus der Wirtschaft Bedenken angemeldet. Dadurch bestehe die Gefahr, dass die Akquirierung von Fremdkapital verteuert und der Unternehmenswert verringert werde, da die Begrenzung der kalkulatorischen Eigenkapitalquote sich in Form einer Absenkung auch auf die bilanzielle Eigenkapitalquote auswirke.[152] Hintergrund der Begrenzung der Eigenkapitalquote ist aber, dass es nach den allgemeinen betriebswirtschaftlichen Grundsätzen nicht sinnvoll erscheint, langfristig eine höhere Eigenkapitalquote aufzuweisen. Das gilt jedenfalls insoweit, als dass die kalkulatorischen Kosten für das eingesetzte Eigenkapital bei Altanlagen aufgrund der Bewertung zu Tagesneuwerten im Rahmen der Nettosubstanzerhaltung verbunden mit der Realverzinsung in der Regel höher sind als die Kosten für Fremdkapital. Eine hohe Eigenkapitalquote verteuert den Netzzugang damit unangemessen. Eine über 40 % liegende Eigenkapitalquote führt zu einer ungerechtfertigten Erhöhung der Netzkosten und damit auch der Netzzugangsentgelte. Dies gilt jedenfalls so lange, wie Altanlagenbestände noch auf der Grundlage der Nettosubstanzerhaltung kalkuliert werden. Ein Verstoß gegen den Maßstab des § 21 Abs. 2 EnWG, eine angemessene Verzinsung vorzusehen, ist darin nicht zu sehen. Dieses Argument wird aber nach dem Übergang auf die Realkapitalerhaltung nicht mehr greifen. Dies ist wohl auch der Grund dafür, dass der Verordnungsgeber die Eigenkapitalbegrenzung für die Neuanlagen im Anschluss an diese Umstellung nicht vorgesehen hat.

dd. Saldierungsregelung bei nicht getätigter Neuinvestition

Die kalkulatorischen Abschreibungen sind in Zusammenhang zu bringen mit den Zielen des EnWG, ein sicheres, zuverlässiges und leistungsfähiges Energieversorgungsnetz zu erhalten. Gerade das Verhältnis von Investitionen in die Infrastruktur zur Möglichkeit entsprechender Abschreibungen gem. § 6 StromNEV und § 6 GasNEV ist dabei zu beachten. Grundsätzlich geht aus den Verordnun-

---

[151] A.A. *Braband*, s. Fn. 149, die aus dem Grundsatz des Substanzerhalts folgert, dass ein Preis zu ermitteln ist, der die Kosten des Netzbetreibers abdeckt und einen angemessenen Gewinnanteil enthält.

[152] So z.B. der *VKU*, Fn. 125, 6/26, die davon ausgehen, dass die kalkulatorische Eigenkapitalquote um das 1,6fache höher sein kann als die bilanzielle Eigenkapitalquote. Dem folgend beantragte die SPD-Fraktion die Streichung der Begrenzung im Gesetzgebungsverfahren.

gen nicht hervor, dass bestimmte Investitionen erfolgen müssen. Ob der Netzbetreiber also investiert oder nicht, bleibt seiner freien unternehmerischen Entscheidung vorbehalten. Er kann ein Anlagegut auch über den üblichen Zeitraum hinaus in Betrieb halten und keinen entsprechenden Ersatz beschaffen. Ohne eine verordnungsrechtliche Regelung, kann nicht sichergestellt werden, dass die Unternehmen stets ausreichend Rücklagen bilden, um das betreffende Anlagegut nach Ablauf der Nutzungsdauer ersetzen zu können. Für diesen Fall[153] sahen § 6 Abs. 5 S. 3 StromNEV und GasNEV in einer Entwurfsfassung[154] allerdings vor, dass bei fehlender Wiederbeschaffung von Anlagegütern die kumulierten kalkulatorischen Kosten netzkostenmindernd zu berücksichtigen sind. Im Fall einer nicht mehr notwendigen Ersatzinvestition wären die vollständigen Abschreibungen und damit auch der Kapitalrückfluss, der eigentlich den Netzbetreibern zugestanden hätte, in der nächsten Kalkulationsperiode erlösmindernd anzusetzen gewesen. Die Abschreibungen müssten zu diesem Teil an den Kunden ausgekehrt werden. Diese Regelung beinhaltete einen Investitionsanreizeffekt und stellte damit sicher, dass die qualitätserhaltenden und notwendigen Investitionen in die Netze vorgenommen werden. Eine solche Regelung wurde in der Entwurfsfassung als notwendig angesehen, da bei derart langen Investitionszyklen nicht mit einer deckenden Wiederbeschaffung gerechnet werden kann. Durch diese Norm hätte sichergestellt werden können, dass das Unternehmen stets ausreichende Rücklagen hätte bilden können, mit denen eine Ersetzung der Anlage möglich gewesen wäre. Allerdings birgt eine solche Investitionslenkung auch ein Risiko. Denn der Netzbetreiber ist aufgrund dieser Regelung außer Stande, die Tilgung des Fremdkapitals vorzunehmen, da er die ihm zustehenden Rückflüsse an die Netzkunden weiterleiten muss.[155]

Ebenso zu beurteilen sind die aus der Verordnung entfernten Regelungen des Abs. 5 S. 1 und S. 2, die des Weiteren sicherstellten, dass ein Ausgleich stattfindet zwischen den bis dahin über die Netzzugangsentgelte erlösten und verzinsten kalkulatorischen Abschreibungen der Anlage und zwischen den Wiederbeschaffungskosten eines Gutes. Reicht der angesparte Betrag für eine Wiederbeschaffung nicht aus, kann schlägt der Differenzbetrag in der nächsten Rechnungsperiode kostenerhöhend zu Buche. Netzkostenmindernd wird die Differenz in Ansatz gebracht, wenn der angesparte Betrag höher ist als der Wiederbeschaffungswert. Auch hier handelt es sich um eine Auskehrung an den Kunden – allerdings nur um den Wert der Differenz. Mit dieser Regelung hätte der Verordnungsgeber seinem Interesse an der Versorgungssicherheit im regulierten Wettbewerb noch einmal mehr Gewicht gegeben.

---

[153] *Schmidt-Preuß*, N&R 2005, 51 (52) nennt diese Konstellation den „Drittmarktinvestitionsfall".
[154] Verordnungsentwurf zur StromNEV des Bundeswirtschaftsministeriums v. 5.11.2004.
[155] *Kaldewei/Kutschke/Simons*, ET 2005 (Special), 17 (19).

Zwar sind diese Regelungen – entgegen der Auffassung von Schmidt-Preuß[156] – als mit dem Verfassungsrecht konform anzusehen[157] und im Lichte der Versorgungssicherheit auch durchaus zielführend. Andererseits stehen diese Saldierungsregelungen im Widerspruch zu einem wesentlichen Ziel des EnWG, der Effizienzkostenorientierung. Denn anders als bei der ansonsten im EnWG angestrebten Kosteneffizienz bietet diese Saldierungsregelung, wie sie vorgesehen war, jedenfalls keinen Anreiz, eine Reinvestition günstiger als die kumulierten Abschreibungen vorzunehmen. Diese Überlegung hätte den Unternehmen auch nach Einführung der Anreizregulierung Spielraum genommen. Denn der da-

---

156 *Schmidt-Preuß*, N&R 2005, 51 ff. hält eine solche Normierung für verfassungsrechtlich bedenklich.

157 Fraglich ist, ob solche Regelungen des § 6 Abs. 5 in einer Entwurfsfassung, insbesondere die des S. 3, mit Rechtsstaatsprinzip aus Art. 20 Abs. 3 GG vereinbar. Die Frage der Vereinbarkeit mit diesem Prinzip stellt sich, da die Saldierungen nach § 6 Abs. 5 StromNEV und GasNEV auch Investitionen betreffen, die bereits in der Vergangenheit unwiderruflich auf der Grundlage der seinerzeit gültigen Kalkulationsleitrahmen getätigt wurden. Rückwirkende Regelungen sind nicht generell unzulässig, sondern dem Gesetz- bzw. Verordnungsgeber sind insofern aus Gründen des Vertrauensschutzes nur Schranken gesetzt. Auf diesen in der Vergangenheit getätigten, in der Gegenwart noch andauernden Vorgang der Abschreibung nimmt die Regelung des § 6 Abs. 5 StromNEV und GasNEV Bezug. Damit handelt es sich bei der Saldierungsregelung nicht um eine echte Rückwirkung von Regelungen. Vielmehr stellt die pauschale Saldierung eine unechte Rückwirkung von Regelungen dar, bzw. eine tatbestandliche Rückanknüpfung. Unechte Rückwirkungen sind grundsätzlich zulässig, es sei denn, dass bei einer Abwägung das Vertrauensschutzinteresse des Bürgers das Rückwirkungsinteresse des Staates überwiegt. Die Interessenverbände machen geltend, dass diese Regelung wegen ihrer Rückwirkung auf bereits getätigte Investitionen verfassungswidrig sei und deshalb gestrichen werden sollte. Zumindest verlangen sie, dass der Reinvestitionsausgleich auf solche Anlagegüter beschränkt wird, die nach Inkrafttreten der Rechtsverordnung erstmalig bilanziert werden. Andernfalls werde dem Investor sein ursprünglich eingesetztes Kapital vorenthalten. Die Rückwirkung könnte danach vor dem Hintergrund unzulässig sein, dass der Vertrauensschutz der Investoren überwiegt. Fraglich ist, ob das Vertrauen eines Investor darauf, dass er einen vollständigen Inflationsausgleich auf seine Investition erhält, auch wenn er nicht in der abgeschriebenen Höhe reinvestiert, schutzwürdiger ist als das Rückwirkungsinteresse des Staates. Eine solche Garantie auf vollen Inflationsausgleich widerspricht jedoch dem Gedanken, dass das Konzept der Nettosubstanzerhaltung nur deshalb die zugrunde gelegte Kalkulationsmethode in der Energiewirtschaft ist, weil die Versorgungssicherheit und insbesondere die Netzqualität hier von höchster Bedeutung ist und erhalten bleiben soll. Das kann aber nur dann gewährleistet werden, wenn auch sicher wieder in die Netze investiert wird. Bekommt ein Investor den vollen Inflationsausgleich, ohne dass ein Zwang besteht, in die Netze zu investieren, gibt es keinen Anreiz für den Netzbetreiber, tatsächlich zu reinvestieren. Ein Vertrauen des Investors dahingehend, dass er in jedem Fall den vollen Investitionsausgleich erhält – unabhängig davon, ob reinvestiert wird oder nicht –, ist vor diesem Hintergrund nicht schutzwürdig. Die unechte Rückwirkung der Regelung in § 6 Abs. 5 S. 1 und S. 2 StromNEV und GasNEV ist damit verfassungsrechtlich nicht zu beanstanden. Einer Eliminierung aus der Verordnung hätte es nicht bedurft. Siehe zu dieser Frage auch *Holznagel*, Zur Verfassungsrechtlichen Zulässigkeit des Abgleichs gem. § 6 Abs. 5 StromNEV-E, 2005.

durch zu schaffende Anreiz zur Effizienzverbesserung wäre durch eine vermeintliche Verpflichtung der Netzbetreiber, erwirtschaftete Abschreibungen in gleiche Neuanlagen zu investieren, unterlaufen worden.

b. Eigenkapitalverzinsung und Wagniszuschlag

Die Zinskosten werden in der Kostenrechnung sowohl für Fremd- als auch für Eigenkapital verrechnet. Die Höhe bestimmt sich durch den Zinssatz sowie durch das zinspflichtige Kapital. Die StromNEV und GasNEV gewähren in § 7 Abs. 1 eine kalkulatorische Eigenkapitalverzinsung auf der Basis des betriebsnotwendigen Eigenkapitals, das sich unter Berücksichtigung der begrenzten Eigenkapitalquote aus § 6 Abs. 2 StromNEV und GasNEV und aus § 7 Abs. 1 S. 2 StromNEV und GasNEV ergibt.[158] Die kalkulatorische Eigenkapitalverzinsung enthält auch einen Zuschlag zur Abdeckung netzbetriebsspezifischer unternehmerischer Wagnisse. Die Verordnung sieht in § 7 StromNEV und § 7 GasNEV zunächst allgemeine Kriterien für die Bestimmung dieser Werte vor. Dabei ist die Verzinsung von Neu- und Altanlagen wieder zu unterscheiden. Bis zum 1. Januar 2006 bzw. im Gassektor bis zum 1. Januar 2007 gilt jedoch der in § 7 Abs. 5 S. 2 StromNEV und GasNEV erstmalig festgelegte Wert.

aa. Festlegung der Eigenkapitalverzinsung und des Wagniszuschlags nach der Einführung der Anreizregulierung nach § 21a EnWG

Die NEV sehen vor, dass der Eigenkapitalzinssatz gem. § 7 Abs. 6 S. 1 StromNEV und § 7 Abs. 6 S. 1 GasNEV von der Regulierungsbehörde unter Berücksichtigung der maßgeblichen Entwicklung alle zwei Jahre, erstmals zu dem Zeitpunkt, wo die Netzzugangsentgelte im Wege der Anreizregulierung nach § 21a EnWG bestimmt werden, festgelegt wird, wobei das zu verzinsende betriebsnotwendige Eigenkapital in § 7 Abs. 1, 2 StromNEV und § 7 Abs. 1, 2 GasNEV definiert wird. Bei der Festlegung der Eigenkapitalquote ist entsprechend der Aufteilung zwischen den Alt- und den Neuanlagen zu unterschei-

---

[158] Die Regulierungsbehörden haben in einem ersten Positionspapier vom 7.3.2006 zu Einzelfragen der Kostenkalkulation Stellung genommen. Besonders umstritten ist die Position, wonach bei der Ermittlung des betriebsnotwendigen Eigenkapitals die anzusetzende Eigenkapitalquote auf 40% zu begrenzen ist, so dass die kalkulatorischen Restwerte des Sachanlagevermögens zu Tagesneuwerten maximal mit einem Anteil von 40% in die Bestimmung der Basis der Eigenkapitalzinsen einfließen können. Auf Beschwerden der Netzbetreiber wurde die Regelung nunmehr von drei Oberlandesgerichten überpüft. Das OLG Düsseldorf, Beschl. v. 9.5.2007, Az.: VI-3 Kart 289/06 Rn. 46 ff., das OLG Koblenz, Beschl. v. 4.5.2007, Az.: W 595/06, W 605/06, W 621/06 und das OLG Stuttgart, Beschl. v. 3.5.2007, Az.: 202 EnWG 4/06, bestätigten die dort vorgesehene „doppelte Deckelung" mit guten Argumenten. Hingegen entschied das OLG Naumburg, Beschl. v. 16.4.2007, Az.: 1 W 25/06, dass § 7 Abs. 1 S. 3 StromNEV keine Anordnung einer Höchstquote für die kalkulatorische Eigenkapitalverzinsung enthalte.

den. Der auf die Neuanlagen entfallende Anteil berechnet sich nach § 7 Abs. 3 S. 2 StromNEV und § 7 Abs. 3 S. 2 GasNEV. Für die Altanlagen ergibt sich der Wert aus § 7 Abs. 3 S. 3 StromNEV bzw. § 7 Abs. 3 S. 3 GasNEV. Nach § 7 Abs. 1 S. 3 StromNEV und § 7 Abs. 1 S. 3 GasNEV wird das die zugelassene Eigenkapitalquote übersteigende Eigenkapital nominal wie Fremdkapital verzinst.[159]

§ 7 Abs. 4 S. 1 StromNEV und § 7 Abs. 4 S. 1 GasNEV schreiben der Regulierungsbehörde vor, dass der in Anwendung zu bringende Eigenkapitalzinssatz für die Neuanlagen den auf die letzten zehn Jahre bezogenen Durchschnitt der veröffentlichten Umlaufrenditen festverzinslicher Wertpapiere nicht überschreiten darf. Damit hat sich der Verordnungsgeber gegen den in der VV II plus niedergelegten längerfristigen Durchschnitt zu Basiszinssatzermittlung entschieden. Fraglich ist, ob ein so kurzer Zeitraum gerade angesichts der üblichen Nutzungsdauer von 45-65 Jahren bei Gasverteilernetzen jedenfalls für den Gassektor nicht zu kurz ist.[160] Bei Altanlagen ist zusätzlich der auf das betriebsnotwendige Eigenkapital anfallende Eigenkapitalzinssatz um den auf die letzten zehn Jahre bezogenen Preisänderungsratendurchschnitt gemäß dem Verbraucherpreisindex nach § 7 Abs. 4 S. 2 StromNEV und § 7 Abs. 4 S. 2 GasNEV abgezogen. Diese Regelung erscheint fraglich, denn hier wird nicht auf die für die Anlagen eines Netzbetreibers spezifischen Preissteigerungen abgestellt, sondern auf den allgemeinen Verbraucherpreisindex. Bei der Festlegung einer solchen Regelung besteht die Gefahr, dass sich die beschaffungsseitigen Preissteigerungen, die die Netzbetreiber betreffen, langfristig in systematischer Weise von Verbraucherpreisen unterscheiden. Nach § 7 Abs. 4 S. 1 StromNEV und § 7 Abs. 4 S. 1 GasNEV wird der Eigenkapitalzinssatz zuzüglich eines angemessenen Zuschlags zur Abdeckung netzbetriebsspezifischer unternehmerischer Wagnisse berechnet. Die Notwendigkeit der Gewährung eines Wagniszuschlags wird teilweise schon generell bestritten[161]. Zwar muss bei der Bemessung Beachtung finden, dass deren Risiken infolge der ehemaligen Monopolstellung des Netzbe-

---

[159] Vgl. dazu den dargestellten Meinungsstreit in Fn. 158. Das OLG Naumburg, Beschl. v. 16.4.2007, Az.: 1 W 25/06, hat diese Vorgehensweise für rechtswidrig gehalten.

[160] Für zu kurz und darüber hinaus nicht äquivalent hinsichtlich der Laufzeit hält *Diedrich*, N&R 2005, 16 (17) die Regelung.

[161] Kritisch äußert sich *Zimmermann*, Die kalkulatorischen Kosten bei der Kalkulation von Netzzugangsentgelten, Oktober 2003, S. 48 zum Wagniszuschlag; abgelehnt hat dies auch das *BKartA*, Beschluss v. 14.2.2003, TEAG, S. 24 f. des Umdrucks. *Säcker*, Freiheit durch Wettbewerb, Wettbewerb durch Regulierung, Diskussionsbeiträge zum Energie- und Telekommunikationsrecht, 2004, S. 28 ff. dagegen begründet den Wagniszuschlag mit dem Risiko des Unternehmers, dass sich nur die notwendigen Investitionen in den Entgelten niederschlagen. Hinsichtlich der Auslegung dieses Erforderlichkeitskriteriums ergibt sich danach ein Risiko des Unternehmers, das einen Wagniszuschlag rechtfertigt. Vgl. dazu auch *Schmidt-Preuß*, Substanzerhaltung und Eigentum, S. 65 ff.

triebs jedoch deutlich niedriger sind als diejenigen anderer Unternehmen auf Wettbewerbsmärkten.[162] Andererseits muss Beachtung finden, dass alleine die Frage, welchen Maßstab die Regulierungsbehörde bei der Anerkennung von Kosten als solche einer effizienten Betriebsführung anlegt, hier eine maßgebliche Rolle spielen kann. Legt die Regulierungsbehörde hier einen strengen Ex-post-Maßstab an, besteht für das Unternehmen bei jeder Investition das Risiko, dass es die Kosten für diese Investition nicht als solche einer effizienten Betriebsführung anerkannt erhält. Demnach gewähren die NEV einen „angemessenen" Wagniszuschlag. Dies rechtfertigt sich vor dem Hintergrund des Auslastungsrisikos infolge von Kundeninsolvenzen, Konjunkturschwankungen und der Förderung erneuerbarer Energien. Des Weiteren ist ein Wagniszuschlag für die Akquise von Anlegern auf dem Kapitalmarkt notwendig. Diese werden nur dann eine Investition in das Unternehmen des Netzbetreibers der Geldanlage in festverzinsliche Wertpapiere vorziehen, wenn sie zumindest für das vorhandene Unternehmensrisiko einen angemessenen Ausgleich erhalten. Die Ermittlung der Höhe des Wagniszuschlags hat nach spezifischen in § 7 Abs. 5 StromNEV und § 7 Abs. 5 GasNEV dargelegten Kriterien zu erfolgen, die auch nachvollziehbar erscheinen. Nr. 2 weist jedoch auf die durchschnittliche Eigenkapitalverzinsung auf ausländischen Märkten hin. Insofern ist Vorsicht geboten. Denn die ausländischen Energiemärkte sind z.T. anders strukturiert und auch der unternehmerische Gestaltungsspielraum ist unterschiedlich abgesteckt. Diese Unterschiede sind zwar auch bereits zwischen den Mitgliedstaaten der Europäischen Union deutlich, jedoch erscheint eine Orientierung an den mitgliedstaatlichen Energiemärkten sinnvoller und sachgerechter, da diese rechtlich auf die gleichen gemeinschaftsrechtlichen Vorgaben zurückgreifen. Ein im Entwurf zu der StromNEV noch enthaltener Anhaltspunkt der „langfristigen Stabilität der wirtschaftlichen Rahmenbedingungen, auch im Hinblick auf die Wettbewerbssituation auf den vor- und nachgelagerten Märkten" ist nicht in die endgültige Fassung nicht gelangt.

Bei der Bemessung der Höhe des Wagniszuschlags ist jedenfalls die Regelung des § 11 StromNEV bzw. § 10 GasNEV nicht außer Acht zu lassen. Mit § 11 StromNEV bzw. § 10 GasNEV verfolgt der Verordnungsgeber das Ziel, dass am Ende einer Kalkulationsperiode die Differenz zwischen den tatsächlichen Erlösen und den gem. § 4 StromNEV und GasNEV ermittelten Netzkosten dieser Periode möglichst gering ist. Damit schließt die periodenübergreifende Saldierung nicht nur mögliche „Zufallsgewinne" aus, die durch Fehleinschätzungen der Netzbetreiber hinsichtlich der durchgeleiteten Menge Strom entstehen können. Vielmehr wird der Differenzbetrag im Falle einer Kostenunterdeckung in den folgenden Perioden kostenerhöhend angerechnet. Im Zusammenspiel mit § 11 StromNEV und § 10 GasNEV wird das Risiko einer Kostenunterdeckung

---

[162] *Büdenbender*, RdE 2004, 284 (294).

kompensiert, indem Kostenunterdeckungen auf die folgenden Perioden vorgetragen werden können. Diese Regelung vermindert bestehende Risiken und ist bei der Festsetzung der Höhe des Wagniszuschlags durch die Regulierungsbehörde – zusätzlich zu den Kriterien des § 7 Abs. 5 StromNEV und § 7 Abs. 5 GasNEV – zwingend zu beachten.[163] Mit Blick auf die im EnWG zunächst vorgesehene Nettosubstanzerhaltung erscheint das Unternehmen jedenfalls in der Kombination von Wagniszuschlag und der Regelung des § 11 StromNEV und § 10 GasNEV „übersichert".

Ein der gerichtlichen Prüfung entzogener Beurteilungsspielraum wurde der Regulierungsbehörde bei der Festlegung der Eigenkapitalverzinsung in der Energiewirtschaft nicht eingeräumt. Eine Letztentscheidungskompetenz der Regulierungsbehörde wurde dort jedenfalls nicht ausdrücklich normiert, obwohl gerade bei der Bestimmung einer angemessenen Eigenkapitalverzinsung gute Gründe dafür sprechen.[164] Als Gründe dafür werden im Telekommunikationsrecht das Fehlen präziser rechtlicher Maßstäbe in der TEntgV und die Komplexität bzw. die fehlende ökonomische Vorbestimmtheit der behördlichen Regulierungsentscheidung genannt. Darüber hinaus beruhen Entscheidungen im Hinblick auf die Angemessenheit der Kapitalverzinsung auf Prognosen, haben in hohem Maße wertenden Charakter und enthalten planerische Elemente.[165] Für § 3 Abs. 2 TKG wurde ein solcher Beurteilungsspielraum gerichtlich anerkannt, allerdings nicht ohne auf die Grenzen des § 19 Abs. 4 GG hinzuweisen. Das VG Köln übertrug in der maßgeblichen Entscheidung[166] die in anderen Zusammenhängen mit Beurteilungsspielräumen und fachplanerischen Abwägungsentscheidungen herausgearbeitete Grenzziehungskriterien. Danach habe das Gericht zu prüfen, ob Verfahrensbestimmungen eingehalten wurden, ob der Entscheidung der Regulierungsbehörde ein zutreffender und vollständig ermittelter Sachverhalt zugrunde lag, ob allgemeine Bewertungsgrundsätze und -maßstäbe eingehalten wurden,

---

[163] Denkbar wäre beispielsweise die Einführung einer § 7 Abs. 5 Nr. 4 StromNEV und § 7 Abs. 5 Nr. 4 GasNEV, die lauten könnte: Die Höhe des Zuschlags [...] ist insbesondere unter Berücksichtigung folgender Umstände zu ermitteln: [...] 4. Inanspruchnahme einer Anrechung einer Kostenunterdeckung nach § 11 StromNEV und § 10 GasNEV.

[164] So zum Beispiel für das Telekommunikationsrecht VG Köln, Urt. v. 13.2.2003, AZ. 1 K 8003/98, Rn. 142; *Koenig/Braun*, MMR 2001, 563 (566-568). Ausdrücklich offen gelassen hat diese Entscheidung das OVG NRW in einem Beschl. v. 19.8.2005, abgedr. in CR 2006, 101 ff.

[165] VG Köln, Urt. v. 13.2.2003, AZ. 1 K 8003/98, Rn. 177; dies zeigt sich letztlich auch daran, dass auf der Grundlage vieler wirtschaftswissenschaftlicher Methoden Zinssätze in unterschiedlicher Höhe vertreten werden können, beispielsweise führt *Stegh*, MMR Beilage 12/2002, 12 (14) auf, dass zu § 3 Abs. 2 TEntgV Zinssätze zwischen 9,25 % und 12,6 % vertreten wurden. Dabei handelt es sich auch nicht um einen unwesentlichen Unterschied, sondern es handelt sich um einen Preisbildungsfaktor, der für Gewinn und Investitionsrendite ausschlaggebend ist.

[166] VG Köln, Urt. v. 13.2.2003, AZ. 1 K 8003/98, Rn. 188.

ob die konkurrierenden Belange auf außer Verhältnis stehende Weise fehlgewichtet wurden, ob objektive Kriterien zugrunde gelegt wurden und das Willkürverbot nicht verletzt wurde. Darüber hinaus muss die Beurteilung der Regulierungsbehörde so ausführlich begründet sein, dass dem Gericht die Prüfung der genannten Punkte möglich ist.

Ob die Einräumung eines Beurteilungsspielraums auf die energiewirtschaftliche Entgeltregulierung übertragbar ist, ist fraglich. Denn anders als in § 3 Abs. 2 TEntgV sind die Vorgaben im Hinblick auf die Festsetzung der Eigenkapitalverzinsung in den NEV ausführlich aufgeführt. Das Argument der nicht hinreichend bestimmten Vorgaben[167] greift in diesem Fall angesichts der Detailliertheit der NEV nicht ein. Insofern ist eine Übertragung dieser Grundsätze jedenfalls auf die Zeit nach der Einführung der Anreizregulierung auf den Energiebereich fraglich – der Zeitraum vorher ist ja verordnungsrechtlich bereits fixiert.[168]

bb. Festsetzung einer Gesamtverzinsung durch die NEV bis zur Einführung der Anreizregulierung

Die NEV schreiben den Eigenkapitalzinssatz bis zur Einführung der Anreizregulierung gem. § 7 Abs. 6 S. 2 StromNEV in der Höhe von 6,5 % und 7,91 % bzw. nach § 7 Abs. 6 S. 2 GasNEV in der Höhe von 7,8 % und 9,21 % jeweils vor Steuern fest. Dies ist – jedenfalls was die Altanlagen angeht – eine Festschreibung des Werts des Eigenkapitalzinssatzes der Verbändevereinbarung Strom II plus. Dort ergibt sich dieser Wert auf der Grundlage eines durchschnittlichen Realzinssatzes von 4,8 % der vergangenen 40 Jahre. Dementsprechend wäre der in der Gesamtverzinsung enthaltene Wagniszuschlag in Höhe von 1,7 % festgesetzt. Der Eigenkapitalzinssatz in der GasNEV beträgt 7,8 %. Nach der Zugrundelegung eines durchschnittlichen Realzinssatzes ergäbe sich für den Gassektor damit ein Wagniszuschlag in Höhe von 3 %.

Diese Festsetzung entspricht jedoch nicht der Anwendung der materiellen Kriterien für die Berechung der Eigenkapitalverzinsung und des Wagniszuschlags, welche die Verordnung in § 7 Abs. 4, Abs. 5 StromNEV und GasNEV aufstellt

---

[167] *VG Köln*, Urt. v. 13.2.2003, AZ. 1 K 8003/98, Rn. 174; dazu auch *Stegh*, MMR Beilage 12/2002, 12 (14), der allerdings darauf hinweist, dass im Telekommunikationsrecht klare und ohne weiteres praktikable Kriterien existieren. Ähnlich argumentiert auch das OVG NRW, Beschl. v. 19.8.2005, abgedr. in CR 2006, 101 (103).

[168] Ebenfalls kritisch sehen das *Baur/Priztsche/Garbers*, Anreizregulierung nach dem Energiewirtschaftsgesetz 2005, 2006, S. 83, ziehen § 71 Abs. 5 GWB und § 83 Abs. 5 EnWG zur Klärung der Frage nach der Einräumung von Beurteilungsspielräumen heran. Demnach sei durch die Übernahme der Vorschrift auch ins EnWG klargestellt, dass kein autonomer Einschätzungsspielraum gewollt sei. Denn für § 71 Abs. 5 GWB habe der BGH dies bereits entschieden. Diese Tendenz wird auch durch BGH, Beschl. v. 19.6.2007, Az.: Beschl. v. 19.06.2007 - KVR 16/06, KVR 17/06, KVR 18/06 gestützt.

und an welche die Regulierungsbehörde ihrerseits bei Festsetzung der Gesamtverzinsung gebunden ist. Würde man die Kriterien der § 7 Abs. 4, Abs. 5 StromNEV und GasNEV heranziehen, ergäbe sich derzeit vielmehr eine Eigenkapitalverzinsung, die niedriger anzusetzen wäre,[169] wollte man nicht einen höheren Wagniszuschlag als 1,7 % bzw. 3 % anlegen. Ein solcher dürfte aber – zumindest im Hinblick auf das Zusammenspiel von § 7 Abs. 5 und § 11 StromNEV und § 10 GasNEV – kaum zu rechtfertigen sein. Der Verordnungsgeber legt mithin die Eigenkapitalverzinsung – gemessen an den eigens von ihm festgelegten Kriterien – in überhöhter Weise fest. Dies ist umso bedenklicher, als er diesen Wert für den Zeitraum bis zur Einführung der Anreizregulierung zementiert. Diese ist angesichts des ehrgeizigen Zeitplans zwar schon im Jahr 2008 zu erwarten. Erst dann aber ermächtigt die Verordnung die Regulierungsbehörde, die Gesamtverzinsung – nunmehr unter Zugrundelegung der Kriterien der § 7 Abs. 4, Abs. 5 StromNEV und GasNEV – erneut festzulegen. Der Wagniszuschlag ergibt sich in dieser Zeit fiktiv aus der Differenz des in § 7 Abs. 6 StromNEV festgelegten Zinssatzes von 6,5% bzw. dem in § 7 Abs. 6 GasNEV festgelegten Wert von 7,8% und dem jeweiligen Durchschnitt des Realzinssatzes der letzten zehn Jahre. Damit unterliegt der Wagniszuschlag unkontrollierbaren Schwankungen, bevor die Regulierungsbehörde erstmals die Möglichkeit erhält, ihn wieder durch eine Festlegung einzufangen. Mit der Fixierung der Eigenkapitalverzinsung bis zur Einführung der Anreizregulierung nach § 21a EnWG hat letztlich der Verordnungsgeber, also das BMWi (nicht die Regulierungsbehörde), die Rolle des Regulierers funktional übernommen und gesteht der Regulierungsbehörde insoweit lediglich eine Restregulierungsfunktion zu. Das Grundsatzproblem der Schwankungen des Wagniszuschlags im Zwei-Jahres-Zeitraum bleibt aber auch nach der Einführung der Anreizregulierung bei Festlegung der Gesamtverzinsung durch die Regulierungsbehörde bestehen. Ratsam wäre es daher, diesen Wert nicht direkt für zwei Jahre zu fixieren, sondern eine flexiblere Gestaltung durch die Regulierungsbehörde aufgrund der Verordnung zu ermöglichen. Um die Schwankungen des Wagniszuschlags zu vermeiden, wäre es sinnvoll, den gewährten Zinssatz nicht per Verordnung auf einen konkreten Wert zu fixieren, sondern nur die Marschroute festzulegen, also, woran sich der Zinssatz orientieren soll.

[169] Nach § 7 Abs. 4 StromNEV und GasNEV darf der in Anwendung zu bringende Eigenkapitalzinssatz den auf die letzten zehn Jahre bezogenen Durchschnitt der veröffentlichten Umlaufrenditen festverzinslicher Wertpapiere nicht überschreiten. Nach unter dem Link http://www.neue-energieanbieter.de/uploads/04_05_24_NetznutzerSynopseNEVO.doc zu findenden Informationen sinkt der Realzins bei der Betrachtungsdauer von zehn Jahren (Betrachtungsjahr 2003) auf ca. 3,5 %.

Mit der Einführung der Anreizregulierung hat die Regulierungsbehörde einen Eigenkapitalzinssatz nach Ertragssteuern festzulegen.[170] Dabei, so betont der Verordnungsgeber in seiner Erläuterung, müsse sichergestellt sein, dass es einem durchschnittlich effizienten Netzbetreiber ermöglicht wird, eine durchschnittliche Rendite zu erzielen. Dieser Hinweis ist Ausdruck dessen, was gemeinhin unter einer „angemessenen" Eigenkapitalverzinsung im Sinne des § 21 Abs. 2 EnWG verstanden wird.

cc. Unterschied der Festlegung der Wagniszuschläge in StromNEV und GasNEV

Grundlegende Überlegung bei der Frage nach der angemessenen Verzinsung muss diejenige sein, dass die durch den Eigenkapitalkostenansatz festgelegte interne Verzinsung des von den Netzbetreibern investierten Kapitals der Rendite einer vergleichbaren alternativen Kapitalmarktanlage entsprechen muss, um in ausreichendem Maße Anreize für Netzinvestitionen zu bilden. Maßgeblich ist dafür auch die Bemessung des Wagniszuschlags. Der Wagniszuschlag wird in den NEV verschieden für Elektrizität und Gas festgelegt. Fraglich ist, ob diese Differenzierung durch ein unterschiedlich zu bewertendes Risiko zu rechtfertigen ist. Das operative Risiko ist bei Elektrizitätsunternehmen anders einzuschätzen als bei Gasversorgungsunternehmen, so dass nicht von einem für beide Versorgungswirtschaften einheitlichem Risiko ausgegangen werden kann. Ein wesentlicher Faktor bei der Einschätzung des Risikos im Hinblick auf die Gasversorgung stellt dessen Witterungsabhängigkeit dar. Witterungsrisiken können zwar verlagert, jedoch nicht verhindert werden. Bei Gas besteht des Weiteren eine höhere Substitutionsgefahr. Auch mit Erdöl kann geheizt werden. Dadurch wächst bei Gasnetzbetreibern die Unsicherheit, dass beim Anschluss eines Versorgungsgebiets nicht absehbar ist, welchen Marktanteil sie erreichen. Die Rentabilität der getätigten Investitionen wird aber nicht nur durch diese Überlegungen zur Substitutionsgefahr in Frage gestellt. Auch der Neueintritt von Marktbewerbern stellt ein Investitionsrisiko dar. Denn sind Teile des Netzes aufgrund des Konkurrenzunternehmens nicht mehr ausgelastet, verursachen diese Leerkosten, die die Investitionen gefährden. Diese Beispiele stellen dar, dass das Risiko für die Erdgasnetzbetreiber anders festgelegt werden muss, um einen risikoadäquaten Ausgleich zu gewähren.[171] Das Risiko kann aber nicht für ein einzelnes Unternehmen geschätzt werden, es muss für Unternehmungen derselben Branche ermittelt werden. Eine Differenzierung der Wagniszuschläge in den NEV ist demnach sachlich gerechtfertigt. Allerdings ist bei der Bestimmung von Netzzugangsentgelten entscheidend, dass nur das Risiko für Tätigkeiten im

170 Die BNetzA plant, den Eigenkapitalzinssatz in Intervallen festzusetzen, die denen der Anreizregulierungsperioden entsprechen. Eine Festlegung erfolgte dann zunächst alle 3 Jahre.

171 Zu diesem Ergebnis kommt *Diedrich*, N&R 2005, S. 16 ff., der auf die angesprochenen Punkte z.T. detailliert eingeht.

Netzbereich herangezogen werden darf. Auch hier muss die durch die Entflechtung durchgesetzte Abtrennung eingehalten werden. Ein „Vertriebsrisiko" beispielsweise muss außer acht bleiben. Differenzieren könnte man jedoch auch hinsichtlich anderer wesentlicher Faktoren, z. B. hinsichtlich der Lage des Netzes. Denkbar ist, dass in bestimmten Regionen die Prognose der weiteren Energienachfrage höhere Risiken für die Auslastung des Netzes in sich birgt als in anderen Regionen. Hier könnten ähnliche Wertungen herangezogen werden wie im Rahmen des Vergleichsverfahrens nach § 22 StromNEV und § 23 GasNEV. Hier wird bei den Strukturklassen z.B. auch auf die Lage im Osten bzw. im Westen Deutschlands und die Absatzdichte abgestellt. Denn der Verordnungsgeber gesteht hier ein, dass die verschiedenen Lagen der Netze nicht vergleichbar sind und der Aufbau und der Unterhalt eines Netzes im Osten Deutschlands wesentlich risikoreicher sind als im Westen Deutschlands. Würde sich nun die Lage der Netze auf die Höhe des Wagniszuschlags auswirken, könnte das für die Investoren einen Anreiz bedeuten, in die dort gelegenen Netze zu investieren. Ebenso könnte hinsichtlich der Bodenbeschaffenheit unterschieden werden. Die Beschaffenheit des Bodens ist jedenfalls hinsichtlich des Gasleitungsbaus entscheidend, wenn es darum geht, ob eine Leitung gerade durch die Erde oder z.B. in Berglandschaften, um Hindernisse herum gebaut werden muss.

c. Kalkulatorische Steuern

Die Detailgenauigkeit der NEV gehen sogar so weit, dass festgelegt wird, ob und wie Steuern bei den Netzkosten in Ansatz zu bringen sind. Das deutsche Steuersystem geht grundsätzlich von der Annahme aus, dass zwischen direkten und indirekten Steuern zu unterscheiden ist. Steuern auf das Einkommen und das Vermögen und Einkommen sind direkte Steuern, die nicht auf die nachgelagerte Ebene abgewälzt werden können. Indirekte Steuern sind dagegen solche, die für die Verwendung von Einkommen und Vermögen erhoben werden und im Preis der belasteten Ware überwälzt werden. Die Ertragssteuern knüpfen an Einkünfte an. Als Ertragssteuern werden folglich solche Steuern bezeichnet, die an den erwirtschafteten Gewinn eines Betriebs anknüpfen, so etwa die Einkommenssteuer, die Körperschaftssteuer und die Gewerbesteuer.[172] Körperschaftssteuer und Gewerbesteuer werden auch als Unternehmenssteuer bezeichnet. Steuern stellen grundsätzlich dann Kosten eines Betriebs dar, wenn sie in einer unmittelbaren Verbindung zu der Leistungserstellung durch den Betrieb stehen, bei der Durchführung der betrieblichen Leistung also zwangsläufig anfallen. Darüber hinaus sind Steuern als Kostenpositionen anzusetzen, die aufgrund ihres prinzipiellen Charakters als Erfolgssteuer eigentlich aus dem Gewinn zu decken sind.

---

[172] Vgl. dazu *Tipke/Lang*, Steuerrecht, § 8 Rn. 22.

aa. Gewerbesteuer

§ 8 StromNEV und § 8 GasNEV ermöglichen einen Ansatz der Gewerbesteuer als kalkulatorische Kostenposition. Dies ist insofern sachgerecht als Eigenkapital im Netzbetrieb zur Existenzsicherung gehalten werden muss. Die Gewerbesteuer ist eine reine Ertragssteuer und führt als solche zu einer Sonderbelastung für mittlere und größere Gewerbebetriebe.[173] Die Qualifizierung der Gewerbesteuer als Betriebsausgabe erlaubt es, diese in die Kalkulation der Herstellungskosten einzubeziehen.[174] Dies muss insbesondere gelten, da die kalkulatorische Eigenkapitalverzinsung nach § 7 StromNEV und § 7 GasNEV die Verzinsung des Eigenkapitals nach Gewerbesteuern und vor Einkommens- bzw. Körperschaftssteuer darstellt. Als Basiszinssatz der Eigenkapitalverzinsung ist ein objektiver Wert, vorzugsweise die Durchschnittsrendite festverzinslicher Wertpapiere, heranzuziehen[175]. Bei einer Geldanlage in festverzinsliche Wertpapiere fällt indes keine Gewerbesteuer an, so dass bei einer Deckung aus dem Gewinn die Rendite des betriebsnotwendigen Eigenkapitals in Höhe der Gewerbesteuer hinter der Verzinsung festverzinslicher Wertpapiere zurückbliebe[176]. Demnach kann der Netzbetreiber im Rahmen seiner Preiskalkulation die Gewerbeertragssteuer, die auf die Erträge aus dem Durchleitungsgeschäft zu entrichten ist, als Kosten ansetzen.

Bei der anzusetzenden Gewerbesteuer handelt es sich um eine kalkulatorische Kostenposition. Fraglich ist, ob nur die tatsächlichen Gewerbesteuerzahlungen des Netzbetriebs bzw. die dem Netzbereich zuzuordnenden tatsächlichen Gewerbesteuerzahlungen des integrierten Unternehmens in Ansatz gebracht werden können oder ob die kalkulatorische Gewerbesteuer anzusetzen ist. Nach der Auffassung der Regulierungsbehörden könne es sich bei der dem Netzbereich „sachgerecht zuzuordnende Gewerbesteuer" nur um diejenigen Gewerbesteuern handeln, die entweder tatsächlich anfallen oder der einzelnen Tätigkeit zugeschlüsselt werden.[177] Dieser Auffassung kann jedoch nicht gefolgt werden. Bereits die Überschrift der Norm („Kalkulatorische Steuern") bringt zum Aus-

---

[173] *Tipke/Lang*, Steuerrecht, § 12 Rn. 1.

[174] *OLG Düsseldorf*, Beschluss v. 11.2.2004, VI-Kart 4/03, im WWW zu finden unter www.justiz.nrw.de; *Schmidt-Preuß*, ET 2003, 758 (763); *Sieben/Maltry*, Gutachten zu den Grundsätzen der Bestimmung von Netzzugangsentgelten für elektrische Energie auf der Basis einer Kostenermittlung unter besonderer Beachtung der Unternehmenserhaltung, April 2002, S. 66; a.A. mit dem Argument, dass Gewerbesteuern Entscheidungen negativ beeinflussen deshalb nicht als Kosten angesehen werden dürfen, *Zimmermann*, Die Kalkulatorischen Kosten bei der Kalkulation von Netzzugangsentgelten, S. 54.

[175] So auch die GasNEV, vlg. § 7 Abs. 4 GasNEV.

[176] So zutreffend *OLG Düsseldorf*, RdE 2004, 118 (120).

[177] Siehe dazu auch das Positionspapier der Regulierungsbehörden des Bundes und der Länder zu Einzelfragen der Kostenkalkulation gemäß der StromNEV v. 7.3.2006.

druck, dass es auf die kalkulatorisch ermittelten Steuern ankommt. Diese Begrifflichkeit wird in der Verordnung durchgängig benutzt (vgl. auch § 4 StromNEV und § 30 Abs. 2 Nr. 3 StromNEV). Gegen die Auffassung der Regulierungsbehörden spricht auch die Genese der Verordnung. In einer Entwurfsfassung der StromNEV befand sich noch die Vorgabe, dass es auf die tatsächlich zu zahlende Gewerbesteuer ankomme.[178] Schon die Entfernung des Hinweises auf die „tatsächlich angefallene Gewerbesteuer" spricht gegen die Auffassung der Regulierungsbehörden. Auch in der Rechtssache TEAG hat das OLG Düsseldorf den Ansatz der kalkulatorischen Gewerbesteuern zugelassen.[179] Von der historischen Auslegung und der Wortlautauslegung ausgehend kann es bei dem Posten des § 8 StromNEV und GasNEV nur auf die kalkulatorischen Gewerbesteuern ankommen.[180] Die Regulierungsbehörden haben nun bei der ersten Kostenprüfung die kalkulatorische Gewerbesteuer anerkannt.

bb. Körperschaftssteuer

Die § 8 StromNEV und § 8 GasNEV berücksichtigen bei diesem Ansatz die Körperschaftssteuer ausdrücklich nicht. Die Körperschaftssteuerpflicht ergibt sich aus § 1 KStG i.V.m. § 4 Abs. 3 KStG. Danach sind Betriebe gewerblicher Art, auch solche Betriebe, die der Versorgung der Bevölkerung mit Wasser, Gas, Elektrizität und Wärme, dem öffentlichen Verkehr oder dem Hafenbetrieb dienen, körperschaftssteuerpflichtig. Damit sind auch die Netzbetreiber körperschaftssteuerpflichtig. Steuersubjekt ist der einzelne Betrieb gewerblicher Art. Damit soll ausgeschlossen werden, dass mehrere Betriebe gewerblicher Art nach einem Zusammenschluss Gewinne und Verluste untereinander ausgleichen kön-

[178] Die Entwurfsfassung der StromNEV v. 20.4.2004 ist im WWW unter dem Link http://www.raepower.de/PDF/20040420%20BMWA%20Entwurf%20Netzentgeltverordnung.pdf zu finden.

[179] Siehe den Beschluss in der Rechtssache TEAG v. 11.02.2004 - VI-Kart 4/03, im WWW unter http://www.vre-online.de/vre/veroeffentlichungen/04-02-18_Anlage.pdf. Hier erfolgte allerdings auch ein Hinweis darauf, dass der Ansatz bei einem vertikal integrierten Unternehmen übersetzt sein kann, da das Unternehmen nur auf den Gesamtertrag Gewerbesteuern zahlen muss.

[180] Ein anderes Auslegungsergebnis würde dazu führen, dass dem steuerlichen Querverbund die Grundlage entzogen wird. Denn aufgrund der Möglichkeit, Gewinne und Verluste steuerlich zu verrechnen, zahlen z.B. Stadtwerke keine oder nur eine geringe Gewerbesteuern. Diese wäre dann aber nur in der angefallenen Höhe in Ansatz zu bringen. Auf die Folgen einer solchen Auslegung, wie sie die Regulierungsbehörden favorisieren, weist auch der Bayrische Städtetag in einer Pressemitteilung v. 2.5.2006, zu finden im WWW unter http://www.bay-staedtetag.de/. Darin wird auf die Auswirkungen auf den ÖPNV hingewiesen. Über den Weg des § 30 StromNEV können die Regulierungsbehörden aber eine anderweitige Festlegung vorsehen.

nen.[181] Steuerobjekt ist das zu versteuernde Einkommen des Subjekts im Kalenderjahr. Die Körperschaftssteuer ist eine periodische Steuer, sie wird wie die Einkommenssteuer nach dem Jahreseinkommen bemessen und veranlagt. Neben der Gewerbesteuer muss jedoch auch die Körperschaftssteuer – insofern sind die Netzbetreiber betroffen – über die Umsatzerlöse hinzuverdient werden. Konsequenterweise müsste sie bei der Kalkulation der Netzzugangsentgelte zu berücksichtigen sein. Die Verbändevereinbarung VV Strom II plus bezog die Körperschaftssteuer zu dem Teil als Kosten ein, der auf den Scheingewinn anfällt. Als Scheingewinn wird die Differenz zwischen den Abschreibungen in der Handelsbilanz und den Abschreibungen in der Steuerbilanz bezeichnet. Dem wurde auch von einem Teil der betriebswirtschaftlichen Lehre zugestimmt.[182] Diese Erkenntnis ist allerdings in der Wissenschaft umstritten. Eine andere Ansicht wird diesbezüglich mit dem Argument vertreten, dass so genannte „negative Steuern auf den Scheingewinn" keine Ersparnis darstellen und somit nicht rückerstattet werden können.[183] Denn die Körperschaftssteuer werde auf der Bemessungsgrundlage „Erfolg" ermittelt. Deshalb sei ihr Kostencharakter zu verneinen. Die Körperschaftssteuer als Kosten anzuerkennen scheitert grundsätzlich an der Überlegung, dass sich die Rendite des betriebsnotwendigen Eigenkapitals an der durchschnittlichen Verzinsung festverzinslicher Wertpapiere zu orientieren habe und dass die körperschaftssteuerlichen Belastungen anderweitig ausgeglichen würden.[184] Andere halten dem etwaige Einkünfte aus dem Halbeinkünfteverfahren entgegen.[185] Die Vorgaben sind in den NEV nach der Novelle anders. Dort wird auf die risikoadäquate Eigenkapitalverzinsung auf nationalen und internationalen Kapitalmärkten und auf die durchschnittliche Rendite ausländischer Netzbetreiber verwiesen. Das zeigt schon, dass die NEV davon ausgehen, dass der für die Verzinsung des Eigenkapitals der Netzbetreiber maßgebliche Zinssatz von der Rendite alternativer Unternehmensinvestitionen abhängt.

Zieht man den Telekommunikationssektor als nationalen Vergleichssektor heran, zeigt sich, dass dort die Körperschaftssteuer als Kostenposition angerechnet wird. Für das Telekommunikationsnetz wurde die Einbeziehung bereits 2001 gefordert.[186] Auch das europäische Regulierungsumfeld der Energiebranche ent-

---

[181] *Tipke/Lang*, Steuerrecht, § 11 Rn. 12. Dieses Ergebnis ist durch die Einführung des Unbundlings im Energierecht ohnedies nicht zu erwarten.

[182] *Sieben/Maltry*, Gutachten zu den Grundsätzen der Bestimmung von Netzzugangsentgelten für elektrische Energie auf der Basis einer Kostenermittlung unter besonderer Beachtung der Unternehmenserhaltung, April 2002, S. 72.

[183] *Zimmermann*, Fn. 174, S. 54.

[184] Vgl. dazu *Männel*, ET 2005, 556 ff., der dieser Auffassung aber nicht folgt.

[185] Anders *Dietrich*, Eigenkapitalkosten von Gasnetzbetreibern, S. 4 Fn. 3, da auch die Einkünfte aus der Alternativanlage dem Halbeinkünfteverfahren unterliegen.

[186] *Männel*, ET 2005, 556 (560); *Ballweber/Busse von Colbe*, Kapitalkosten der Deutsche Telekom AG, 2001, S. 17 f., S. 44-51.

scheidet sich anders als der deutsche Gesetzgeber. Denn dort wird die Körperschaftssteuer als kalkulationsrelevant angesehen und bei der Kalkulation berücksichtigt.[187] Damit wird die Konkurrenzfähigkeit deutscher Unternehmen bei der Akquise und Erhaltung von Eigenkapital auf den internationalen Kapitalmärkten in unzulässiger Weise gefährdet. Abgesehen von dem Telekommunikationssektor berücksichtigt jedes wirtschaftlich arbeitende Unternehmen die Körperschaftssteuer in der kalkulatorischen Kostenrechnung. Auch der Grundsatz der Gleichbehandlung aller Netzbetreiber – zumal die Regulierung institutionell weitestgehend „aus einer Hand" erfolgt – streitet für eine Berücksichtigung der Körperschaftssteuer. Das Außenvorlassen durch den Gesetzgeber verwundert nach der neusten Rechtsprechung der Kartellgerichte, wonach ein Ansatz der Steuern auf den Scheingewinn in beide Richtungen erfolgen müsse. Eine Nichtberücksichtigung der Körperschaftssteuer in der Netzzugangsentgeltkalkulation führt zu einer Minderverzinsung, also einer nicht kapitalmarktorientierten Verzinsung der Netzinvestitionen, und kann somit auch eine abnehmende Versorgungsqualität bewirken. Es erscheint danach nicht gerechtfertigt, den Eigenkapitalzinssatz als Eigenkapitalrendite inklusive der Körperschaftssteuer zu fixieren. So ist es jedoch in § 7 Abs. 6 S. 2 NEV derzeit vorgesehen, wo es heißt „beträgt der Eigenkapitalzinssatz vor Steuern ...". Die Regelung des § 7 Abs. 6 S. 1 NEV deutet aber darauf hin, dass die den Netzbetreibern zugebilligte Eigenkapitalrendite in Zukunft als Eigenkapitalzinssatz exklusive der Ertragssteuern vorgegeben werden soll. Dort heißt es, der Zinssatz sei nach Ertragssteuern festzulegen. Dies soll erstmals bei Einführung der Anreizregulierung nach § 21a EnWG geschehen. Im Hinblick auf den Grundsatz der Gleichbehandlung der Netzbetreiber und die Wettbewerbsfähigkeit der Unternehmen wäre eine frühere Korrektur dennoch wünschenswert.

d. Periodenübergreifende Saldierung

§ 11 StromNEV und entsprechend § 10 GasNEV ermöglichen eine periodenübergreifende Saldierung.[188] Die Ursache für diese periodenübergreifende Saldierung ist, dass die in der Kalkulationsperiode erzielten Erlöse aufgrund von Prognosefehlern regelmäßig von den geplanten Erlösen abweichen werden. Eine Kostenüberdeckung entsteht dadurch, dass die für die Kalkulationsperiode prognostizierte Menge unter der tatsächlichen Absatzmenge liegt, so dass die tatsächlich erzielten Erlöse höher als die geplanten Erlöse sind. Überschätzt der Netzbetreiber jedoch die Absatzmenge der Periode, liegen die tatsächlich erzielten Erlöse unter den kalkulatorisch Ermittelten. Dann liegt eine Kostenunterde-

---

[187] M.w.N. *Männel*, ET 2005, 556 (560).

[188] Allgemein zu der Problematik der periodenübergreifenden Saldierung und speziell zu den damit verbundenen praktischen Problemen *Steurer*, IR 2005, 271 ff. Der Autor stellt die Relevanz der Norm aus zeitlichen Gründen in Frage.

ckung vor. Für die periodenübergreifende Saldierung sind die Netzbetreiber zunächst verpflichtet, nach Abschluss der jeweiligen Kalkulationsperiode die Differenz zwischen den Erlösen und den zugrundegelegten Netzkosten zu ermitteln. Im Falle einer Kostenüberdeckung ist der Differenzbetrag in der nächsten Kalkulationsperiode kostenmindernd in Ansatz zu bringen. Ist nach der jeweiligen Kalkulationsperiode hingegen eine Kostenunterdeckung zu verzeichnen, kann der Differenzbetrag in der künftigen Kalkulationsperiode kostenerhöhend in Ansatz gebracht werden. Diese Regelung, die gegenüber bisherigen Kalkulationen eine Neuerung darstellt, ist insofern begrüßenswert, als sie unnötige Risiken vermeidet und andererseits die Entstehung von Zufallsgewinnen verhindert. Durch die Regelung wird eine Korrektur eventueller Differenzen zwischen geplanten und tatsächlich realisierten Erlösen erreicht. Dadurch ergibt sich zusätzlich für den Netzbetreiber kein Anreiz, durch unzutreffende Planungen Ergebnisvorteile zu erzielen.[189]

Allerdings ist hier das Zusammenspiel mit dem Wagniszuschlag nach § 7 Abs. 5 und 6 StromNEV und GasNEV zu beachten, der in der Eigenkapitalverzinsung fixiert ist und auf dessen Berechnung oben bereits eingegangen wurde. Der Wagniszuschlag ist eine Risikoprämie, die jedoch letztlich durch die periodenübergreifende Saldierung des § 11 StromNEV und § 10 GasNEV ausreichend abgedeckt sein sollte. Zumindest darf die Vorschrift bei der Bemessung des Wagniszuschlage nicht gänzlich außen vor bleiben.

Bleibt die Regelung im EnWG erhalten, so sind jedenfalls die Ergebnisse der Saldierung für die Regulierungsbehörde nachvollziehbar und transparent zu machen. Die Netzbetreiber müssen verpflichtet werden, den jeweiligen Stand der Saldierung anzuzeigen und gegebenenfalls auf Anfrage hin mitzuteilen.
Die Regulierungsbehörde wurde durch den Gesetzgeber beauftragt, das derzeitige Regulierungskonzept in eine Anreizregulierung zu überführen. In diesem Zusammenhang kann jedoch die periodenübergreifende Saldierung eine widersprüchliche Wertung haben. Zu den Kerngedanken der Anreizregulierung gehört, dass das Unternehmen Effizienzsteigerungen zu erreichen versucht, um den zusätzlichen Gewinn für sich erwirtschaften zu können. Dank der periodenübergreifenden Saldierung müssen die daraus resultierenden kostenüberschreitenden Erlöse jedoch im nächsten Rechnungsjahr als Abzugsposten in Ansatz gebracht werden. Die Regelung kann in einer Anreizregulierung und bei dem Versuch, eine kosteneffiziente Leistungserbringung zu erreichen, folglich keinen Bestand haben. Ihr Sinn, kalkulatorisch berechnete Kosten und die Erlöse zusammenzubringen, widerspricht dem Versuch der Anreizregulierung, diese ge-

---

[189] So geht insbesondere aus der Begründung zu der Verordnung v. 14.4.2005, BR-Drs. 245/05, S. 37, hervor, dass der Ausgleich sicherstellt, dass der für einen Netzbetreiber bestehende Anreiz, die Prognosemenge systematisch zu unterschätzen, ausgeschaltet wird.

rade zu trennen. Insofern ist die Regelung der § 32 Abs. 4 StromNEV und § 32 Abs. 4 GasNEV zu begrüßen, nach denen § 11 StromNEV und § 10 GasNEV keine Anwendung mehr finden, wenn Entgelte im Wege der Anreizregulierung bestimmt werden.[190]

Darüber hinaus wirft § 11 StromNEV und § 10 GasNEV zumindest teilweise ein Problem auf, was die praktische Umsetzung der Regelung angeht. § 11 StromNEV und § 10 GasNEV setzen die Berücksichtigung der in der einen Periode durchgeführten Saldierung in den drei darauf folgenden Perioden voraus. Eine Berücksichtung innerhalb der ersten darauf folgenden Periode ist aber nicht zu leisten. Das ist schon von der zeitlichen Abfolge her ausgeschlossen, da bereits drei Monate vor Ablauf der Periode die Kalkulationen für die darauf folgende Periode vorliegen müssen. Diese müssen ja bereits zu diesem Zeitpunkt veröffentlicht werden. Innerhalb den drei darauf folgenden Perioden ist die Saldierung aber grundsätzlich durch den Netzbetreiber zu leisten.

Allerdings ist die Bedeutung der Regelung insbesondere vor dem zeitlichen Hintergrund fraglich. Denn wenn im Laufe des Jahres 2006 erstmalig genehmigte Netzzugangsentgelte Geltung erlangen, werden die Erlöse frühestens im 2. Quartal 2007 feststehen. Eine Saldierung kann dann erst bei der nächsten Kalkulation durchgeführt werden. Wenn die periodenübergreifende Saldierung dann schließlich Geltung erlangt, könnte aber bereits die Einführung der Anreizregulierung die Kalkulationsmodelle ausgetauscht haben. Insofern stellt sich nicht zuletzt auch die Frage der praktischen Relevanz der Norm.[191]

3. Kostenstellenrechnung (Kostenverteilung)

Die Kostenstellenrechnung unterscheidet zwischen Haupt- und Hilfskostenstellen, die seitens der Netzbetreiber gemäß § 13 StromNEV nach der Anlage 2 bzw. gemäß § 12 GasNEV nach der Anlage 2 zu bilden sind. Kostenstellen sind die Orte der Kostenentstehung.[192] Damit gibt die Kostenstellenrechnung Aufschluss darüber, wo die Kosten angefallen sind.[193] Die nach § 4 ermittelten Netzkosten müssen gem. § 12 StromNEV bzw. gem. § 11 GasNEV den Hauptkostenstellen zugeordnet werden. Ist das nicht möglich, sind sie auf so genannte

---

[190] Allerdings zeichnet sich jetzt bereits ab, dass die BNetzA eine solche Regelung auch im Rahmen eines Anreizregulierungssystems vorsehen wird. Diese Regelung soll im Rahmen eines sog. Regulierungskontos weitergeführt werden. S. dazu den ersten Entwurf des Berichts der BNetzA v. 2.5.2006, im WWW unter http://www.bundesnetzagentur.de/media/archive/5858.pdf, Rn. 978, Rn. 1000.

[191] In diesem Sinne auch *Steurer*, IR 2005, 273 ff.

[192] *Schierenbeck*, Grundzüge der Betriebswirtschaftslehre, S. 664.

[193] *Wöhe*, Einführung in die Allgemeine Betriebswirtschaftslehre, S. 1101; ebenso *Schierenbeck*, Grundzüge der Betriebswirtschaftslehre, S. 664.

Hilfskostenstellen zu verteilen. Nach der Kostenstellenrechnung treten zwei Grundprobleme auf, deren Lösung die Kalkulation der Entgelte in einem hohen Maß beeinflusst. Einerseits ist ein bedeutendes Kriterium die Wahl verursachungsgerechter Gemeinkostenschlüssel. Die Verwendung von Gemeinkostenschlüsseln ist lediglich eine Hilfsmaßnahme, wenn eine direkte Kostenverteilung nicht möglich ist oder als unwirtschaftlich abgelehnt wird. Damit eng verknüpft ist die Verrechnung innerbetrieblicher Leistungen (insbesondere sog. „shared services") in konzernverbundenen Unternehmen. Diese Gefahr kann jedoch in Grenzen gehalten werden, wenn ergänzende Prinzipien für die Wahl von Kostenschlüsseln formuliert werden.[194] Aber auch die Formulierung von Prinzipien belässt Spielräume. Am Beispiel von „shared services" wird dies besonders deutlich: Hier ist nicht immer eindeutig zu klären, welches konzernverbundene Unternehmen z.B. eine Dienstleistung wie intensiv in Anspruch genommen hat. Hier entsteht im Rahmen der Gemeinkostenzuschlüsselung ein beinahe undurchdringliches Potenzial für Quersubventionierungen, indem z.B. für eine Dienstleistung ein nicht marktgemäßer Preis verlangt wird.

Bei den Gemeinkosten kann im Gegensatz zu den Einzelkosten keine direkte Zurechnung zu den jeweiligen Kostenträgern erfolgen, sondern es ist eine möglichst verursachungsgerechte Schlüsselung vorzunehmen. Würden nämlich nur die direkt zurechenbaren Kosten des Dienstes von den Entgelten gedeckt, entstünde dem Unternehmen ein Defizit in Höhe eben dieser Gemeinkosten, die für Dienste anfallen, die nicht ausschließlich der Netzzugang und dem Netzzugang zuzuordnen sind. Problematisch ist, wie ein möglichst angemessener Zuschlag für die Gemeinkosten definiert werden soll und welches Niveau der Gemeinkosten mithin zu wählen ist. Nach der Verteilung der Gemeinkosten soll nämlich jede Kostenstelle mit den Gemeinkosten belastet sein, die sie „verursacht" hat.

Die Gemeinkostenzuschlüsselung soll nach den verordnungsrechtlichen Grundlagen „angemessen" sein. Die StromNEV und GasNEV konkretisieren diese Begrifflichkeit im Hinblick auf die Gemeinkosten nicht. Der Begriff räumt der Regulierungsbehörde jedoch weder ein Ermessen noch einen Beurteilungsspielraum ein, obwohl es sich um einen unbestimmten Rechtsbegriff handelt. Er wird durch die allgemein anerkannten Grundsätze der Betriebswirtschaft ausgefüllt.[195] Die Gemeinkostenzurechnung ist damit dann angemessen, wenn sie anerkannten Grundsätzen der Betriebswirtschaftslehre folgt. Der Begriff der Angemessenheit der Gemeinkostenzuschlüsselung ist jedoch nicht nur anhand der betriebswirtschaftlichen Grundsätze wie zutreffende Zuordnung und Verteilung der Gemeinkosten auf sämtliche Produkte zu bestimmen. Vielmehr muss die

---

[194] Vgl. *Schierenbeck*, Grundzüge der Betriebswirtschaftslehre, S. 667.

[195] *Sedemund*, in Badura et al. (Hrsg.), Beck'scher Postkommentar, § 3 PEntgV, Rn. 16 mit Hinweis auf BVerwG, RdE 1992, 114.

Angemessenheit auch im Lichte des effizienzkostenorientierten Ansatzes i.S.d. § 21 Abs. 2 EnWG ausgelegt werden.[196] Auch nach betriebswirtschaftlichen Erkenntnissen ist die Zuordnung von Gemeinkosten ausgesprochen schwierig. Aus wissenschaftlicher Sicht wurden für die Zurechnung von Gemeinkosten zu Einzelleistungen verschiedene Vorschläge entwickelt, von denen keiner dem anderen eindeutig überlegen ist. Die verschiedenen Modelle weisen jeweils unterschiedliche Vor- und Nachteile auf.[197] Gemeinkosten bergen die Gefahr von Quersubventionierungen in sich, auch nach der zeitgleich im EnWG festgelegten Entflechtung. Sie machen z.B. im Telekommunikationsbereich einen Anteil von 80% aus.[198] Umso wichtiger ist eine transparente Dokumentation der Zuschlüsselung, wobei auf der Grundlage derzeitiger Erkenntnisse ein „richtiger" Schlüssel nicht vorgeschlagen werden kann.

Um trotz der Schwierigkeiten eine transparente Zuschlüsselung zu gewährleisten, gibt der Verordnungsgeber in § 4 Abs. 4 StromNEV und GasNEV allgemein vor, dass die Gemeinkosten möglichst verursachungsgerecht dem Elektrizitätsübertragungs- und Elektrizitätsverteilernetz bzw. dem Gasversorgungsnetz zuzuschlüsseln sind. § 4 Abs. 4 StromNEV und GasNEV betreffen insbesondere vertikal integrierte Energieversorgungsunternehmen im Sinne von § 3 Nr. 38 EnWG, die nach § 10 Abs. 3 EnWG verpflichtet sind, „zur Vermeidung von Diskriminierung und Quersubventionierung" in ihrer internen Rechnungslegung jeweils getrennte Konten für den Netzbereich zu führen, so wie es auch erforderlich wäre, wenn die Tätigkeiten von rechtlich selbstständigen Unternehmen erbracht würden. Die Zuordnung der Gemeinkosten auf die einzelnen Tätigkeiten muss nach § 10 Abs. 3 S. 5 EnWG durch eine sachgerechte Schlüsselung erfolgen. Auch nach § 4 der Verordnungen unterliegen die Schlüssel dem Vorbehalt der Sachgerechtigkeit und der Stetigkeit. Sie müssen für sachkundige Dritte nachvollziehbar und vollständig dokumentiert sein. Diese Pflicht zur Dokumentation betrifft ebenso die Änderungen der Schlüssel, die nur bei sachlicher Gebotenheit zulässig sind. Das Merkmal der sachlichen Gebotenheit schließt eine willkürliche Änderung der Zuschlüsselung aus. In der Kostenstellenrechnung ist in § 12 StromNEV und § 11 GasNEV schließlich noch einmal klargestellt, dass diese Gemeinkosten nach den bereits in § 4 Abs. 4 StromNEV und GasNEV vorgegebenen Kriterien Hilfskostenstellen zugeordnet werden müssen. Besonders bedeutend scheint neben dem Grundsatz der „Angemessenheit" auch der Grundsatz der „Stetigkeit" in der Anwendung der Schlüssel zu sein, um eine

---

[196] Anders z.B. für das Postwesen *Sedemund*, in Badura et al. (Hrsg.), Beck'scher Postkommentar, § 3 PEntgV, Rn. 17.

[197] *Hellwig*, in Leprich/Georgi/Evers (Hrsg.), Strommarktliberalisierung durch Netzregulierung, 2004, S. 32.

[198] *Kruse*, in: Kruse/Stockmann/Vollmer (Hrsg.), Wettbewerbspolitik im Spannungsfeld nationaler und internationaler Kartellrechtsordnungen, 1997, S. 247 (257), Fn. 19.

möglichst nachvollziehbare und auch für Dritte eingängige Schlüsselung vorzunehmen. Nach § 25 StromNEV ist die Regulierungsbehörde befugt, im Rahmen von Vergleichen zu ermitteln, ob das Verhältnis zwischen dem auf die Tätigkeiten Übertragung und Verteilung entfallenden Anteil an Gemeinkosten des Gesamtunternehmens und dem Anteil an netzspezifischen Kosten eines Betreibers eines Elektrizitätsversorgungsnetzes angemessen ist. Dabei kann die Regulierungsbehörde insbesondere die Angemessenheit der in Anwendung gebrachten Schlüssel überprüfen. Diese Regelung ist insofern sinnvoll, als die richtige Methode für eine Zuschlüsselung von Gemeinkosten nach bisherigen betriebswissenschaftlichen Erkenntnissen nicht herausgestellt werden konnte und der Regulierungsbehörde eine Methode der Findung einer angemessenen Schlüsselung an die Hand gegeben werden muss. Fraglich ist jedoch, ob es im Rahmen eines Vergleiches sinnvoll ist, zu überprüfen, ob das Verhältnis zwischen dem Gemeinkostenanteil und dem Anteil an netzspezifischen Kosten angemessen ist. Denn die Netzbetreiber sind unterschiedlich betrieblich organisiert. Welche Schlüsselung gewählt wird, hängt im Wesentlichen von unternehmensinternen Besonderheiten, der Unternehmensstruktur sowie der unternehmenseigenen Politik ab. Eine Überprüfung, und gegebenenfalls eine Angleichung, werden erst nach einigen Jahren effektiv möglich sein. Um eine möglichst verursachungsgerechte Verteilung der Netzkosten auf die Träger zu erreichen, werden die Kosten einer Netzebene gem. § 14 Abs. 1 StromNEV anteilig auf die nachgelagerte Netzebene „gewälzt". Ausgegangen wird bei der Kostenwälzung gem. § 14 Abs. 3 S. 1 StromNEV von der Kostenstellenrechnung nach § 13 StromNEV.

4. Kostenträgerrechnung

Bei der Kostenträgerrechnung geht es darum, die Kosten ihren Verursachungszwecken zuzurechnen. Hierzu sind Leistungsarten als Kostenträger abzugrenzen. Kostenträger sind die Erzeugnisse des Betriebs. Die Kostenträgerrechnung dient als Informationsbasis für die Preisarbeit und die Preispolitik eines Unternehmens. Ziel ist die Erfassung, wofür welche Kosten in welcher Höhe in der Abrechnungsperiode entstanden sind.[199] Die Verrechnung der Kosten folgt dabei dem Prinzip der Kostenverursachung bzw. der Kostenveranlassung. Die Entgeltermittlung verläuft auf dem Strom- und Gassektor unterschiedlich.

a. Entgeltermittlung nach der StromNEV

Bei der Entgeltermittlung nach der StromNEV ist zwischen der grundsätzlichen Ermittlung der Entgelte (aa.) und der Bildung eines individuellen Entgelts (bb.) zu unterscheiden. Dieses Entgelt ist nach der anfangs gefundenen Definition nicht Gegenstand dieser Untersuchung, da es sich um ein Endkundenentgelt

[199] *Wöhe*, Einführung in die Allgemeine Betriebswirtschaftslehre, S. 1101.

handelt, kein Netzzugangsentgelt. Letztlich begründen aber die Auswirkungen dieser Regelung auf alle Nutzer und auch auf die Netzzugangsentgelte die Notwendigkeit, die individuellen Entgelte in die Untersuchung einzubeziehen.

aa. Grundsätzliche Regelung der Entgeltermittlung

Die Kostenträgerordnung in der StromNEV folgt dem transaktionspfadunabhängigen Punktmodel mit entfernungsunabhängigen Netzzugangsentgelten. Damit orientieren sich die in § 15 StromNEV geregelten Grundsätze der Entgeltermittlung aus den zulässigen Kosten im Wesentlichen an der bisherigen Praxis. Zur Abdeckung der nach § 4 StromNEV ermittelten Netzkosten dient ein jährliches Netzzugangsentgelt. Ziel der Kalkulation der Netzzugangsentgelte ist nach § 15 Abs. 2 StromNEV eine möglichst geringe Differenz zwischen den aus den Netzzugangsentgelten erlangten Erlösen und den nach § 4 ermittelten Kosten des Netzes zu erreichen. Die Höhe der Netzzugangsentgelte ist insofern entfernungsunabhängig, als dass sie nicht bestimmt wird durch die räumliche Entfernung zwischen dem Ort der Einspeisung und dem Ort der Entnahme. In § 17 Abs. 1 wird spezifiziert, dass die Netzzugangsentgelte lediglich von der Anschlussnetzebene und der Jahresbenutzungsstundenzahl der Entnahmestelle abhängen. Die Berechnung der Entgelte erfolgt nach dem Anschluss-Punkt-Modell. Das bedeutet, dass der Netznutzer sein Netzzugangsentgelt nur an den Netzbetreiber entrichtet, an dessen Netz er angeschlossen ist, und damit Zugang hat zum gesamten Deutschen Stromnetz. Das Netzzugangsentgelt deckt die Stromnutzung über alle Spannungsebenen ab. Die Höhe der Entgelte ist auch von der räumlichen Verteilung der Einspeisungen unabhängig. Denn anderenfalls wären nach dem bisher in der Verordnung niedergelegten Ablauf von Kostenermittlung und Kostenwälzung die Kosten in Netzen mit und ohne Einspeisung unterschiedlich kalkuliert. Das käme einer Diskriminierung zwischen diesen Netzen gleich.[200] § 17 Abs. 8 StromNEV regelt, dass Entgelte, die in der Verordnung nicht aufgeführt sind, auch nicht zulässig sind. Damit wird ausgeschlossen, dass Netzbetreiber Kostenbestandteile oder Kalkulationselemente dazuerfinden oder andere Entgelte zugrundelegen. Insbesondere die Erhebung von Wechselentgelten soll damit verhindert werden.[201] In § 20 StromNEV ist eine Verprobung vorgesehen, durch die sichergestellt werden soll, dass die Entgeltkalkulation und das im Anschluss veröffentlichte System tatsächlich geeignet ist, die bereits gem. § 4 StromNEV ermittelten Netzkosten zu decken. Die Entgelte sind nach § 21 StromNEV abänderbar, allerdings muss die Änderung vorher auf der Internetseite bekannt gegeben werden. Der Netzbetreiber muss also, sobald er einen Antrag auf Überprü-

---

200 *AFM+E, ZDH, bne, VEA, VIK*, Synopse zur Stromnetzentgeltverordnung in der Form des Referentenentwurfs v. 13.9.2004, 30. September 2004, S. 23.

201 Vgl. die Begründung zu dem ressortabgestimmten BMWA-Entwurf v. Oktober 2004, S. 36.

fung seines neuen Entgelts nach § 23a Abs. 3 EnWG gestellt hat, diese Information unverzüglich – also ohne schuldhaftes Zögern – auf seiner Homepage bereitstellen. Diese Regelung führt dazu, dass die nachgelagerten Netzbetreiber und die Netznutzer ausreichend Planungssicherheit im Hinblick auf das Entgeltniveau haben. Denn der Antrag auf Überprüfung der Entgeltveränderung muss mindestens 6 Monate im Voraus gestellt werden. Das ist wichtig für die nachgelagerten Netzbetreiber und Netznutzer. Denn die von Lieferanten für ihre Kunden zu entrichtenden Netzentgelte stellen einen wesentlichen Kostenblock bei der Kalkulation der Lieferangebote dar. Die Regelung könnte dahingehend erweitert werden, dass Netzzugangsentgeltänderungen nur zu bestimmten Terminen erfolgen können, z.B. zu zwei Terminen im Jahr. Des Weiteren wäre es aus Gründen der Planungssicherheit sinnvoll, die Netzzugangsentgelte für eine „Mindestlaufzeit" zu vereinbaren. Insofern könnte die Mindestgültigkeit von einem Jahr empfohlen werden. Die Netzzugangsentgelte erlangen gem. § 21 Nr. 1 StromNEV frühestens drei Monate nach ihrer Veröffentlichung im Internet Gültigkeit.

bb. Vereinbarung eines individuellen Entgelts

Die StromNEV sieht eine Möglichkeit vor, ein individuelles Entgelt abweichend von dem regulär ermittelten Netzzugangsentgelt zu vereinbaren. Nach § 19 Abs. 2 S. 1 StromNEV hat der Netzbetreiber dem Letztverbraucher oder einer Gruppe gleichartiger Letztverbraucher abweichend von § 16 dieser Verordnung ein individuelles Entgelt anzubieten, wenn offensichtlich ist, dass dessen Höchstlastbeitrag oder der Höchstlastbeitrag einer Gruppe gleichartiger Letztverbraucher erheblich von den anderen Entnahmen aus dieser Netz- oder Umspannebene abweicht. Letztverbraucher sind nach § 2 Nr. 25 EnWG Kunden, die Energie für den eigenen Verbrauch kaufen, also gerade keine Versorgungsunternehmen, die den Vertrieb von Energie an Kunden organisieren. Der Wortlaut der Norm „haben die Netzbetreiber" weist darauf hin, dass der Netzbetreiber bei Vorliegen aller Voraussetzungen keine andere Wahl hat, als dem Letztverbraucher ein solches Angebot zu unterbreiten. Hier verbleibt dem Netzbetreiber kein Spielraum. Die Voraussetzung für die Vereinbarung eines individuellen Entgelts ist zunächst nach S. 1, dass aufgrund vorliegender oder prognostizierter Daten offensichtlich ist, dass der Höchstleistbeitrag des Letztverbrauchers sich deutlich von dem der anderen unterscheidet. Es muss also zu einer erheblichen Abweichung des individuellen Höchstlastbeitrags von der zeitgleichen Jahreshöchstlast der anderen kommen. Die Verordnung zeigt in S. 2 des § 19 Abs. 2 StromNEV auf, wann ein individuelles Entgelt des Weiteren in Einzelfällen angeboten werden kann. Demnach muss die Stromabnahme aus dem Netz der allgemeinen Versorgung für den eigenen Verbrauch an einer Abnahmestelle 7.500 Benutzungsstunden im Jahr erreichen und damit eine sehr gleichmäßige und erhebliche Stromabnahme erfolgen. Der Stromverbrauch muss an dieser Abnahmestelle in dem letzten Jahr 10 Gigawattstunden betragen haben. Anknüpfungspunkt ist in der zweiten Variante die besonderen Verhältnisse des Letztverbrauchers, die sich von denen der übrigen Nutzer erheblich unterscheiden.

Hierbei bedarf es einer wertenden Entscheidung der Regulierungsbehörde.[202] Dabei kann z.B. entscheidend sein, dass der Letztverbraucher in unmittelbarer Nähe zu großen Stromerzeugungsanlagen liegt und dass damit eine besondere Anschlusssituation vorliegt. Entscheidendes Kriterium für das Angebot eines individuellen Entgelts ist, – das ergibt sich aus § 19 Abs. 2 S. 3 StromNEV – dass dadurch Netzkosten vermieden oder gesenkt werden. Das individuell gebildete Entgelt muss den Beitrag des Letztverbrauchers zu einer Senkung oder zu einer Vermeidung einer Erhöhung der durchschnittlichen spezifischen Netzkosten dieser und aller vorgelagerten Netz- oder Umspannebenen widerspiegeln. Im Fall der Vereinbarung eines individuellen Entgelts nach § 19 Abs. 2 S. 1 StromNEV muss es sich um eine angemessene Berücksichtigung des Nutzungsverhaltens des Netzkunden in den Entgelten handeln. Das kann letztlich nichts anderes bedeuten, als die kostenorientiert berechnete Ersparnis durch dieses Verhalten. Das kann gegeben sein, wenn Letztverbraucher in unmittelbarer Nähe einer Stromerzeugungsanlage liegen, so dass geringe Leitungsverluste bei ihrer Belieferung eintreten und damit eine „besondere Anschlusssituation" gegeben ist. Eine Kostensenkung bzw. Vermeidung kann auch durch eine Steuerung des Netzzugangs erreicht werden. Denn wenn bei einem Letztverbraucher die überwiegende Zeit seines Strombezugs in die Schwachlastzeit des Netzes fällt, trägt dieser Netznutzer zur Entlastung des Netzes bei. Denn bei industriellen Stromabnehmern besteht die Möglichkeit, Zeiten der höchsten Netzbelastung zu vermeiden. Dadurch können die Netze effizienter genutzt werden.

Allerdings erscheint es als unwahrscheinlich, dass es „Vielnutzern", die also 7.500 Stunden des Jahres das Netz nutzen, gelingen wird, dies nicht gleichzeitig mit anderen zu tun. Diese „Vielnutzer" werden wohl eher kaum von der zeitgleichen Jahreshöchstlast aller Entnahmen abweichen können.[203] Das wäre aber Voraussetzung für ein individuelles Entgelt. Wer ein derartiges netzkostenfreundliches Verhalten zeigt, soll nun nach der Verordnung belohnt werden. Diese Kostenvermeidung oder Kostensenkung hat sich in dem individuellen

---

[202] Siehe dazu die ersten Entscheidungen der BNetzA, Beschlusskammer 8, im WWW abrufbar unter http://www.bundesnetzagentur.de/enid/4cd95a79e820a843d3e7e285319d4c36,0/Beschlusskammern/BK8_2d8.html.

[203] Das kritisieren *Britz/Herzmann*, IR 2005, 98 (99), die die Bedeutung dieser Erkenntnis relativieren, da es letztlich auf den Regulierer und deren Entscheidung ankomme. Die Regulierungsbehörde könne im Einzelfall nämlich entweder auf die tatsächliche Abweichung abstellen, oder aber die Bestimmung des § 19 Abs. 2 S. 5 StromNEV als Indiz genügen lassen.

Entgelt niederzuschlagen. Rechnerisch soll das geschehen, indem die Kostenvermeidungen oder Kostensenkungen von dem veröffentlichten Entgelt abgezogen werden. Ermittelt wird der Beitrag zur Vermeidung der Erhöhung der Netzkosten aus der Differenz der von den Netzbetreibern veröffentlichten Entgelte und dem Betrag, der aus der Bewertung des dem Nutzer individuell zurechenbaren Anteils an der Nutzung resultiert. Das individuelle Entgelt darf jedoch maximal 50 % des veröffentlichten Entgelts betragen. Weitere, von der Regulierungsbehörde zu prüfende Kriterien sind, dass die Voraussetzungen der Sätze 1 bis 5 vorliegen und die Belastung für die übrigen Netznutzer nicht wesentlich ist bzw. die Netzzugangsentgelte sich nicht wesentlich erhöhen. „Wesentlich" ist ein unbestimmter Rechtsbegriff, der durch die Regulierungsbehörde auszulegen ist. Insofern sollte aber ein enger Maßstab angewandt werden, um Vergünstigungen einzelner Netzkunden nicht auf alle Bürger abzuwälzen.

In ersten Entscheidungen hat die BNetzA entschieden, dass eine Steigerung der spezifischen Netzentgelte von 1 % nicht „wesentlich" im Sinne der Norm ist und einer individuellen Genehmigung nicht entgegensteht.[204]

Hat der Netzbetreiber ein solches Angebot unterbreitet, bedarf diese Vereinbarung nach § 19 Abs. 2 S. 5 StromNEV der Genehmigung durch die Regulierungsbehörde. Der Antrag auf Genehmigung einer solchen Vereinbarung kann durch den Netzbetreiber, nach § 19 Abs. 2 S. 6 StromNEV aber auch durch den Letztverbraucher selbst gestellt werden. Auch dem Letztverbraucher ist damit ein Initiativrecht eingeräumt. Dieser Antrag kann auch gemeinsam mit dem Antrag auf Vorabgenehmigung der Entgelte nach § 23a EnWG gestellt werden.[205] Mit dem Antrag auf Genehmigung des individuell ausgehandelten Entgelts müssen auch die zur Prüfung erforderlichen Daten und Informationen bei der Regulierungsbehörde abgegeben werden. Die Genehmigung des individuellen Entgelts muss dann innerhalb einer Frist von 4 Wochen geschehen. Verstreicht diese Frist, ist anders als bei der Genehmigungsfiktion des § 23a EnWG das Entgelt nicht automatisch bis auf Widerruf genehmigt. Der Netzbetreiber oder der

---

204 Siehe die Entscheidungen der BNetzA unter http://www.bundesnetzagentur.de/nid/-4cd95a79e820a843d3e7e285319d4c36,0/Beschlusskammern/BK8_2d8.html. Dabei war entscheidend, dass die Antragstellerin aufgezeigt hat, wie sich die Situation gestalten würde, wenn alle Anträge positiv beschieden würden. Diesbezüglich sei mit einer Steigerung von 4 % zu rechnen. Dazu beschied die BNetzA, dass dieser Wert noch in einem Rahmen liege, innerhalb dessen von einer „wesentlichen Erhöhung" noch nicht gesprochen werden könne.

205 Allerdings ist zwischen beiden Anträgen bei der Genehmigung zu unterscheiden. Sie können nicht gemeinsam bearbeitet werden. Z.B. hat die BNetzA einen Antrag auf Genehmigung der Abwälzung der künftigen, durch die individuellen Entgelte entstehenden Verluste auf die Verbraucher im Rahmen des Genehmigungsverfahrens der individuellen Entgelte als unbegründet abgewiesen. Dies sei eine Frage des § 23a EnWG; darüber hinaus ergebe sich die Zulässigkeit einer solchen Abwälzung bereits aus der StromNEV selbst.

Letztverbraucher kann die Regulierungsbehörde dann zu einer Genehmigung verpflichten. Die Genehmigung seitens der Regulierungsbehörde muss erfolgen, wenn die Voraussetzungen des § 19 Abs. 2 S. 1-5 StromNEV vorliegen und sich dadurch die Netzzugangsentgelte aller anderen Netznutzer nicht wesentlich erhöhen. Damit steht die Entscheidung nicht im Ermessen der Behörde. Liegen die Voraussetzungen vor, hat sie die Genehmigung zu erteilen.

Die Vereinbarung des individuellen Entgelts steht unter dem Vorbehalt, dass die Voraussetzungen gem. § 19 Abs. 2 S. 1-4 StromNEV wirklich eintreten. Ist das nicht der Fall, erfolgt die Abrechnung gem. § 19 Abs. 2 S. 12 StromNEV nach dem üblichen Verfahren. Die Genehmigung der Regulierungsbehörde steht allerdings jedenfalls nach dem Wortlaut des Gesetzes nicht unter diesem Vorbehalt. Vielmehr handelt es sich um eine auflösende Bedingung in der Vereinbarung zwischen dem Letztverbraucher und dem Netzbetreiber. Tritt nicht das von den Parteien als Grundlage des Vertrags Vereinbarte ein, entfällt auch das individuell ausgehandelte Entgelt automatisch nach der Verordnung ohne Einschaltung der Regulierungsbehörde. Dieser Mechanismus ist dem des § 158 Abs. 2 BGB vergleichbar, wo zunächst die gewollte Rechtsänderung eintritt, bei Eintritt der auflösenden Bedingung jedoch die Wiederherstellung des früheren Zustandes erfolgt.

cc. Individuelle Entgelte auf dem rechtlichen Prüfstand

(1) Vereinbarung individueller Entgelte als Rabattpolitik

Rabattpolitik ist in der Betriebswirtschaftslehre ein bekanntes Mittel der Konditionenpolitik eines Unternehmens. Unter der Konditionenpolitik eines Unternehmens lassen sich alle kontrahierungspolitischen Entscheidungen zusammenfassen, die Gegenstand vertraglicher Vereinbarungen über das Leistungsentgelt sein können.[206] Dazu gehört neben der Absatzkreditpolitik und den Lieferungs- und Zahlungsbedingungen auch die Rabattpolitik eines Unternehmens. Rabatte werden als Preisnachlässe verstanden, die für bestimmte Leistungen des Abnehmers gewährt werden. Insofern sind Rabatte als Mittel anzusehen, um selektiv Preisvariationen vorzunehmen. Neben anderen Effekten ist ein maßgebliches Ziel der Rabattpolitik die verstärkte Bindung des Kunden an das Unternehmen. Nun greift der Verordnungsgeber diese Rabattpolitik in § 19 StromNEV auf und bringt damit ein Mittel der betriebswirtschaftlichen Konditionenpolitik in die Regulierungsmethodik ein. Eine solche Maßnahme muss anhand der Vorgaben überprüft werden, die das Gemeinschaftsrecht und das nationale Recht festschreiben.

---

[206] Vgl. zur Konditionenpolitik und zu Rabatten allgemein *Schierenbeck*, Grundzüge der Betriebwirtschaftslehre, S. 304 ff.

(2) Möglicher Verstoß gegen die Diskriminierungsfreiheit

Das Merkmal der Diskriminierungsfreiheit, zu finden in den Erwägungsgründen Nr. 6, 13, 18 zur EltRL und in Art. 20 Abs. 1 S. 1 EltRL und in § 21 Abs. 1 EnWG, soll die Benachteiligung einzelner Netzzugangspetenten bei der Gestaltung der Tarife und bei der Anwendung dieser Tarife verhindern. Der Netzbetreiber könnte die Preisgestaltung derart vornehmen, dass ein Netzzugangspetent bevorzugt wird, beispielsweise durch die Gewährung von Mengenrabatten[207] oder sonstigen Vergünstigungen. Um dies zu verhindern, gibt das Merkmal der Diskriminierungsfreiheit vor, dass eine solche Konditionenpolitik zwar nicht gänzlich zu unterlassen, aber dennoch benachteiligungsfrei auszugestalten ist. Insbesondere dürfen einzelnen Netzzugangspetenten nicht bessere Konditionen zugestanden werden als anderen.

Die Privilegierung bestimmter energieintensiver Netznutzer durch eine Regelung im EnWG oder in der StromNEV würde eine Diskriminierung der Netznutzer bedeuten, die nicht unter den Tatbestand der Privilegierung zu fassen sind, also die Kriterien des § 19 Abs. 2 StromNEV nicht erfüllen können. Mithin wäre ein diskriminierungsfreier Zugang nicht gewährleistet.

Ein rechtfertigender Grund für diese Ungleichbehandlung könnte jedoch in der kostenorientierten Berechnung der Entgelte selbst liegen. Nach dem Prinzip der Kostenorientierung können Rabatte dadurch begründet werden, dass sie an die wegen der Nutzung und dem Verbrauch abflachende Kostenkurve angebunden werden. Wird aufgrund der Abnahmepraxis und des kostenentlastenden Verhaltens eine Kostensenkung möglich, darf eine Konditionenpolitik mit gleichmäßig abflachenden Netzzugangsentgelten normiert werden. Preisdifferenzierungen müssen unterschiedliche Netzzugangskosten widerspiegeln.[208] Diesen Vorgaben entspricht die Konzeption des § 19 Abs. 2 StromNEV. In dieser Norm sieht der Verordnungsgeber eine je nach Kostensenkung oder Kostenvermeidung ausfallende Netzentgeltminderung vor, die darüber hinaus noch von der Regulierungsbehörde überprüft und genehmigt wird. Nur wenn ein Netznutzer durch seine flexible Nutzung Netzausbaukosten vermeidet und so das Netz effizienter nutzt, wird er begünstigt. Die Höhe der Begünstigung entspricht den Kosten, die der Netznutzer durch seine netzkosteneinsparenden Maßnahmen verhindert hat.

In Anbetracht dessen ist diese Ungleichbehandlung gerechtfertig und damit auch mit dem Gebot der Diskriminierungsfreiheit der Beschleunigungsrichtlinien und des EnWG vereinbar.[209]

---

[207] So *Theobald/Hummel*, ZNER 2003, 176 ff. (178).

[208] So auch *Britz/Herzmann*, IR 2005, 98 (99), die davon ausgehen, dass Kostenersparnisse lediglich im Einzelfall eintreten werden.

[209] Eine ähnliche Regelung sieht auch die Eisenbahnregulierung vor. In § 21 Abs. 6 EIBV (Eisenbahninfrastruktur-Benutzungsverordnung) ist die Diskriminierungsfreiheit normiert.

Die Regelung könnte jedoch des Weiteren unter einem anderen Aspekt problematisch sein. § 19 Abs. 2 StromNEV wendet sich ausschließlich an den Letztverbraucher. Letztverbraucher im Sinne des § 19 Abs. 2 StromNEV sind gem. § 3 Nr. 25 EnWG solche Kunden, die Energie für den eigenen Verbrauch kaufen. Damit sind von dieser Rabattpolitik jene Versorgungsunternehmen, die über fremde Netze den zur Weiterverteilung gedachten Strom beziehen, ausgenommen. Anders als in einem ersten Entwurf der Verordnung sollen nur die Letztverbraucher die Chance bekommen, in den Genuss des Rabatts zu kommen. Außer industriepolitischen Gründen ist kein Differenzierungskriterium ersichtlich, das eine solche Ungleichbehandlung der Netznutzer rechtfertigen würde.[210] Die Kostenorientierung rechtfertigt eine solche Differenzierung nicht. Jeder, der ein netzkostenentlastendes Verhalten zeigt, sollte ein individuelles Entgelt beantragen können, unabhängig davon, für wen er den Strom bezieht. Industriepolitische Motive entschuldigen eine Abkehr von der Diskriminierungsfreiheit und damit von der Kostenorientierung jedenfalls nicht. Die Regelung des § 19 Abs. 2 StromNEV verstößt gegen das Diskriminierungsverbot.

(3) Verstoß gegen Art. 82 EG i.V.m. Art. 10 EG

Möglich wäre auch ein Verstoß dieser Rabatt-Regelung gegen Art. 82 EG i.V.m. Art. 10 EG. Art. 82 EG sieht ein Verbot des Missbrauchs einer marktbeherrschenden Stellung auf dem Gemeinsamen Markt durch ein oder mehrere Unternehmen vor. Dieser Missbrauch kann nach Art. 82 S. 2 lit. c EG darin bestehen, dass unterschiedliche Bedingungen gegenüber Handelspartnern angewandt werden. Dadurch wird eine Diskriminierung von Marktteilnehmern untersagt. Eine solche könnte darin zu sehen sein, dass die Netzbetreiber, die auf dem Durchleitungsmarkt regelmäßig ein Monopol und damit eine marktbeherrschende Stellung haben, die Netznutzer ungleich behandeln und darin eine Diskriminierung zu sehen ist. Art. 82 Abs. 2 EG wendet sich jedoch an die Unternehmen und pönalisiert demnach nur eine von diesen initiierte Diskriminierung, die aus ihrer monopolistischen Marktmacht her ermöglicht wird. Eine solche kausal auf der Marktmacht beruhende, „eigeninitiierte“ Diskriminierung liegt jedoch dann nicht vor, wenn die Netzbetreiber per Gesetz zu einer Ungleichbehandlung der Netznutzer gezwungen werden. Denn diese Diskriminierung entsteht nicht aus

---

Ausnahmen davon finden sich in § 23 EIBV, wonach Entgeltnachlässe unter bestimmten Umständen vorgesehen werden können. Dort heißt es in § 23 Abs. 1 S. 1 EIBV, dass diese Entgeltnachlässe auf die Höhe der tatsächlich eingesparten Verwaltungskosten zu begrenzen sind. Damit sind die Rabatte also nur insofern zu billigen, als dass sie kostenorientiert berechnet wurden. Das Merkmal der Diskriminierungsfreiheit setzt also eine kostenorientierte Berechnung der Entgelte voraus.

[210] So auch *Britz/Herzmann*, IR 2005, 98 (99), die davon ausgehen, dass die Kosten schließlich auf die Kunden der Versorgungsunternehmen abgewälzt werden, so dass sich die Last auf viele Schultern verteilt und der politische Widerstand gering ist.

der marktbeherrschenden Stellung des Unternehmens heraus, sondern weil der Staat das Unternehmen geradezu anweist, eine Ungleichbehandlung vorzunehmen. Zu berücksichtigen ist jedoch, dass Art. 10 Abs. 2 EG den Mitgliedstaaten verbietet, Maßnahmen zu ergreifen oder aufrechtzuerhalten, die die praktische Wirksamkeit des Vertrages beeinträchtigen könnten. Obwohl sich die Art. 3 lit. g, 81 ff. EG nur an Unternehmen richten, sind die Mitgliedstaaten über Art. 82 Abs. 2 EG auch verpflichtet, keine Maßnahmen zu treffen, – und zwar auch nicht in Form von Rechtsnormen – die diesen Zielen des Vertrags entgegenwirken können. Im Bezug auf Art. 81 EG hat der EuGH entschieden, dass dies insbesondere dann der Fall sei, wenn ein Mitgliedstaat entgegen Art. 81 EG Kartelle vorschreibe, erleichtere oder deren Auswirkung verstärke.[211] Art. 10 Abs. 2 EG verbietet dem Mitgliedstaat also i.V.m. Art. 82 EG die Normierung einer diskriminierenden Rabattpolitik zugunsten einzelner Unternehmen. Auch hier könnte wiederum auf einen sachlichen Grund als Rechtfertigung zurückgegriffen werden. Rabatte sind innerhalb des Art. 82 EG grundsätzlich Ausdruck eines erwünschten und zulässigen Preiswettbewerbs, so dass kein Grund besteht, die Wettbewerber davor zu schützen. Anders ist dies allerdings zu beurteilen, wenn Rabattsysteme „pauschalieren“. Nur gestaffelte Rabatte, wo der Mengenrabatt linear steigt und die Schwellenwerte gleich sind, können nach Art. 82 EG sachlich gerechtfertigt sein.[212] Auch vor dem Hintergrund dieser Normen ist eine kostenorientierte Rabattpolitik zu rechtfertigen. Lediglich die einseitige Benachteiligung der Versorgungsunternehmen gegenüber den Letztverbrauchern ist auch damit nicht zu vereinbaren.

(4) „Zwangsrabatt“ für Letztverbraucher als Beihilfe i.S.d. Art. 87 Abs. 1 EG

Die in § 19 Abs. 2 StromNEV festgelegte Regelung könnte darüber hinaus eine Beihilfe i.S.d. Art. 87 Abs. 1 EG darstellen. Eine Beihilfe ist eine Maßnahme, die gleich in welcher Form die Belastungen verringert, die ein Unternehmen normalerweise zu tragen hat. Von dem beihilfenrechtlichen Begriff der Leistung sind sowohl Leistungsgewährungen als auch Belastungsverminderungen in einem weiten Sinne erfasst.[213] Maßgebend ist ein geldwerter, regelmäßig kostensenkender Vorteil bei dem Unternehmen, zugunsten dessen die Leistung erbracht wird.[214] Zu den Leistungen in diesem Sinne gehört neben der unmittelbaren Zuführung von Geldmitteln auch die Gewährung von Sondertarifen. Bei der gesetzlich vorgesehenen Gewährung von Rabatten für Letztverbraucher liegt

---

[211] *EuGH*, Rs. C-153/93, Delta Schifffahrts- und Speditionsgesellschaft, Slg. 1994, I-2517, Rn. 14; Rs. C-35/96, Kommission/Italien, Slg. 1998, I-3851, Rn. 54; *Kahl*, in: Callies/Ruffert (Hrsg.), EU- und EG-Kommentar, Art. 10 EG, Rn. 49 m.w.N.

[212] *Eilmansberger*, in Streinz, EUV/EGV, Art. 82 EGV, Rn. 60.

[213] *Koenig/Kühling/Ritter*, EG-Beihilfenrecht, S. 40 f.; *Soltész/Makowski*, EuZW 2003, 73 (74).

[214] *Koenig/Kühling/Ritter*, EG-Beihilfenrecht, S. 42.

eine Belastungsverminderung vor: Indem sie nur einen Teil des üblicherweise zu zahlenden Netzzugangsentgeltes entrichten müssen, haben die Letztverbraucher mit der Gewährung dieses Sondertarifs einen kostensenkenden Vorteil. Als weiteres Tatbestandsmerkmal sieht Art. 87 Abs. 1 EG das Erfordernis der Zuordnung einer Begünstigung zu bestimmten Unternehmen oder Produktionszweigen vor. Mit diesem Merkmal sollen staatliche Fördermaßnahmen, die unterschiedslos der gesamten Wirtschaft zugute kommen, aus dem gemeinschaftsrechtlichen Beihilfenbegriff ausgeschieden werden.[215] Die von den Rabatten der StromNEV betroffenen Unternehmen sind dadurch bestimmbar, dass es sich um solche Unternehmen handelt, die als Letztverbraucher i.S.d. § 19 Abs. 2 StromNEV zu bezeichnen sind, also aus energieintensiven Branchen, wie z.B. der Aluminium- und Kupferherstellung kommen. Das sind solche Unternehmen, bei denen das Ausmaß des Netzzugangs oder deren kontinuierliche Netzauslastung und gleichmäßige Abnahme eine Vergünstigung rechtfertigt. Die Maßnahme beschränkt sich damit nicht nur auf einen Wirtschaftszweig und kann theoretisch die gesamte Wirtschaft betreffen,[216] aber faktisch wird sie nur auf die Unternehmen angewandt, die die Voraussetzungen des § 19 Abs. 2 StromNEV erfüllen. Mit den Kriterien des § 19 StromNEV sind die Unternehmen im Sinne des Art. 87 Abs. 1 EG ausreichend bestimmt. Des Weiteren fordert der Beihilfentatbestand eine Begünstigung, die entweder staatlich oder aus staatlichen Mitteln erfolgt. Das Merkmal „aus staatlichen Mitteln" ist umstritten.[217] Zwischenzeitlich hat der EuGH jedoch eindeutig entschieden, dass eine Belastung öffentlicher Haushalte erfolgen muss, um das Tatbestandsmerkmal der staatlichen Zurechenbarkeit zu erfüllen.

Nach Auffassung des EuGH, die im Urteil PreussenElektra[218] bekräftigt worden ist, fallen nur Maßnahmen in den Anwendungsbereich des Art. 87 EG, wenn sie

---

[215] *Koenig/Kühling/Ritter*, EG-Beihilfenrecht, S. 80.

[216] Zu Maßnahmen, die sich nicht auf einen bestimmten Wirtschaftszweig beschränken, aber faktisch nur auf bestimmte Unternehmen Anwendung finden, siehe EuGH, Rs. C-295/97, *Piaggio*, Slg. 1999, I-3735 (3761 f.), Rn. 36 ff.

[217] Vgl. dazu *Hentschel*, Die Vereinbarkeit der deutschen Kulturförderung mit dem Beihilfenrecht der EG, 2006.

[218] EuGH, Slg. 2001, S. I-2099 – *PreussenElektra*; vgl. hierzu *Koenig/Kühling*, ZUM 2001, S. 537. Im Urteil *PreussenElektra* hatte der EuGH eine gesetzlich festgelegte Zahlungsverpflichtung Privater zu beurteilen, auf deren Grundlage die von den Privaten gezahlten Mittel ohne Einschaltung einer Zwischeninstanz unmittelbar an ein dadurch begünstigtes Unternehmen flossen. Gegenstand der Überprüfung waren Abnahme- und Vergütungspflichten nach dem deutschen Stromeinspeisungsgesetz (StrEG). Der EuGH prüfte, ob die im StrEG festgelegten Abnahme- und Vergütungspflichten zu erhöhten Mindestpreisen als dem Staat zurechenbare Beihilfen zu qualifizieren sind. Unter Zugrundelegung dieses Sachverhalts lehnte Generalanwalt *Jacobs* in seiner Stellungnahme die Qualifikation der Abnahme- und Vergütungspflichten als „staatliche Mittel" im konkreten Fall ab, da der Staat in Bezug auf diese Mittel zu keinem Zeitpunkt eine Kontrolle ausübe und sie keinesfalls staatlichen Behörden zur Verfügung stünden; sie würden niemals den privaten Sektor verlassen. Der EuGH bestä-

zu einer aktuellen oder potenziellen Mittelbelastung öffentlicher Haushalte führen. Diese Bewertung durch den EuGH findet eine eindeutige Bestätigung in den Urteilen des Gerichtshofs in den Rechtssachen Stardust Marine[219] und Pearle[220]. In der Rechtssache Stardust Marine ging es um die Frage, ob eine Mittelvergabe durch ein öffentliches Unternehmen für sich allein ausreichend ist, um die Vergabe der Mittel dem Staat zurechnen zu können. Der Gerichtshof verneinte eine Zurechenbarkeit. Mit seiner Entscheidung in der Rechtssache Pearle bestätigte der EuGH die in seinen vorangegangenen Urteilen entwickelten formellen und materiellen Anforderungen an das Kriterium der staatlichen Mittelherkunft im Falle zwischengeschalteter Einrichtungen und verdeutlichte, dass diese kumulativ vorliegen müssen. So prüfte das Gericht, ob die betroffene Vergünstigung – eine in einen Sonderfond fließende Zwangsabgabe[221] – erstens direkt oder indirekt aus staatlichen Mitteln stammte und sich zweitens dem Staat konkret zurechnen ließ. Beides verneinte das Gericht: Es fehle an einer Haushaltsbelastung der zwischengeschalteten öffentlichen Einrichtung.

Übertragbar sind diese Grundsätze des EuGH auf die Begünstigung der Letztverbraucher nach § 19 Abs. 2 StromNEV. Direkt erklärt sich die Begünstigung der „Großkunden" durch den Rabatt, den die Netzbetreiber aufgrund ihrer gesetzlichen Verpflichtung gewähren. Insofern ist die verordnungsrechtliche Regelung mit dem Sachverhalt von PreussenElektra vergleichbar, wo die Abgabe auch aufgrund der gesetzlichen Regelung erfolgte, ohne dass eine staatliche Stelle oder Einrichtung zwischengeschaltet war. Diese Abwicklung unter Privaten auf gesetzlichen Auftrag hin liegt auch bei den Rabatten für Letztverbraucher vor. Allerdings ist die verordnungsrechtliche Vorgabe von individuellen Entgelten nicht die einzige Intervention des Staates. Die individuellen Entgelte müssen von staatlicher Seite auch genehmigt werden. Eine solche Intervention des Staates alleine ist nach den in PreussenElektra aufgestellten Kriterien aber gerade nicht ausreichend. Das wesentliche Kriterium ist danach, dass die Fördermittel in jedem Fall unmittelbar oder mittelbar aus staatlichen Mitteln entstammen müssen. Dieses Kriterium kann nicht erfüllt werden, wenn die Förder-

---

tigte zunächst, dass die Fördermittel in jedem Fall unmittelbar oder mittelbar aus staatlichen Mitteln stammen müssten und wies die weite Auslegung um den Begriff der „staatlichen Mittel" damit endgültig zurück. Nach dem EuGH könne auch der Umstand, dass die Abnahmepflicht auf einem Gesetzt beruht und bestimmten Unternehmen unbestreitbare Vorteile gewähre, der Regelung nicht den Charakter einer staatlichen Beihilfe im Sinne von Art. 87 Abs. 1 EG verleihen.

[219] EuGH, Slg. 2002, S. I-4397 – *Stardust Marine.*

[220] EuGH, Rs. C-345/02, EuZW 2004, S. 571 – *Pearle.*

[221] Diese beruhte auf einer Satzung, die ein öffentlich-rechtlicher Berufsverband erlassen hatte, um eine zugunsten seiner Mitglieder organisierte und von ihnen beschlossene Werbekampagne durch bei diesen Mitgliedern erhobene und für die Finanzierung dieser Kampagne zweckgebundene Mittel zu finanzieren.

mittel den privaten Sektor – wie bei den individuellen Entgelten nach der StromNEV – niemals verlassen und die Abwicklung ausschließlich – wenn auch auf verordnungsrechtlichen Auftrag hin und aufgrund einer Genehmigung durch die Regulierungsbehörde – zwischen den Privaten geschieht.

Jedoch wäre die Bejahung einer staatlichen oder aus staatlichen Mitteln gewährten Begünstigung unter dem Aspekt denkbar, dass die Begünstigung mittelbar aus staatlichen Mitteln erfolgt, weil sich die Regelung negativ auf die Steuereinnahmen des Staats auswirkt; denn für die von den individuellen Entgelten profitierenden Unternehmen, die ein reduziertes Entgelt zahlen, reduziert sich auch die Steuer. Die Begünstigung erfolgte demnach aus staatlichen Mitteln, wenn der Haushalt des Staates aufgrund der Steuermindereinnahmen belastet wäre. Der EuGH hat diese Erklärung für eine Begünstigung aus staatlichen Mitteln jedoch bisher nicht gelten lassen.[222] Die Verringerung der Steuereinnahmen des Staates sei bestimmten Regelungen immanent und könne nicht als Mittel angesehen werden, den Unternehmen auf Kosten des Staates einen bestimmten Vorteil zu gewähren. Dem ist zuzustimmen. Die Vorteile, die Großkunden durch die gesetzliche Regelung erhalten, also die Gewährung individueller Entgelte, sind nicht aus den Steuereinbußen finanziert und belasten den staatlichen Haushalt somit nicht unmittelbar. Diese beiden Effekte (einerseits die Begünstigung und andererseits die ausbleibenden Steuereinkünfte) beruhen nicht aufeinander. Die mittelbare Belastung durch die Einbußen des Steueraufkommens ist zwar durch diese Regelung hervorgerufen. Die Belastung ist jedoch nicht das Äquivalent zu der Begünstigung der Unternehmen.

---

[222] EuGH, Urteil v. 13.3.2001 in der Rechtssache *PreussenElektra*, C-379/98, Slg. 2001, I-2099, Rn. 62, wobei auch ausdrücklich auf die Rechtssache *Sloman Neptun* und *Ecotrade* verwiesen wird.

Hier fehlt es an der nötigen „Stoffgleichheit"[223] zwischen Belastung und Begünstigung. Denn die Begünstigung in Form der Rabatte entstammt nicht den Steuergeldern, die ausbleiben und die beiden Positionen entsprechen sich auch nicht. Es handelt sich ledig um eine mittelbare Folge. Eine mittelbare Belastung reicht jedoch nicht aus, um insofern den Beihilfentatbestand zu bejahen.

(5) Individuelle Entgelte als Sonderabgabe

Die Regelung der individuellen Entgelte ist – neben dem Verstoß gegen das Diskriminierungsverbot – auch unter einem anderen Gesichtspunkt bedenklich: Letztlich ist der Regelung des § 19 Abs. 2 S. 8 StromNEV zu entnehmen, dass alle übrigen Netznutzer eine gleichmäßige Erhöhung der Entgelte in Kauf nehmen müssen. Dementsprechend ist aufgrund der Möglichkeit, „individuelle Entgelte" zu bilden und einer bestimmten Gruppe von Netznutzern anzubieten, eine weitere, darauf beruhende Belastung der Verbraucher bereits einkalkuliert.[224] Lediglich eine wesentliche Erhöhung der Entgelte soll vermieden werden. In dieser Belastung des Verbrauchers aufgrund des „Zwangsrabatts" könnte eine staatlich erzwungene Abgabe zu sehen sein.[225]

Obwohl dieser staatlich veranlasste „Zwangsrabatt" jedenfalls Ähnlichkeiten zum Abgabenrecht aufweist, soll dies nicht dazu verleiten, die Grundsätze des Abgabenrechts „blindlings" auf diesen Sachverhalt anzuwenden. Der insoweit einschlägige Grundtatbestand der „staatlichen Einnahme" erfordert eine private Belastungswirkung und eine hoheitlich zurechenbare, öffentliche Aufkommenswirkung.[226] Die private Belastungswirkung ist unproblematisch zu bejahen. Allerdings könnte ein abgabenrechtlicher Sachverhalt verneint werden, da die finanzielle Abwicklung des „Zwangsrabatts" ausschließlich zwischen Privaten, also den stromintensiven Netznutzern und allen anderen Netznutzern, abläuft.

---

[223] Stoffgleichheit ist ein ursprünglich im Strafrecht zu § 263 StGB entwickelter Begriff. Die Stoffgleichheit liegt demnach vor, wenn der gewonnene Vorteil und der entstandene Vermögensschaden auf derselben Verfügung beruhen und sich dabei der Vorteil zulasten des geschädigten Vermögens auswirkt. Der Vorteil muss mit anderen Worten die Kehrseite des Vermögensschadens bedeuten.

[224] Dies ist eine ähnliche Argumentation wie in der *Kohlepfennigentscheidung*, wo damit argumentiert wurde, dass auch hier die Belastung des Verbrauchers von Beginn an einkalkuliert wurde, BVerfG 2. Senat, Beschluss v. 11.10.1994, Az: 2 BvR 633/86, Rn. 83.

[225] Ein ähnliches Problem stellte sich in dem so genannten Beitragssicherungsgesetz v. 23.12.2002, mit dem die Beitragssätze der gesetzlichen Kranken- und Rentenversicherung stabilisiert werden sollten. Dort wurde in § 130 Abs. 1 SGB V vorgesehen, dass die Krankenkassen von den Apotheken einen Abschlag vom maßgeblichen Apothekenabgabepreis von 6 oder 10 % erhalten. Anschließend wurden die pharmazeutischen Unternehmen dazu verpflichtet, den Apotheken den Abschlag zu erstatten. Das Gesetz sah also eine Subventionierung der Krankenkassen auf Kosten der pharmazeutischen Industrie vor. Dazu auch *Kube/Palm/Seiler*, NJW 2003, 927 ff.

[226] BVerfG, NJW 1997, 573; *Kube/Palm/Seiler*, NJW 2003, 927 (929).

Eine derartige „Quersubventionierung zwischen Privaten“ könnte dem Staat jedoch zugerechnet werden.[227] Die Regelung des „Zwangsrabatts“ greift nämlich zielgerichtet und zwangsweise (z.B. mit einer Verfügung durch die Regulierungsbehörde) durchsetzbar auf die privaten Mittel der anderen Netznutzer durch, um diese Mittel bestimmten stromintensiven Letztverbrauchern zuzuwenden. Insofern handelt es sich um eine „staatlich erzwungene Quersubventionierung zwischen Privaten“. Damit kann das Abgabenrecht auf eine solche Regelung zumindest analog Anwendung finden.

Dabei stellt sich eine ähnliche rechtliche Frage wie seinerzeit bei der Kohlepfennigentscheidung des BVerfG. Das Steuersystem ist grundsätzlich abschließend. Weitere, staatlich veranlasste Belastungen des Bürgers sind damit unzulässig, wenn es sich nicht um eine seltene Ausnahme der zulässigen Sonderabgabe handelt. Es könnte sich bei der Regelung in der StromNEV um eine sonderabgabenähnliche Sonderbelastung handeln.

Sonderabgaben sind hoheitlich auferlegte Geldleistungspflichten, denen keine unmittelbare Gegenleistung gegenübersteht.[228] Sie unterscheiden sich von der Steuer dadurch, dass sie nur von bestimmten Gruppen erhoben werden, ihr Aufkommen näher festgelegt ist und sie der Erfüllung besonderer Sachaufgaben dienen. Sie werden nicht zu allgemeinen Finanzierungszwecken erhoben. Sie sind doppelt rechtfertigungsbedürftig, weil sie in Konkurrenz zu dem ansonsten abschließenden Steuersystem stehen. Das Aufkommen fließt dabei in einen Fonds, nicht in den staatlichen Haushalt. Die Rechtfertigung erfolgt durch die Verantwortlichkeit der Belasteten für die besondere Aufgabe, die sich in den Zulässigkeitsanforderungen ausdrückt. Die Zulässigkeit der Sonderabgaben ist nur in engen Grenzen möglich.[229] Es muss eine vorgefundene, von der Allgemeinheit abgrenzbare homogene Gruppe belastet werden. Des Weiteren muss zwischen dem mit der Abgabenerhebung verfolgten Zweck und dieser Gruppe eine spezifische Sachnähe bestehen (Finanzierungsverantwortlichkeit). Es muss eine sachgerechte Verknüpfung zwischen der von der Sonderabgabe bewirkten Belastung und der mit ihr finanzierten Begünstigung bestehen, die durch die Verwendung zugunsten der belasteten Gruppe hergestellt wird (gruppennützige Verwendung).

Diese Grundsätze sind zumindest analog auf die abgabenähnliche „Zwangsrabatte“ nach der StromNEV anzuwenden. Die zur Prüfung stehende Regelung soll bewirken, dass die Stromkunden, die zu den energieintensiven Unternehmen zählen oder gewisse Schwellenwerte erreichen, nur individuell angebotene, von

---

[227] Dieses Kriterium nennen *Kube/Palm/Seiler*, NJW 2003, 927 (930).
[228] *BVerfGE* 81, 156 (186 f.); 78, 249 (267).
[229] *BVerfGE* 91, 186 (202 f.); 98, 83 (100).

der Regulierungsbehörde zu genehmigende Netznutzungsentgelte zahlen müssen. (Politisches) Ziel der Regelung ist es damit, die energieintensiven Unternehmen für den Wirtschaftsstandort zu erhalten, weil andernfalls Arbeitsplätze und das Steueraufkommen gefährdet erscheinen. Die Einbußen, die dem rabattgewährenden Netzbetreiber dadurch entstehen, sind auf die anderen Netznutzer bzw. letztlich auf die Endverbraucher umzulegen, die dadurch zusätzlich belastet werden. Die Träger dieser Abgabe sind damit die Netznutzer, denen keine verbesserten Konditionen angeboten werden, und mittelbar alle Stromkunden, wie auch der Verordnungsgeber es bereits in § 19 Abs. 2 S. 8 StromNEV treffend formuliert. Dies soll – so wurde es auch nach den ersten Genehmigungen durch die BNetzA in der Pressemitteilung bekannt gegeben – in den Anträgen nach § 23a EnWG auf Genehmigung der Entgelte berücksichtigt werden.[230] Diese – im Übrigen von allen in Deutschland Verbrauchssteuerpflichtigen nicht zu unterscheidende Gruppe – müsste insofern eine Finanzierungsverantwortlichkeit treffen, die den Nachfrager für eine bestimmte struktur-, arbeitsmarkt- und energiepolitische Sicherung in Pflicht nimmt. Die Stromverbraucher haben zwar ein Interesse an einer sicheren Energieversorgung. Diese steht hier aber gerade nicht in Rede. Die Förderung und der Erhalt einzelner energieintensiver Betriebe sind zwar industriepolitisch sinnvoll und wünschenswert. Diesem Anliegen gegenüber haben die Stromverbraucher jedoch keine ersichtliche, besondere Finanzierungspflicht. Es ist auch keine spezifische Sachnähe gegenüber den energieintensiven Unternehmen erkennbar, die die Zulässigkeit einer Sonderabgabe zu rechtfertigen vermag. Damit liegt keine zu rechtfertigende Sonderabgabe vor. Die Regelung des § 19 Abs. 2 StromNEV verstößt damit jedenfalls insoweit gegen die abschließende Finanzverfassung der Bundesrepublik Deutschland, als dass die Gruppe der Stromverbraucher für die Gewährung individueller Entgelte an die energieintensiven Unternehmen aufkommen soll. Sie beinhaltet einen sonderabgabenähnlichen „Zwangsrabatt", der einer analogen Anwendung der Zulässigkeitsanforderungen von Sonderabgaben unterliegen muss und diesen Anforderungen aber nicht gerecht wird. Die Regelung des § 19 Abs. 2 StromNEV ist daher als verfassungswidrig einzustufen.

dd. Fazit

Die Regelung in der StromNEV, dass individuelle Entgelte vorgesehen werden dürfen, ist weitestgehend mit den europäischen Vorgaben vereinbar. Einzig die – industriepolitisch nachvollziehbare – Entscheidung, Versorgungsunternehmen von dieser Regelung auszunehmen, ist mit den europäischen Vorgaben – und im

---

230 Vgl. dazu die Pressemitteilung der BNetzA v. 1.12.2005, im WWW auf der Homepage der BNetzA (www.bundesnetzagentur.de) herunterzuladen. Die RWE Transportnetz Storm GmbH hatte die Anträge in Abstimmung mit dem jeweiligen Netzkunden (Aluminiumwerke u. andere Großindustrien) gestellt.

Übrigen auch mit dem Gebot der „Diskriminierungsfreiheit" in § 21 Abs. 1 EnWG – nicht in Einklang zu bringen. Denn damit wird gegen dieses Merkmal verstoßen, das auch die Kostenorientierung der Entgelte voraussetzt. Wenn ein Versorgungsunternehmen kostenminimierend arbeitet, muss sich das ebenso wie bei den privilegierten Letztverbrauchern in den Netzzugangsentgelten niederschlagen. Die Regelung ist – falls sie dann aus wirtschaftlicher Sicht noch Sinn machte – zu korrigieren. Ein sachlicher, rechtfertigender Grund ist anderenfalls nicht zu erkennen. Es ist die Entstehungsgeschichte der Norm, die auf industriepolitische Motive schließen lässt.[231] Es scheint sich vor diesem Hintergrund eher um eine Härtefallregelung mit Subventionscharakter zugunsten der energieintensiven Betriebe zu handeln. Dann führte der rechtlich korrekte Weg aber über eine Beihilfenregelung und gegebenenfalls ein Notifizierungsverfahren. Nach der derzeitigen Regelung stellen die Zahlungen – wie oben bereits geprüft – zwar keine Beihilfe dar. So, wie die Regelung vorgesehen ist, werden die energieintensiven Betriebe aber zulasten der privaten Abnehmer (§ 19 Abs. 2 S. 8 StromNEV) geschont. Und das gilt, obwohl diese letztlich keine Finanzierungsverantwortung gegenüber den energieintensiven Betrieben trifft, wie bereits oben herausgearbeitet wurde. Zwischen dem mit der Belastung der privaten Abnehmer verfolgten Zweck und dieser Gruppe der energieintensiven Unternehmen besteht keine spezifische Sachnähe. Insofern verstößt diese sonderabgabenähnliche Regelung jedenfalls gegen das als weitgehend abschließend anzusehende Finanzverfassungssystem und ist damit als verfassungswidrig einzustufen.

b. Entgeltermittlung nach der GasNEV

Bei der Entgeltermittlung nach der GasNEV ist zwischen der grundsätzlichen Ermittlung der Entgelte (aa.) und der Bildung eines gesonderten Entgelts (bb.) zu unterscheiden.

aa. Grundsätzliche Ermittlung der Entgelte

Die Entgeltermittlung nach § 13 GasNEV hängt unmittelbar zusammen mit dem Netzzugangsmodell nach § 20 Abs. 1b EnWG, dem Entry-Exit-System.[232] Das Entry-Exit-System sieht vor, dass der Lieferant im Gasnetz an beliebigen Orten

---

[231] Denn die Netzbetreiber hatten eine solche Regelung selbst in einem Strategiepapier an den Wirtschaftsminister herangetragen, um dem Protest der energieintensiven Betriebe vorzubeugen. Vgl. dazu *Britz/Herzmann*, IR 2005, 98 (98). Zu dem Problem des Lobbyismus allgemein und im Bezug auf die Entstehungsgeschichte des EnWG vgl. *Becker*, ZNER 2005, 108 ff. Auch die Pressemitteilung der BNetzA nach der Genehmigung der ersten Anträge nach § 19 Abs. 2 S. 2 StromNEV mit dem Untertitel „Kostenentlastung verbessert Standortbedingungen" weist darauf hin.

[232] Vgl. dazu ausführlich *Koenig/Kühling/Rasbach*, Energierecht, 2006, S. 69 ff.; ebenso *Kühling/Barudi*, DVBl. 2005, 1470 ff.

Gas einspeisen und der Kunde Gas entnehmen kann. Anders als beim Punkt-zu-Punkt-Modell, das zunächst im Gesetz vorgesehen war, wird dabei kein spezifischer Transportpfad zugrunde gelegt. Der konkrete Transportweg des Gases durch die Leitungen ist für die Berechnung der Zugangspreise zum Gasnetz irrelevant. Das Gesetz sieht jetzt in § 20 Abs. 1b EnWG nur noch einen Einspeisevertrag und einen Ausspeisevertrag vor. Führt der Weg des Gases über mehrere Eigentümerstrukturen hinweg, existieren also verschienende Leitungswege, erhält ebenfalls nur der erste und der letzte Netzbetreiber (also wahrscheinlich der Verteilnetzbetreiber) eine Vergütung für die Netznutzung. Insofern muss zeitnah ein Vergütungsmodell entwickelt werden, das einen Ausgleich für diesen Transport schafft, den der „Zwischennetzbetreiber" zulässt. Denn mit dem einmaligen Ein- und Ausspeiseentgelt ist die Nutzung des Netzes abgegolten. Diese Entgelte decken auch die Systemdienstleistungen ab. Die Entgelte beziehen sich im Grundsatz auf ein Gaswirtschaftsjahr. Die Ermittlung der Netzzugangsentgelte erfolgt nach § 15 GasNEV. Dazu sind die Netzkosten verursachungsgerecht aufzuteilen in die Beiträge, die durch Einspeiseentgelte einerseits und durch Ausspeiseentgelte andererseits zu decken sind. Bei der Bildung der Ausspeise- und Einspeiseentgelte ist in § 15 Abs. 2 und 3 GasNEV noch einmal deutlich gemacht, dass diese diskriminierungsfrei und unter Setzung von Anreizen für eine effiziente Nutzung der vorhandenen Kapazitäten im Leitungsnetz zu geschehen hat. Gem. § 16 GasNEV haben die Netzbetreiber sicherzustellen, dass ein zur Veröffentlichung stehendes Entgeltsystem geeignet ist, die Netzkosten zu decken. Eine spätere Erhöhung der Netzzugangsentgelte aufgrund nicht deckender Erlöse wird somit zumindest erschwert. Änderungen vereinbarter Netzzugangsentgelte sind nur unter der Maßgabe des § 17 GasNEV möglich. Für örtliche Verteilnetze ist abweichend gem. § 18 GasNEV ein transaktionsunabhängiges Punktmodell analog zur Strombranche zur Berechnung der Netzzugangsentgelte heranzuziehen. Es ist demnach ein Ausspeiseentgelt (Briefmarke) zu entrichten, für die Einspeisung hingegen in das örtliche Verteilnetz sind keine Entgelte zu entrichten. Diese Regelung ist im Zusammenhang mit § 20 Abs. 1b Nr. 4 EnWG zu sehen.

Eine Ausnahme besteht gem. § 3 Abs. 2 GasNEV für Betreiber von Fernleitungsnetzen, aus denen zumindest überwiegend in Gasverteilnetze eingespeist wird.[233] Für jene Netze sind die Entgelte gem. § 19 GasNEV hauptsächlich im

[233] Dies setzt jedoch voraus, dass es sich bei dem Netzbetreiber um den Betreiber eines überregionalen Gasfernleitungsnetzes i.S.v. § 2 S. 1 Nr. 3 GasNEV handelt. Dies ergibt sich daraus, dass § 3 Abs. 3 S. 1 GasNEV auf § 3 Abs. 2 GasNEV verweist. Das Vorliegen dieses Merkmals wurde von der BNetzA bereits im Rahmen eines Missbrauchsverfahrens (Az. BK 9-06/002) ausführlich geprüft und abgelehnt. Zum Leitungswettbewerb in der Gaswirtschaft und dem Regelungsgehalt des § 3 Abs. 2 GasNEV vgl. den gleichnamigen Aufsatz von *Däuper/Scharrer*, ZNER 2007, S. 18 ff.

Vergleichsverfahren[234] zu ermitteln. § 3 Abs. 2 GasNEV macht deutlich, dass der Verordnungsgeber in diesem Bereich von zumindest teilweise bestehendem Leitungswettbewerb ausgeht, so dass eine Kontrolle über das Vergleichsverfahren als ausreichend erachtet wird.[235]

bb. Ermittlung eines „gesonderten" Entgelts nach § 20 Abs. 2 GasNEV

Gem. § 20 Abs. 2 S. 1 GasNEV kann der Betreiber eines Verteilnetzes in Einzelfällen zur Vermeidung eines Direktleitungsbaus ein „gesondertes" Entgelt berechnen. Diese von § 18 GasNEV abweichenden Berechnung der Entgelte darf nur unter den in § 20 Abs. 2 S. 1 GasNEV aufgezeigten Bedingungen in Anspruch genommen werden, also nur „in Einzelfällen" und auch nur dann, wenn ein Direktleitungsbau auf diese Weise vermieden werden kann. Dieses Netzentgelt muss auf der Grundlage der konkret erbrachten gaswirtschaftlichen Leistung berechnet werden, also kostenbasiert auf der Grundlage der tatsächlich angefallenen Kosten, nicht auf der Grundlage der Kosten eines effizienten und strukturell vergleichbaren Netzbetreibers („Effizienzkostenorientierung"). Dieser Maßstab bleibt damit hinter dem ansonsten festgelegten Maßstab der Kosten einer effizienten Betriebsführung zurück. Damit die Parameter gewahrt bleiben und eine „Hemmschwelle" besteht, von dieser Möglichkeit Gebrauch zu machen, müssen diese „gesonderten" Entgelte bei der Regulierungsbehörde nach § 20 Abs. 2 S. 2 GasNEV angezeigt werden. Anders als in § 19 Abs. 2 S. 5 StromNEV, wo eine Genehmigung der Regulierungsbehörde für das individuelle Entgelt vorgesehen und erforderlich ist, muss der Netzbetreiber das „gesonderte" Entgelt also lediglich mitteilen. Abgeschwächt gegenüber der StromNEV ist hier also keine vorab eingreifende Intervenierungsmöglichkeit der Regulierungsbehörde vorgesehen. Sie kann lediglich im Nachhinein im Rahmen der Missbrauchsaufsicht gegen das „gesonderte" Entgelt vorgehen. Die Vorgehensweise nach § 20 Abs. 2 GasNEV ist gem. § 20 Abs. 3 GasNEV durch den Ver-

---

[234] Zum Vergleichsverfahren in der StromNEV vgl. *Koenig/Schellberg*, RdE 2005, 1 (5).

[235] Diese Ausnahme ändert aber nichts daran, dass die Gasfernleitungsnetzbetreiber nicht auch Auskünfte im Hinblick auf die Entwicklung der Anreizregulierung geben müssen. Vgl. dazu OLG Düsseldorf, Beschluss v. 20.3.2006, VI-3 Kart 150/06 „die Einbeziehung der überregionalen Gasfernleitungsnetzbetreiber ist angesichts der komplexen Aufgabenstellung unabhängig davon notwendig, ob diese derzeit für sich die Überprüfung ihrer Netznutzungsentgelte nach dem Vergleichsmarktmodell gem. § 24 S. 2 Nr. 5 EnWG i.V.m. §§ 3 Abs. 2, 3 und 19 ff. GasNEV in Anspruch nehmen. Im übrigen lässt die Beschwerdeführerin insoweit aber auch völlig außer Acht, dass sich der von der Beschwerdegegnerin zu erstellende Bericht nach dem gesetzlichen Auftrag ganz grundsätzlich auch auf die Frage zu erstrecken hat, ob – und mit welchen Vorgaben – die Anreizregulierung für Gasfernleitungsnetzbetreiber eingeführt werden soll. Diese sind nach dem gesetzgeberischen Willen grundsätzlich in das System der Anreizregulierung einbezogen worden, so dass das alternative Vergleichsmarktmodell nur eine Ausnahme hierzu darstellt."

teilnetzbetreiber nachvollziehbar zu dokumentieren. Diese Dokumentation ist bei Bedarf der Regulierungsbehörde auszuhändigen, damit diese die Vorgehensweise der Netzbetreiber nachvollziehen kann.

IV. Instrumente der Regulierungsbehörde zur Ermittlung angemessener Entgelte

Um angemessene Entgelte i.S.d. § 21 Abs. 1, 2 EnWG zu bilden und zu überprüfen, ob die Entgelte tatsächlich den Maßstäben gerecht werden, muss der Regulierungsbehörde auch innerhalb der Methodenregulierung ein Instrumentarium zur Verfügung stehen. Das EnWG sieht ein Vergleichsverfahren (1.) vor, das in der StromNEV und der GasNEV spezifiziert wird. Darüber hinaus sind auch andere Methoden, beispielsweise die Erstellung von Modellnetzen (2.), denkbar. Bedeutend für die Überprüfung der Entgelte sind jedoch die Veröffentlichungs- und Mitteilungspflichten (3.).

1. Vergleichsverfahren

Der dargestellte Kostenmaßstab soll an Gestalt gewinnen durch das Vergleichsverfahren: Um zu gewährleisten, dass sich die Netzzugangsentgelte an den Effizienzkosten gem. § 21 Abs. 2 EnWG orientieren, um den Maßstab zu konkretisieren und auch zur weiteren Informationsgewinnung (beispielsweise für die Einführung der Anreizregulierung gem. § 21a EnWG), kann die Regulierungsbehörde gem. § 21 Abs. 3, 4 EnWG i.V.m. §§ 22 ff. StromNEV und §§ 21 ff. GasNEV in regelmäßigen zeitlichen Abständen für jede Netz- und Umspannungsebene Vergleichsverfahren durchführen. Diese „fakultative" Ausgestaltung des Vergleichsverfahrens ist darauf zurückzuführen, dass vor der Einführung der Anreizregulierung noch nicht klar ist, auf welche Parameter sie sich stützt. Deshalb sollte die Regulierungsbehörde nicht dauerhaft zur Durchführung eines Vergleichsverfahrens verpflichtet werden. Das Vergleichsverfahren dient maßgeblich der Aufdeckung von Effizienzdefiziten. Mithilfe dieses Verfahrens können also zunächst „schwarze Schafe" herausgefiltert werden, deren Abschneiden auf eine nicht gas- bzw. elektrizitätswirtschaftlich effizienzkostenorientierte Betriebsführung schließen lässt. Bereits in der VV Strom II plus war das Vergleichsverfahren verankert, um die Angemessenheit der Entgelte beurteilen zu können. Es stammt ursprünglich aus der kartellrechtlichen Regulierungspraxis.[236] § 22 ff. StromNEV und § 21 ff. GasNEV beschreiben den Kern des für die Entgeltregulierung überaus bedeutenden Mechanismus des Vergleichsverfahrens.

---

[236] *Engelsing*, ZNER 2003, 111 (112); *Baur/Henk-Merten*, Kartellbehördliche Preisaufsicht über den Netzzugang, S. 58.

a. Ablauf des Vergleichsverfahrens

Die Regulierungsbehörde soll im Energiesektor in regelmäßigen zeitlichen Abständen für jede Netz- und Umspannungsebene ab der Hochspannung abwärts ein solches Vergleichsverfahren gem. § 21 GasNEV bzw. § 22 StromNEV durchführen. Dabei kann die Regulierungsbehörde die Entgelte, die Erlöse oder die Kosten der Energieversorgungsnetzbetreiber vergleichen, wobei für das jeweilige Vergleichsobjekt unterschiedliche Grundsätze einzuhalten sind, die in § 23 Abs. 1 StromNEV und § 22 Abs. 1 GasNEV festgelegt sind. Kosten und Erlöse ausländischer Betreiber von Energieversorgungsnetzen können durch die Regulierungsbehörde bei dem Vergleich der Kosten, Erlöse und (teilweise auch) der Entgelte auch berücksichtigt werden, denn § 22 Abs. 3 StromNEV und § 21 Abs. 3 GasNEV sehen die Feststellung von Erlösen und Kosten ausländischer Netzbetreiber für die Vorbereitung einer Entscheidung nach § 30 Abs. 3 StromNEV und GasNEV vor. Vor dem Hintergrund der Vorabgenehmigung der Netzzugangsentgelte nach § 23a EnWG ergibt sich jedoch eine Einschränkung für das Vergleichsverfahren: Der Gesetzgeber hat in das EnWG die Regelung eingefügt, dass das Vergleichsverfahren sich bei einer Vorabregulierung der Entgelthöhen nicht auf die Netzzugangsentgelte selbst beziehen kann, sondern auf einen Vergleich der Kosten zu beschränken ist. Bei einer Genehmigung durch die Regulierungsbehörde würde die Durchführung eines Vergleichsverfahrens der Entgelthöhen sinnlos sein. Der Vergleich der Entgelte selbst ist also nur noch in den Fällen möglich, wo das Entgelt vorher nicht kontrolliert wurde. Ob darunter auch die Entgelte zu fassen sind, die aufgrund der Fiktion des § 23a Abs. 4 S. 2 EnWG als genehmigt gelten, ist fraglich. Dem Sinn und Zweck der Regelung des § 21 Abs. 3 EnWG gemäß muss davon ausgegangen werden, dass nur solche Entgelte keinem Preisvergleich mehr unterliegen sollen, die tatsächlich geprüft und genehmigt wurden. Entgelte, die tatsächlich nicht geprüft wurden und wo die Fiktion des § 23a EnWG gegriffen hat – sei es aus Gründen der Überlastung oder weil man es zu diesem Zeitpunkt nicht für nötig hielt – unterliegen damit dieser Regelung nicht. Sie sind weiterhin auch in den eventuell durchgeführten Entgeltvergleich einzubeziehen. Die Ergebnisse dieses Vergleichsverfahrens werden im Amtsblatt der Regulierungsbehörde bekannt gegeben.

Einzubeziehen sind in das Vergleichsverfahren gem. § 21 Abs. 2 S. 2 GasNEV und § 22 Abs. 2 S. 1 StromNEV alle Netzbetreiber, „sofern deren Daten der Regulierungsbehörde vorliegen“. Diese Formulierung des Gesetzes ist unglücklich gewählt. Denn die Einbeziehung eines Netzbetreibers in den Vergleich kann nicht davon abhängen, ob er seine Daten bereits zur Verfügung gestellt hat oder nicht. Vielmehr muss das dem Ermessen der Behörde unterliegen, wann sie einen Netzbetreiber einem Vergleich unterzieht. Regelmäßig werden die Daten des Netzbetreibers der Regulierungsbehörde aber vorliegen, weil sie im Rahmen der Vorabgenehmigung eingereicht werden müssen.

Grundlage für die Vergleichsverfahren sind auch die in den §§ 24 Abs. 4 StromNEV, 23 Abs. 4 GasNEV aufgeführten Daten. Zu deren Übermittlung sind die Betreiber von Energieversorgungsnetzen gem. §§ 24 Abs. 4 StromNEV, 23 Abs. 4 GasNEV grundsätzlich verpflichtet. Die §§ 24 Abs. 4 StromNEV, 23 Abs. 4 GasNEV normieren als Frist für die Übermittlung der Daten den 1.4. eines jeden Jahres.[237]

Entscheidende Bedeutung für die Durchführung des Vergleichsverfahrens haben die Möglichkeiten zur Beschaffung notwendiger Daten. § 26 Abs. 1 und 2 StromNEV und GasNEV bieten insoweit die Grundlage für die Datenbeschaffung hinsichtlich der wirtschaftlichen Verhältnisse der Unternehmen. Da der Umfang der für die Durchführung des Vergleichsverfahrens benötigten Unterlagen noch nicht endgültig festgelegt werden kann, muss der Regulierungsbehörde auch die Einholung weiterer Auskünfte möglich sein. Diese Option ist in § 26 Abs. 1 S. 2 StromNEV und GasNEV gleichermaßen vorgesehen.

b. Vermutungswirkung des Vergleichsverfahrens und Beweislastumkehr

Aus § 21 Abs. 4 EnWG ergibt sich, dass die Vermutung, dass die Kosten eines Netzbetreibers denen einer effizienten Betriebsführung nicht entsprechen, eingreift, wenn die durchschnittlichen Entgelte, Kosten oder Erlöse vergleichbarer Betreiber überschreitet. Dabei bleibt aber offen, ob jede geringe Abweichung von dem Durchschnittspreis nach oben eine Rechtfertigungspflicht des betroffenen Netzbetreibers auslöst, oder ob der Maßstab durch die Entscheidung des BGH in der Rechtssache Stadtwerke Mainz verschoben wurde. Für § 19 Abs. 4 Nr. 2 GWB hat der BGH entschieden, dass hier eine – im Wortlaut nicht angelegte – Erheblichkeitsschwelle zu beachten sei.[238] Alleine der Unterschied in der Preisgestaltung zweier als vergleichbar eingestuften Unternehmen stellte demnach noch keinen Missbrauch dar. Allerdings wird die dann notwendige Ermittlung des bei der Beurteilung zu berücksichtigenden Erheblichkeitszuschlags

[237] Da die BNetzA ihr Ermessen im Hinblick auf die Durchführung von Vergleichsverfahren dahingehend ausübt, diese zumindest nicht in der ersten Jahreshälfte 2006 durchzuführen, war eine Übermittlung der Daten zum 1.4.2006 noch nicht erforderlich. Die Netzbetreiber erhielten stattdessen die Möglichkeit, die aufgeführten Daten zu einem späteren Zeitpunkt im Rahmen der Durchführung der Vergleichsverfahren zu übermitteln und so ihrer Verpflichtung aus den §§ 24 Abs. 4 StromNEV und 23 Abs. 4 GasNEV nachzukommen. Siehe die Mitteilung dazu im WWW unter http://www.bundesnetzagentur.de/enid/28b4fc3f2ba204254988ef47b0d45742,0/Anzeigen_/_Mitteilungen/Mitteilung_-_Vergleichsverfahren_Strom_und_Gas__Datenerhebung_2ku.html.

[238] Vgl. dazu *Stumpf/Gabler*, NJW 2005, 3174 (3178), die den Durchschnittspreis danach als Preiskorridor verstehen, in dem sich das Unternehmen bewegen muss. S. dazu auch *Braun*, N&R 2005, 160 (162).

wieder neue rechtliche und tatsächliche Probleme aufweisen.[239] Der dezente Hinweis des BGH, wonach „[...] bei der Bemessung unter Umständen in Betracht kommt, den Umstand, dass der sachliche Markt von einer natürlichen Monopolsituation geprägt ist, in der Weise zu berücksichtigen, dass ein Missbrauch bereits bei einem geringeren Zuschlag bejaht werden kann, als er unter normalen Marktgegebenheiten erforderlich ist [...]", deutet jedoch darauf hin, dass auf dem Energienetzmarkt ein Missbrauch auch schon bei geringen Abweichungen ohne Erreichen einer „Erheblichkeitsschwelle" anzunehmen sein wird.

Mit dieser Missbrauchsvermutung, die die Unternehmen betrifft, deren Kosten oberhalb des Durchschnitts liegen, ist eine Beweislastumkehr verbunden. Zwar ist diese anders als z.B. in dem damit vergleichbaren § 103 Abs. 5 GWB a.F. nicht ausdrücklich geregelt. Danach lag ein Missbrauch i.S.d. S. 1 Nr. 1 der Norm dann vor, wenn ein Versorgungsunternehmen ungünstigere Preise forderte als gleichartige Versorgungsunternehmen, es sei denn das Versorgungsunternehmen wies nach, dass der Unterschied auf abweichenden Umständen beruhte, die ihm nicht zurechenbar waren. Im EnWG ist die Darlegungs- und Beweislastumkehr nicht ausdrücklich vorgesehen, jedoch ist dem Begriff der Vermutung bereits immanent, dass sie durch die Unternehmen widerlegbar ist.

Darüber hinaus ist dem gesetzgeberischen Willen zu entnehmen, dass diese Vermutung durch die Netzbetreiber zu widerlegen ist.[240] Der Netzbetreiber selbst muss beweisen, inwiefern er im Vergleich mit anderen Netzbetreibern nicht unwirtschaftlich handelt. Der Netzbetreiber muss seine hohen Kostenansätze also rechtfertigen. Praktisch ist ein solcher Nachweis natürlich schwer zu führen, da vorher die Daten der Vergleichsunternehmen vorliegen müssen. Der Netzbetreiber kennt aber üblicherweise nur seine eigenen Entgelterlöse und Kosten. Andere unternehmensfremden Vergleichsdaten sind ihm dagegen nicht zugänglich, da er – anders als die Regulierungsbehörde – nicht über Auskunftsrechte verfügt. Die mit dem Vergleichsverfahren verbundene Beweislastumkehr zulasten des Netzbetreibers verschärft das bisherige Vergleichsmarktkonzept und das Prüfverfahren nach der Anlage 3 der VV II Strom plus erheblich. Sollte es dem Netzbetreiber nicht gelingen, seine im Vergleich höheren Kostenansätze zu rechtfertigen, bleibt er beweisfällig und seine Ansätze werden durch die Regulierungsbehörde gekürzt werden.

---

[239] Darauf weist zurecht *Ehrike*, N&R 2005, 11 (13) hin. Gegen einen Erheblichkeitszuschlag spricht sich auch Weyer, N&R 2007, 14 (20) aus.

[240] Vgl. dazu die Begründung des Gesetzentwurfs, BR-Dok. 613/04, zu § 21 Abs. 4 („Abs. 4 S. 2 enthält eine widerlegbare Vermutung"). Darauf weist auch die BNetzA hin. Siehe dazu *Müller-Kirchenbauer*, Gesamtkonzept Anreizregulierung im Entwurf der Bundesnetzagentur, Vortrag v. 25.4.2006, Folie 20.

c. Strukturklassenbildung im Vergleichsverfahren

Die NEV sehen vor, dass zunächst eine Strukturklasseneinteilung zur Sicherstellung eines sachgerechten Vergleichs eingeführt werden soll. Die Vorsortierung von Unternehmen ist im Vergleichsverfahren vorgesehen, um einerseits die Auswirkungen äußerer Einflussfaktoren auf die Kosten, Erlöse und Entgelte von Netzbetreibern zu berücksichtigen und andererseits auch eine wirkliche Vergleichbarkeit herzustellen. Die Bildung von jeweils sechs Strukturklassen pro Spannungsebene ist vorgesehen, die sich an der Absatzdichte einer Netz- oder Spannungsebene und der Gelegenheit des Netzes in den alten oder neuen Bundesländern orientiert. Die Strukturklassen sind gegenüber der VV II plus reduziert.[241] Damit gilt das Vergleichsverfahren für die Hoch-, Mittel- und Niederspannung. Das Vergleichsverfahren beginnt erst ab der Hochspannungsebene abwärts, da laut der Begründung des Entwurfs ein Vergleich der Kosten oder der Erlöse pro Kilometer Leitung in der Höchstspannung nicht sachgerecht sei. Eine nähere Begründung dafür ist nicht ersichtlich. Sofern jedoch die Höchstspannungsebene und damit die Übertragungsnetzbetreiber dem Vergleichsverfahren nicht unterworfen bleiben, birgt diese Situation die Gefahr von möglichen vertikalen Quersubventionierungen zugunsten der unternehmerisch verbundenen Verteilnetze in sich.[242] Auch die Höchstspannungsebenen müssen in einen Vergleich aufgenommen werden.

Als maßgeblicher Kostentreiber und somit als zentrales strukturelles Merkmal bei Netzebenen und auch bei Umspannebenen wurde die Absatzdichte identifiziert. Die Absatzdichte einer Netz- oder Umspannebene ist der Quotient aus der jährlich aus dieser Ebene an Abnehmer und unterlagerte Ebenen abgegebenen elektrischen Energie und der von der Netz- bzw. Umspannebene abgedeckten Gebietsfläche. Diese Einordnung als maßgeblicher Kostentreiber ist bedeutend. Das setzt nämlich voraus, dass die Absatzdichte in allen Spannungsebenen die Kosten maßgeblich beeinflusst. Denn entscheidend für den Erfolg eines Vergleichsverfahrens ist, dass Strukturmerkmale gewählt werden, die tatsächlich einen signifikanten Einfluss auf die Höhe der Netzzugangskosten haben. Im Sinne des § 21 Abs. 3 und Abs. 4 EnWG sollen nach den GasNEV und StromNEV nur die Kosten solcher Netz- oder Umspannebenen miteinander verglichen werden, die auf diese Bebauungsdichte der Oberfläche hin strukturell vergleichbar sind. Die Ermittlung der Absatzdichte (hoch, mittel oder niedrig) richtet sich nach § 24 StromNEV und § 23 GasNEV. Denkbar ist, dass bei einer Sortierung nach der Absatzdichte Unternehmen mit stark unterschiedlichem Anlagenbedarf und dadurch begründet erheblichen Kostenunterschieden der gleichen Klasse zugeordnet werden, was zu einer nicht sachgerechten Klassifizierung führt. Mit

---

[241] Siehe zum Vergleichsverfahren im neuen Energierecht auch *Franz/Schäffner*, e/m/w 2005, 20 (23).

[242] *Theobald*, IR 2004, 125; *Müller-Kirchenbauer/Thomale*, IR 2004, 148 (150).

der durchschnittlichen Absatzdichte eines Versorgungsgebiets kann auch eine heterogene Struktur nicht erfasst werden.[243] Die in den NEV enthaltende Unterscheidung der Netze „Ost“ und „West“ ist vor dem Hintergrund zu rechtfertigen, dass die Stromversorgungsnetze im Osten Deutschlands weit weniger ausgelastet sind. Im Verhältnis zum Westen Deutschlands stehen viele Wohnungen leer und gewerbliche Verbraucher sind auch weniger vertreten. Nicht nur die derzeitige Auslastung wirkt sich negativ aus. Auch die erheblichen Investitionen der vergangenen Jahre zur Erschließung neuer Gebiete haben sich kostenbelastend niedergeschlagen. Insofern ist eine derartige Betrachtung sachgerecht. Dieser durchaus hehren Absicht der Einführung einer solchen Unterscheidung kann aber nicht uneingeschränkt zugestimmt werden. Diese Regelung führt dazu, dass hohe Netzzugangsentgelte in den im Osten Deutschlands gelegenen Gebieten festgeschrieben werden. Denn indem die Preise dort nicht in Konkurrenz zu den „Westpreisen“ treten, belassen die StromNEV und GasNEV das hohe Preisniveau dort. Dieses Niveau führt zu Problemen in der Standortpolitik und in Ansiedlungsfragen. § 24 Abs. 1 S. 4 StromNEV und § 23 Abs. 1 S. 4 GasNEV ermächtigt die Regulierungsbehörde, über die zeitliche Befristung dieser Strukturklassen Ost und West zu entscheiden, allerdings erst nach 3 Regulierungsperioden. Dieser Zeitraum berücksichtigt das Erfordernis, die Netze an die veränderten wirtschaftlichen Verhältnisse anzupassen. Angesichts der nachweisbar stärkeren Kostenbelastung in der Strukturklasse Ost ist die gefundene Regelung ein Kompromiss, der beide Interessen angemessen berücksichtigt. Die Strukturklasse Ost besteht aus Berlin, Brandenburg, Mecklenburg Vorpommern, Sachsen, Sachsen-Anhalt oder Thüringen. Das Netz ist der Strukturklasse Ost zuzuordnen, wenn mehr als 50 % der Stromkreislänge geographisch auf diesem Gebiet liegen. Andernfalls ist das Netz der Strukturklasse West zuzuordnen. Die Absatzdichte ist ein Kriterium, das tatsächlich die Versorgungsaufgabe des Netzbetreibers wesentlich bestimmt. Die Absatzdichte beeinflusst die Kosten maßgeblich. Abweichend vom Strukturklassenmodell sind keine anderen Vorsortierungsverfahren vorgesehen. Dabei ist denkbar, dass Gruppen sich auch nach anderen Parametern bilden lassen. Zumindest sollte der Regulierungsbehörde die Freiheit eingeräumt werden, auch nach einem anderen Verfahren Vergleiche durchzuführen. Denn neben der Absatzdichte bestimmen auch Topologie, Klima, politische und umweltbedingte Einflüsse die Kosten für die Versorgungsaufgabe des Netzbetreibers.

---

[243] *Consentic*, Berücksichtigung struktureller Unterschiede beim Vergleich von Stromnetzbetreibern, 2004, S. II.

Insbesondere sollten weitere strukturelle Unterschiede in den Vergleich einbezogen werden, auf die der Netzbetreiber selbst keinen Einfluss hat. Im Gassektor könnten das die Boden- Oberflächenverhältnisse sein, Auflagen für Ausgleichsmaßnahmen und Sonderbauwerke für Querungen von Flüssen und Straßen.

d. Berücksichtigung von „stranded costs"

Fraglich ist, welche Berücksichtigung dabei „stranded costs" in diesem Vergleichsverfahren finden. „Stranded costs" entstehen dadurch, dass es Netze gibt, die aufgrund von Fehleinschätzungen in der Vergangenheit (z.B. Energiebedarf in Ostdeutschland, der aufgrund der erwarteten Entwicklung der Industrie eingeschätzt wurde) erheblich größer dimensioniert wurden als der tatsächliche und künftige Bedarf sich darstellt.[244] Von den Kartellbehörden wurden diese „stranded costs" im Rahmen der Missbrauchskontrolle bisher hingenommen. Das in den StromNEV und GasNEV vorgesehene Vergleichsverfahren sieht jedoch Vergleichspunkte vor, in denen die Frage von „stranded costs" ausgeklammert ist. Denn bei einem Vergleich von Kosten oder Erlösen pro Kilometer Leitung oder pro Kilowatt wird die Dimensionierung der Netzanlagen als gegeben erachtet. Derartige „stranded costs" können allenfalls über die Strukturklassenbildung Ost/West aufgefangen werden. Allerdings können sich aufgrund dieser Nichtberücksichtigung auch Verzerrungen derart ergeben, dass Unternehmen, die derartige Investitionen getätigt haben, im Vergleich der Kosten „nach oben hin" abweichen. Bei der Betrachtung dieser Abweichung und der daraus möglicherweise folgenden Überprüfung der Kosten ist aber zu berücksichtigen, dass nicht die heutige ex-post Einschätzung an die Stelle der vergangenen Prognoseentscheidung zu setzen ist.[245] Für eine Berücksichtigung von „stranded costs" in der Vergangenheit streitet nach einzelnen Meinungen auch Art. 14 GG.[246] Berücksichtigungsfähig wären sie im Rahmen einer widerlegbaren Vermutung, wenn der Netzbetreiber glaubhaft darlegt, dass die Investition unter damaligen Gesichtspunkten im Rahmen einer effizienten Betriebsführung vorgenommen werden konnte.

e. Ergebnisse des Vergleichsverfahrens

Die Ergebnisse dieses Vergleichsverfahrens müssen in die Festlegung der Basiswerte einfließen, die sich von dem rein kostenorientierten Wert lösen und den Maßstab für eine „effiziente und strukturell vergleichbare Betriebsführung" bilden. So hat es jedenfalls der Gesetzgeber vorgesehen, wenn in § 21 Abs. 4 S. 1

---

[244] *Engelsing*, in Säcker (Hrsg.), Berliner Kommentar zum Energierecht, § 19 GWB, Rn. 358; *Baur/Priztsche/Gablers*, Anreizregulierung nach dem Energiewirtschaftsgesetz 2005, S. 101.
[245] *Engelsing*, in Säcker (Hrsg.), Berliner Kommentar zum Energierecht, § 19 GWB, Rn. 358.
[246] *Engelsing*, in Säcker (Hrsg.), Berliner Kommentar zum Energierecht, § 19 GWB, Rn. 358.

EnWG gefordert wird, dass die Ergebnisse des Vergleichsverfahrens bei der kostenorientierten Entgeltbildung zu berücksichtigen seien. Aus dem Vergleichsverfahren ergibt sich demnach ein Maßstab zur Beurteilung der Kosten, die denen eines effizienten und strukturell vergleichbaren Netzbetreibers entsprechen. In erster Linie adressieren die Ergebnisse des Vergleichsverfahrens die Netzbetreiber selbst. Diese müssen die Ergebnisse des Vergleichsverfahrens – falls zeitlich möglich – in ihren eigenen Kalkulationen und Entgeltberechnungen berücksichtigen. Dieser Maßstab ist hilfreich für die Beurteilungen durch die Regulierungsbehörde und liefert dieser einen Maßstab für die Vorabgenehmigungen der Entgelte nach § 23a EnWG[247], die Einführung der Anreizregulierung und die nachträgliche Missbrauchsaufsicht. Auch für einzelne Parameter in der Methodenregulierung kann das Vergleichsverfahren Ergebnisse zu Tage bringen: Der Gemeinkostenanteil beispielsweise ist nach der Verordnung verursachungsgerecht und angemessen anzusetzen. Was das konkret bedeutet, muss jedes Unternehmen zunächst für sich selbst festlegen. Hier kann die Regulierungsbehörde aber einen Vergleich durchführen. Ein Ergebnis dieses Vergleichs könnte aber zumindest zu einer einheitlicheren Festsetzung der Gemeinkosten führen.

Die Ergebnisse des Vergleichsverfahrens sind nach § 22 Abs. 1 S. 3 StromNEV und § 21 Abs. 1 S. 2 GasNEV im Amtsblatt bekannt zu machen. Für den Gassektor ist sogar eine Veröffentlichung im Internet vorgesehen. Die Bundesnetzagentur wird die Ergebnisse des von ihr durchgeführten Vergleichsverfahrens am 26. April 2006 erstmals in ihrem Amtsblatt veröffentlichen. Die Bundesnetzagentur versteht den Begriff „Ergebnis des Vergleichsverfahrens" weit und beabsichtigt, nicht nur das Ranking der Netzbetreiber, sondern auch einzelne Angaben (Kosten pro km Leitungslänge, je entnommener Arbeit, sowie zeitgleicher Jahreshöchstlast) zu veröffentlichen. Fraglich ist bereits, ob ein derart weites Verständnis von dem Begriff „Ergebnis" von der Ermächtigung des § 22 Abs. 1 S. 3 StromNEV und § 21 Abs. 1 S. 2 GasNEV gedeckt ist. Jedenfalls dürfen keine Unternehmensdaten veröffentlicht werden, die Geschäftsgeheimnisse oder interne Daten der Netzbetreiber betreffen. Dies ergibt sich bereits aus § 71 EnWG bzw. aus § 30 VwVfG. Allerdings können die Unternehmen die Veröffentlichung dadurch verhindern, dass sie Geschäftsgeheimnisse als solche kennzeichnen und eine geschwärzte Version mit abgeben.

---

[247] Die Bundesnetzagentur hat in einer Konsultation der gas- und stromwirtschaftlichen Verbände am 30. März 2006 angekündigt, dass sie die Ergebnisse des von ihr durchgeführten Vergleichsverfahrens am 26. April in ihrem Amtsblatt veröffentlichen will. Diese Ergebnisse sollen dann bei der Netzentgeltgenehmigung als Vergleichswerte hinzugezogen werden. Die hessische Landesregierung hat nunmehr zum Ende des Jahres 2006 angekündigt, eine weitere Absenkung der Netzentgelte auf einen Vergleichsmaßstab zu verlangen.

Sollte die Regulierungsbehörde die Kennzeichnung als Geschäftsgeheimnis für unrichtig halten, kann sie die Unterlagen Dritten zur Verfügung stellen, muss allerdings vorher eine Anhörung durchgeführt haben (vgl. § 71 EnWG a.E.).

f. Vergleichsverfahren als Anreizsystem

Das Vergleichsverfahren ist grundlegend von einem Anreizsystem zu unterscheiden. Das Wesen der Anreizregulierung ist es, dem Preisführer einen Anlass zu geben, sein Verhalten effizienter zu gestalten. Die wirtschaftlichen Vorteile, die das regulierte Unternehmen für sich veranschlagen kann, stellen insofern den Anlass und gleichzeitig den Anreiz dar. Dagegen werden die Preisführer beim Vergleichsverfahren nicht unbedingt zu effizienterem Handeln angehalten. Sie können sich auf dem bisherigen Effizienzstand ausruhen. Und das Vergleichsverfahren kann auch dann nicht greifen, wenn das Niveau der Netzzugangsentgelte insgesamt oder die einzelnen Kostenpositionen generell überhöht sind. Lediglich aus dem Niveau herausragende Netzbetreiber lassen sich mit Hilfe eines solchen Vergleichs regulieren. Diese Methoden kann jedoch nur ein Ausfindigmachen der „Schwarzen Schafe“ auf der ersten Stufe bedeuten. Es ist damit höchstens als Einstieg in die Anreizregulierung zu kategorisieren.[248]

Allerdings lässt sich das Vergleichsverfahren dazu nutzen, Informationen für ein Anreizsystem zusammenzutragen. Um z.B. die Preisobergrenze für eine Price-Cap-Regulierung festzusetzen, können im Rahmen eines Vergleichsverfahrens Kosteninformationen von vergleichbaren Netzbetreibern herangezogen werden, die in anderen nationalen oder auch internationalen Regionen tätig sind. Die Regulierungsbehörde könnte Durchschnittskosten des Netzbetreibers vergleichen mit denen ähnlich strukturierter Netzbetreiber, wie es im Vergleichsverfahren geschieht. Aus den Ergebnissen des Vergleichs kann die Behörde wichtige Informationen über die Effizienz der einzelnen Netzbetreiber gewinnen, die sie bei ihren Entscheidungen berücksichtigen werden. Im Rahmen einer Price-Cap-Regulierung z.B. lässt sich auf diese Weise die individuelle Effizienzvorgabe ableiten. In § 21a Abs. 5 EnWG kann ein weiterer Verwendungszweck des Vergleichsverfahrens bei der Ermittlung individueller Effizienzwerte gesehen werden.

Im Rahmen eines Strukturklassenvergleichs wird die Regulierungsbehörde für jede Strukturklasse einen Wert festlegen, der für einige Jahre den Referenzwert für Netzzugangsentgelte darstellt. Denkbar wäre es, von diesem Referenzwert ausgehend eine Anreizregulierung dergestalt zu entwickeln, wie sie von der EnBW vorgeschlagen wurde.[249] Wenn ein Unternehmen im Vergleich schlechter als der Referenzwert liegt und insofern also der Preis des Unternehmens höher

---

[248] Vgl. auch die Begründung zur StromNEV.
[249] *Holzherr/Kofluk*, ET 2004, 718 (732).

liegt, wird das Preisniveau durch den Umwälzungsfaktor gedämpft. Andererseits kann, sofern das Netzunternehmen im Entgeltvergleich besser liegt als der Referenzwert, höhere Preise ansetzen und wird damit für seine Effizienz positiv belohnt. Allerdings muss der Referenzwert das Höchstniveau darstellen, das auch der effiziente Netzbetreiber nicht übertreffen darf.

g. Ausweitung des Vergleichs auf Gemeinkosten

Nach § 25 StromNEV und § 24 GasNEV ist die Regulierungsbehörde befugt, im Rahmen von Vergleichen zu ermitteln, ob das Verhältnis zwischen dem auf die Tätigkeiten Übertragung und Verteilung entfallenden Anteil an Gemeinkosten des Gesamtunternehmens und dem Anteil an netzspezifischen Kosten eines Betreibers eines Elektrizitätsversorgungsnetzes nach § 4 Abs. 1 StromNEV und § 4 Abs. 1 GasNEV angemessen ist. Dabei kann die Regulierungsbehörde insbesondere die Angemessenheit der in Anwendung gebrachten Schlüssel überprüfen.[250] Diese Regelung ist insofern sinnvoll, als die optimale Methode für eine Zuschlüsselung von Gemeinkosten nach bisherigen betriebswissenschaftlichen Erkenntnissen nicht herausgestellt werden konnte und auf diesem Weg möglicherweise Anhaltspunkte für eine geeignete Gemeinkostenzuschlüsselung gefunden werden können. Zumindest kann die Regulierungsbehörde anhand der Durchführung des Vergleichs erste Erfahrungen mit der Zuschlüsselungspraxis der Unternehmen machen.

2. Analytische Modellnetze als Vergleichsparameter

Als weitere Möglichkeit zur Findung des effizienzkostenorientierten Maßstabs im Wege des Vergleichs können analytische Kostenmodelle Anwendung finden. Im Ausland haben solche Modelle den zuständigen Behörden bereits zum Vergleich gedient. Eine dementsprechende Ausschreibung durch die BNetzA ist auch bereits durchgeführt worden.[251] Bereits in der Telekommunikation hat die damalige RegTP analytische Kostenmodelle eingesetzt, um die Kosten der effizienten Leistungsbereitstellung zu ermitteln und eine von der Kostenrechnung

---

[250] Die BNetzA hat sich bereits in den ersten Genehmigungsverfahren bei den Gemeinkosten das Ergebnis des Vergleichsverfahrens zu Nutze gemacht. Beispielsweise erkannte sich einen Verwaltungsgemeinkostenanteil nicht an, der das arithmetische Mittel der Verwaltungsgemeinkostenanteile aller zu prüfenden Netzbetreiber überschritt, da diese Überschreitung mit hoher Wahrscheinlichkeit dafür spreche, dass es sich bei den in Ansatz zu bringenden Verwaltungsgemeinkosten nicht um die Kosten eines effizienten, strukturell vergleichbaren Netzbetreibers handele. In diesem Zusammenhang lehnte sie auch Personalzusatzkosten, die 25 % der Personalkosten übersteigen, als anerkennungsfähig ab.

[251] Darauf weisen *Kühling/Barudi*, DVBl. 2005, 1470 ff. hin; auch *Fritz*, e/m/w 2005, 66. Das Gutachten zur Einführung der analytischen Kostenmodelle ist unter http://www.bundesnetzagentur.de/ media/archive/9600.pdf abzurufen.

des Unternehmens unabhängige Kostenrechnung durchführen zu können. Durch die Bildung von virtuellen Netzen, die als Maßstab zur Kostenbeurteilung herangezogen werden, können die Entgelte für die Netzzugang und die dazugehörigen Dienstleistungen hypothetisch, quasi am Reisbrett „auf der grünen Wiese", berechnet werden. Der Ingenieuransatz ist in Form des Scorched-earth und Scorched-node-Ansatzes denkbar.[252] Beide Ansätze ermitteln die Kosten eines effizienten Anbieters, indem die Kosten auf der Grundlage eines idealen Produktionsprozesses errechnet werden.[253] Die analytischen Kostenmodelle werden „greenfield-Ansatz" genannt, da sie nicht von konkreten, historischen oder künftigen Kosten ausgehen, sondern von idealen Kosten eines Modells „auf der grünen Wiese". Die Berechnung erfolgt anhand eines Bottom-up-Ansatzes von der Nachfrageseite her. Der Scorched-node-Ansatz ist insofern davon zu unterscheiden, als dass er die bestehende Netzstruktur dabei sinnvoll in die Modellierung eines effizienten Vergleichsnetzes mit einbezieht.[254]

Die Modellnetzanalyse baut damit auf einem Modellnetz auf, wobei unter einem solchen ein kostenminimales Netz verstanden werden kann, mit dem ein gegebenes, modellhaft beschriebenes Versorgungsgebiet versorgt wird.[255] Die bestehende Netzkonfiguration in einem betrachteten Versorgungsgebiet wird somit beim Entwurf eines Modellnetzes nicht berücksichtigt, da sie durch den Netzbetreiber zu beeinflussen ist. Grundsätzlich werden damit bei der Erstellung eines Modellnetzes nur unbeeinflussbare Anforderungen berücksichtigt, also die für die Netzgestaltung relevanten Gebietseigenschaften und die kundenseitigen Anforderungen. Ebenfalls Beachtung bei der Modellierung des Netzes finden praxisübliche technische Planungsvorgaben sowie Anlagentypspezifische Investitions- und Betriebskostenansätze.[256] Damit soll die Neuplanung eines Netzes simuliert werden. Auf dieser Grundlage werden in einem nächsten Schritt die Kosten dieses Modellnetzes ermittelt, um im Anschluss daran nach den Vorgaben des Kalkulationsleitfadens die konkreten Entgelte berechnen zu können. Grundsätzlich erscheint es nahe liegend, in dem so ermittelten Ergebnis einen tauglichen Vergleichsmaßstab für die tatsächlichen Netze zu sehen und hieraus Vorgaben für die Höhe der Netzentgelte abzuleiten.

---

[252] Der Scorched-earth-Ansatz nimmt an, dass das betrachtete Netz „auf der grünen Wiese" aufgebaut wird, also die geographische Verteilung der Vermittlungs- und Übertragungseinrichtungen aufgrund der erwarteten Nachfrage nach Anschlüssen und Nutzung optimiert wird. Der Scorched-node-Ansatz hingegen nimmt das bestehende Netz als gegeben an.

[253] *Ewers*, Zusammenschaltung von Telekommunikationsnetzen: Entgeltbestimmung und Kostenrechnung, S. 241 ff.

[254] *Kühling*, Sektorspezifische Regulierung in den Netzwirtschaften, S. 316.

[255] Siehe dazu *Fritz*, e/m/w 2005, 66.

[256] Vgl. dazu *Fritz*, e/m/w 2005, 66.

Allerdings hat die Berechnung der Entgelte nach dem Ingenieuransatz einige Nachteile: Die Berechnung gestaltet sich verhältnismäßig aufwendig. Außerdem bestehen erhebliche Vorbehalte, da sie einschneidende Eingriffe in die unternehmerische Preisgestaltungsfreiheit mit sich bringen.[257] Darüber hinaus sind die Energieversorgungsnetze historisch gewachsen und weisen vielfältige Faktoren auf, die durch die Netzbetreiber nicht beeinflussbar waren. Die Historie der Netze findet in diesem Modell keine Berücksichtigung. Dazu gehören z.B. auch Umweltschutzanforderungen und kommunale Planungsentscheidungen.[258] Vorbehalte bestehen gegen die Anwendung von Modellnetzen auch deshalb, weil befürchtet wird, dass ein Modellnetz der individuellen Situation jeden einzelnen Versorgungsunternehmen nicht gerecht werden kann.[259]

Abgesehen von den Vorbehalten, die gegen die Einführung von Modellnetzen bestehen, ist fraglich, ob es nach der bestehenden Gesetzeslage überhaupt möglich ist, analytische Kostenmodelle im Vergleichsverfahren oder auch zur Vorbereitung auf eine Anreizregulierung einzusetzen. In „Reinform" ist die Anwendung derartiger Kostenmodelle wohl nur denkbar, wenn gesetzlich eine Ablösung von dem tatsächlichen, historisch gewachsenen Anlagenbestand vorgesehen ist.[260] Im EnWG ist eine Ablösung von den tatsächlichen Kosten allerdings nur bedingt vorgesehen. Die „Effizienzkostenorientierung" geht im Grundsatz von den – korrigierten – tatsächlichen Kosten aus. Stimmen in der Wissenschaft halten Modellnetze aus diesen Gründen für nicht mit dem EnWG und den Verordnungen vereinbar.[261] Ein Einsatz von analytischen Kostenmodellen im Vergleichsverfahren, dass § 21 Abs. 3 S. 1 EnWG einen Vergleich ausdrücklich nur zwischen Entgelten, Erlösen und Kosten *der* Betreiber von Energieversorgungsnetzen zulässt, ist trotz dieses Wortlauts nicht gänzlich ausgeschlossen. Damit ist zwar in erster Linie ein Vergleich zwischen den realen Netzbetreibern gemeint, nicht ein Vergleich zwischen realen und fiktiven Netzbetreibern. Ein Vergleich mit einem fiktiven Netzbetreiber ist jedoch zumindest dem Wortlaut nach nicht ausdrücklich ausgeschlossen.

Auch in § 21 Abs. 2 S. 1 EnWG findet sich ein Hinweis auf das Vergleichsverfahren. Der Kostenmaßstab orientiert sich an „effizienten und strukturell vergleichbaren Netzbetreibern". Die zum Vergleich herangezogenen Netzbetreiber müssen demnach dem Kriterium der „strukturellen Vergleichbarkeit" gerecht werden. Grundsätzlich ist eine strukturelle Vergleichbarkeit durch ein analyti-

---

[257] *Kühling*, Sektorspezifische Regulierung in den Netzwirtschaften, S. 318.
[258] Säcker/*Engelsing*, Berliner Kommentar zum Energierecht, § 19 GWB Rn. 321.
[259] So *Bauer/Pritzsche/Garbers*, Anreizregulierung nach dem Energiewirtschaftsgesetz 2005, S. 46.
[260] *Fritz*, e/m/w 2005, 66.
[261] Jedenfalls für Vergleiche schließen *Stumpf/Gabler*, NJW 2005, 3174 (3178) das aus. So auch *Dal-Canton/Ungemach*, e/m/w 2004, 22 (23).

sches Kostenmodell aber auch nachbildbar. Insofern spricht auch dieses Kriterium nicht explizit gegen die Möglichkeit, Modellnetze zum Vergleich heranzuziehen.

Die BNetzA wird zunächst ein solches Modellnetz erstellen und berechnen lassen.[262] Wahrscheinlich werden die Netzbetreiber – ähnlich wie in der Telekommunikation – aber nicht durch die Regulierungsbehörde mit der Anwendung eines Vergleichsverfahrens mit analytisch entwickelten Netzen überfahren, sondern es wird auch hier einen kommunikativen Entwicklungsprozess geben. Sobald die Modellentwicklung einen hinreichend stabilen Status erreicht hat, werden die Modelle in einem Referenzdokument dargestellt und über eine Ankündigung im Amtsblatt zur öffentlichen Kommentierung freigegeben.[263] Wie die Modellnetze eingesetzt werden, ist allerdings fraglich. Als Vergleichsmaßstab sind sie jedenfalls nach dem EnWG nicht ausdrücklich vorgesehen aber auch nicht von vorne herein ausgeschlossen. Dies ist auch nicht der einzig denkbare „Einsatzort" für Modellnetze: Sie eignen sich auch für die Beurteilung partieller Eigenschaften realer Netze oder für die Klärung verschiedener Grundsatzfragen, auch im Hinblick auf die Anreizregulierung.[264]

3. Veröffentlichungspflichten der Netzbetreiber nach den NEV

In einer – trotz der Vorabprüfungspflicht – zu großen Teilen nachgelagerten Regulierung sind die Veröffentlichungspflichten der Netzbetreiber von umso größerer Bedeutung für den Regulierer, um an Informationen zu gelangen. Die NEV sehen in § 27 Abs. 1 StromNEV und § 27 Abs. 1 GasNEV eine Veröffentlichung sämtlicher geltender Netzzugangsentgelte im Internet vor. Diese Veröffentlichungspflicht gilt auch für die individuellen Entgelte nach § 19 Abs. 2 StromNEV und die gesonderten Entgelte gem. § 20 Abs. 2 GasNEV. Zusätzlich sollen diese Informationen jedermann auf Anfrage mitzuteilen sein. Aus § 27 Abs. 2 StromNEV und § 27 Abs. 3 GasNEV ergibt sich die Pflicht der Versor-

---

[262] Bei der Frage, woraus sich die Ermächtigungsgrundlage ergibt, bietet sich ein Vergleich mit § 35 TKG an. Hier wurde die Regulierungsbehörde ausdrücklich ermächtigt, Modellnetze zur Findung eines geeigneten Maßstabs „Kosten einer effizienten Leistungsbereitstellung" anzuwenden. Diese Ermächtigung ist im EnWG ausdrücklich nicht erfolgt. Auch aus § 21a EnWG selbst ergibt sich die Ermächtigung für eine solche Maßnahme nicht. Insofern auch richtig *Baur/Pritzsche/Garbers*, Anreizregulierung nach dem Energiewirtschaftsgesetz 2005, 2006, S. 46. Allerdings ergibt sich die Möglichkeit der Bildung von Modellnetzen zum Vergleich bereits aus § 21 Abs. 2 EnWG. Dort ist vermerkt, dass bereits „Anreize zur effizienten Leistungserbringung" zu berücksichtigen sind. Diese Maßnahme ist als ein solcher Anreiz zu verstehen.

[263] S. zur Vorgehensweise im Telekommunikationssektor die Homepage der BNetzA unter http://www.bundesnetzagentur.de/enid/3fa50bc395b5f45230d659485cff7d7c,55a304092d09/Regulierung_Telekommunikation/Analytische_Kostenmodelle_9c.html.

[264] S. zu weiteren Möglichkeiten *Fritz*, e/m/w 2005, 66 f.

gungsnetzbetreiber, jeweils zum 1. April des Jahres die aufgeführten Strukturmerkmale im Internet zu veröffentlichen. Damit legt die Verordnung den Netzbetreibern weitgehende Veröffentlichungspflichten auf. Grundsätzlich handelt es sich bei den zu veröffentlichenden Daten um schutzwürdige Daten des Netzbetreibers. Es ist denkbar, dass je nach Situation auf das Abnahmeverhalten einzelner Kunden zurückgeschlossen werden kann und so deren Schutzinteressen verletzt werden könnten. Andererseits ist die nach den Beschleunigungsrichtlinien zu erreichende Transparenz ohne derartige Maßnahmen nicht zu erreichen. Und der Effekt dieser Pflichten erschöpft sich nicht nur in der Transparenz der Kalkulation. Vielmehr stellt die Veröffentlichung dieser Informationen ein bedeutendes Anreizhilfsmittel zu effizientem Wirtschaften dar.[265] Im Einzelfall kann die Frist auch auf Antrag hin durch die Regulierungsbehörde verlängert werden.

Auch die Dokumentation, vorgesehen in § 28 StromNEV und § 28 GasNEV, stellt eine solche Maßnahme mit diesem wichtigen Nebeneffekt dar.[266] Dieser Bericht umfasst neben der Darstellung, wie die Netzzugangsentgelte ermittelt werden, eine Offenlegung der Kosten- und Erlöslage und eine vollständige Darstellung der Entgeltermittlung. Er muss ebenfalls bestimmte Informationen über Konzessionen enthalten. Wesentlich ist in diesem Zusammenhang auch die Dokumentation der Methode der Zuschlüsselung der Gemeinkosten nach § 28 Abs. 2 Nr. 3 i.V.m. § 4 Abs. 4 S. 3 StromNEV, insbesondere um subtile Quersubventionseffekte aufzudecken. Eine Ausnahme von dieser umfangreichen Berichtspflicht ist in § 28 Abs.3 GasNEV normiert. Werden die Entgelte nach § 19 GasNEV gebildet, sind die Fernleitungsnetzbetreiber nach § 28 Abs. 1 S. 2 Nr. 1 GasNEV nur verpflichtet, über die Kosten- und Erlöslage der abgeschlossenen Kalkulationsperiode zu berichten. Dieser Bericht muss 40 Jahre lang aufbewahrt werden. Aus dem Wortlaut der Norm geht nicht eindeutig hervor, wem der Bericht außer der Regulierungsbehörde zur Vorlage dient. Zu einem wesentlichen Fortschritt käme es nämlich erst bei einer Dokumentation über die Preisbildung, die auch einer breiteren Öffentlichkeit, beispielsweise dem VIK oder den Verbraucherverbänden zugänglich gemacht würde.

V. Fazit

Die Methodenregulierung, wie sie im EnWG und in den Verordnungen vorgesehen ist, stellt sich als detaillierter Leitfaden für die Kalkulation der Entgelte dar. Insofern wird sie in ihrer Detailgenauigkeit auch den zu Beginn besprochenen,

---

[265] So auch *Schmidt-Preuß*, N&R 2004, 90 (92), der davon ausgeht, dass insofern ein „Prangereffekt“ erreicht wird.

[266] Siehe zu den Anforderungen an diesen Bericht BNetzA, Entscheidung vom 20.12.2005, im WWW abrufbar unter http://www.bundesnetzagentur.de/media/archive/3633.pdf.

gemeinschaftsrechtlichen Vorgaben gerecht. Denn die wichtigsten Kostenelemente sind in der Kalkulation enthalten. Andererseits verbleiben Spielräume, die unternehmerisch wünschenswert sind, regulatorisch jedoch Probleme aufwerfen. Ein Beispiel dafür sind die Gemeinkosten, wo die Vorgabe einer „richtigen“ Zuschlüsselung wohl bisher nicht möglich ist. An dieser Stelle zeigen sich die Grenzen der Methodenregulierung, insbesondere, wenn es – auch aus gemeinschaftsrechtlicher Sicht – maßgeblich auf die Verhinderung von Quersubventionierungen in vertikal integrierten Unternehmen ankommt.[267]

Der Kalkulationsleitfaden räumt der Regulierungsbehörde auch kaum Einfluss auf die ermittelten Kosten und Entgelte ein. Sie kann lediglich die ordnungsgemäße Anwendung des Leitfadens überprüfen.[268] Sie hat zwar die Möglichkeit, einzelne Ansätze und Positionen, die den Regelungen des Leitfadens nicht entsprechen, zurückzuweisen. Die Regulierungsbehörde muss den Netzbetreibern dann aber nachweisen, dass die angesetzten Kosten dem Maßstab des § 21 Abs. 2 EnWG nicht entsprechen. Dieser Nachweis wird nur schwierig zu führen sein.[269] Erleichtert wird die Beweisführung durch das Vergleichsmarktverfahren und die in § 21 Abs. 4 S. 2 EnWG geregelte Vermutung, die dann wiederum der Netzbetreiber aufgrund der ihn treffenden Beweislast entkräften muss.

Der Leitfaden bietet alleine auch keinen Anreiz für die Netzbetreiber, ihre Effizienz zu steigern. Die Methodenregulierung, dem Grunde nach ein „Cost-plus-Ansatz“, bestraft den Untüchtigen zwar, denn dieser kann seine Kosten nicht ohne weiteres abwälzen. Allerdings hat die Methodenregulierung über den Maßstab der „Kosten einer effizienten Betriebsführung“ hinaus keine Anreize für den Tüchtigen zu bieten.[270] Dies ergibt sich auch aus dem Vergleichsverfahren.

---

[267] Vermerk der GD Energie und Verkehr zu den Richtlinien 2003/54/EG und 2003/55/EG über den Elektrizitäts- und den Erdgasbinnenmarkt v. 14.1.2005, S. 7.

[268] Wie die Regulierungsbehörden die einzelnen Kostenpositionen überprüfen werden, ergibt sich für die Unbundlingkosten aus den Gemeinsamen Auslegungsgrundsätzen der Regulierungsbehörden des Bundes und der Länder zu den Entflechtungsbestimmungen in §§ 6-10 EnWG v. 31.01.2006. Entscheidend sei zunächst, dass die Kostenpositionen *ursächlich* mit den Entflechtungspflichten zusammenhängen. Darüber hinaus sei zu prüfen, ob die Kosten tatsächlich Kosten des Netzbetriebs sind. Dies sei nicht per se für alle bei der Entflechtung aufkommenden Kosten anzunehmen. Hierbei sei die Frage zu stellen, welchem Bereich der den Kosten gegenüberstehende Nutzen zugute kommt und in welchem Bereich des Unternehmens die konkrete Verpflichtung ihren Ursprung hat. Diese Grundsätze sind auch auf die Untersuchung anderer Kostenpositionen übertragbar.

[269] Dies ergibt sich z.B. auch aus der Entscheidung der BNetzA v. 28.7.2006, Az. BK 8-05/020, wo es heißt, Ineffizienzen hätten z.T. lediglich vermutet werden können, nicht jedoch nachgewiesen werden können; dies habe sich insbesondere für die Konzernumlagen und die Leistungserbringung von Konzernunternehmen sowie die energiewirtschaftliche Notwendigkeit einer Investition und eine möglichst effiziente Ausführung ergeben.

[270] Im Gegenteil: Dem effektiven Netzbetreiber drohen im Zweifel Einbußen, die darin begründet sind, dass sich die Kapitalverzinsung bei Einsparungen verringert.

Allen Unternehmen, die als unbedenklich aus dem Vergleich herausgehen, also solche, deren Kosten kleiner oder gleich dem Durchschnitt der Vergleichsgruppe sind, bietet das Vergleichsverfahren keinerlei Anreiz zur Verbesserung der einheitlich überhöhten Kostensituation oder zur Ausschöpfung vorhandener Effizienzpotentiale. Solche sind jedoch gefordert, denn obwohl natürlich grundsätzlich eine Kostenorientierung der Netztarife vorgesehen ist, heißt das auch nach Ansicht der Kommission nicht zwingend, dass zwischen den Kosten eines regulierten Unternehmens und den Einnahmen aus den Netzentgelten ein starres Verhältnis bestehen muss. Vielmehr sollen die Anreize zur Verbesserung der Effizienz geschaffen werden – dies betrifft auch die „Best-practice"-Unternehmen.

Aufgrund des politischen Kompromisses bei dem Erlass des EnWG sind alle Schlagworte wie Kostenorientierung, im Vergleich effiziente Betriebsführung, Vergleichsprinzip und Anreizregulierung in einem Text vermischt, so dass § 21 Abs. 2 EnWG plakativ als „Sammelsurium mit Schlagworten" bezeichnet wird.[271] Das wird insbesondere deshalb so kritisch gesehen, weil damit für den Regulator keine eindeutige und klare Maßgabe gesetzt wird. Je schwerwiegender die Auswirkungen sind, desto höhere Anforderungen sind an die Bestimmtheit einer Ermächtigung der Verwaltung zu stellen. Die Vorschrift muss so gefasst sein, dass sie den rechtsstaatlichen Grundsätzen der Normklarheit und Justitiabilität Rechnung trägt und inhaltlich so klar sein, dass die Adressaten und Betroffenen sich auf die Rechtslage einstellen können.[272] Gerade bei der Methodenregulierung, wo die Bedeutung für alle Beteiligten im Hinblick auf die wirtschaftliche Situation sehr hoch ist und (gerechtfertigte) Eingriffe in so empfindliche Bereiche wie das Eigentum und die unternehmerische Freiheit vorgesehen sind, wäre eine Norm, die dem Bestimmtheitsmaßstab in höherem Maße gerecht wird, für die Betroffenen besser gewesen. Aus den Zielsetzungen des Gesetzes, dem sachlichen Zusammenhang der Vorschriften und den Erläuterungen in den Rechtsverordnungen StromNEV und GasNEV lassen sich aber die Maßstäbe im Einzelnen ermitteln und objektive Kriterien herausfiltern. Dabei wird auch die Konkretisierung der Maßstäbe durch Entscheidungen der Regulierungsbehörde(n) und durch Urteile der zuständigen Gerichte von großer Bedeutung sein.

---

[271] *Schöneich*, KOPO 2005, 11 (12).
[272] *BVerfGE* 21, 75 (79 f.); Schmidt-Bleibetreu/Klein-*Hofmann*, GG, Art. 20 Rn. 87.

D. Genehmigung von Entgelten für Netzzugang und Ausgleichsleistungen nach § 23a EnWG

Die Ex-ante-Regulierung ist der eigentliche Kern der Entgeltregulierung des EnWG.[273] Anders als im Gesetzgebungsverfahren lange geplant sollen nicht nur Preiserhöhungen der Netzbetreiber durch die Regulierungsbehörde überprüft werden, sondern alle Netzzugangsentgelte und die Ausgleichsleistungen. In einem behördlichen Prüf- und Genehmigungsverfahren setzt die Behörde das Netzentgelt durch Genehmigungsentscheidung fest. Mit der Anzeige des Entgelts bei der Regulierungsbehörde müssen auch die geeigneten Unterlagen zur Begründung der Erhöhung mitgeliefert werden. So erhält die Regulierungsbehörde die Möglichkeit, rechtzeitig die notwendigen Informationen einzuholen und in zweifelhaften Einzelfällen in eine nähere Untersuchung einzusteigen. Kombiniert mit der abstrakt-generellen Methodenregulierung stellt die Vorabprüfung der Entgelte damit ein konkret-individuelles, vorab greifendes Instrument dar. Erst wenn die Regulierungsbehörde das Entgelt wie durch den Netzbetreiber angemeldet genehmigt bzw. nicht fristgemäß beanstandet, kann es dem Netznutzer so in Rechnung gestellt werden. Bedeutend für die erstmals beantragten Entgelte ist die Regelung des § 118 Abs. 1b EnWG: Danach findet § 23a EnWG bei diesem ersten Antrag noch keine Anwendung. Nach § 23a Abs. 3 EnWG haben die Netzbetreiber fristgemäß einen Antrag zu stellen. § 23a Abs. 5 EnWG findet entsprechende Anwendung. Im Folgenden sollen dennoch alle in § 23a EnWG geregelten Aspekte angesichts ihrer Bedeutung für die Zukunft dargestellt werden, auf die erstmalige Antragstellung soll gesondert an den problematischen Punkten (z.B. bei der Rückwirkung der Genehmigung) eingegangen werden.

I. Anwendungsbereich der Vorabregulierung

Gem. § 23a EnWG unterliegen die Entgelte, die für den Netzzugang im Sinne des § 20 Abs. 1 EnWG erhoben werden und kostenorientiert nach § 21 Abs. 2 S. 1 EnWG gebildet werden, sowie die Ausgleichsleistungen einer Vorabgenehmigung durch die Regulierungsbehörde.

---

[273] Einen Überblick über die behördlichen Befugnisse und die wesentlichen Handlungsformen neben der Genehmigung gem. § 23a EnWG liefert *Britz*, RdE 2006, 1 ff.

Damit sollen auch, aber nicht nur Entgelterhöhungen von dem Anwendungsbereich erfasst sein, wie es der Kabinettsentwurf ursprünglich vorsah.[274] Eine Entgelterhöhung ist eine Abweichung von dem bisher geforderten Entgelt nach oben hin. Das Gesetz unterscheidet dabei nicht zwischen wesentlichen und unwesentlichen Abweichungen der Netzzugangsentgelte.[275] Die Genehmigungspflicht differenziert also nicht anhand der Höhe der Entgeltanhebungen, sondern anhand der Art der kostenerhöhenden Faktoren. Handelt es sich um Kostenanteile, die der Netzbetreiber nicht beeinflussen kann, so dürfen die Entgelte nach § 23a Abs. 2 S. 2 EnWG überschritten werden, ohne dass das Genehmigungsverfahren durchlaufen werden muss. Hier muss der Regulierungsbehörde lediglich die Erhöhung angezeigt werden.

Eine Ex-ante-Genehmigung greift nicht ein, wenn in einer Rechtsverordnung nach § 21a Abs. 6 EnWG die Bestimmung der Entgelte für den Netzzugang im Wege einer Anreizregulierung durch Festlegung oder Genehmigung angeordnet worden ist. Die Entgeltgenehmigung ist gleichsam für den Gas- und Stromsektor durchzuführen. Eine besondere „Schonung" des Gassektors ist nicht mehr vorgesehen.[276]

---

[274] Danach waren von der Vorabprüfung ursprünglich alle Erhöhungen der Werte für die Netzzugangsentgelte durch die Netzbetreiber nach dem Inkrafttreten des EnWG umfasst. Jedoch wäre in Einzelfällen unklar gewesen, ob eine Entgelterhöhung vorlag oder nicht. Darüber hinaus räumte das zunächst vorgesehene Verfahren den Netzbetreibern auch weiterhin die erste Entscheidung über die Entgelthöhe ein. Die Behörde ist zwar befähigt, dann die Erhöhung abzusagen, jedoch stellt dieses Verfahren eine Ex-post-Regulierung dar, da auch hier nur geprüft werden kann, inwiefern Ermessensspielräume eingehalten wurden. Vgl. zu diesem Punkt die Ausführungen der B-Seite v. 31.5.2005 im Vermittlungsverfahren, S. 13 ff. (14).

[275] Das bedeutet, dass auch eine minimale Erhöhung, sei es beispielsweise um einen Wert von 1%, eine Prüfung der Regulierungsbehörde erforderlich macht und einen bürokratischen, langwierigen Ablauf nach sich zieht. Sinnvoll wäre es aber, eine De-minimis-Hürde einzubauen, bei deren Erhöhung kein Genehmigungsverfahren nötig würde. Die dadurch bestehende Gefahr, dass einfach mehrmals eine De-minimis-Erhöhung durchgeführt wird, könnte abgewendet werden, indem von dieser Möglichkeit nur einmal Gebrauch gemacht werden kann. Bei der zweiten De-minimis-Erhöhung würde dann automatisch die Regulierungsbehörde als Regulierer für die Überprüfung der Erhöhung zuständig sein. Verzichtet der Gesetzgeber auf eine De-minimis-Klausel, bedeutet diese Regelung faktisch, dass jedwede – sei sie auch noch so minimal – Erhöhung unter § 23a EnWG fällt und die Arbeit der Behörde dadurch sehr belastet wird. Der Nachteil einer solchen De-minimis-Klausel wäre allerdings, dass dadurch die Gefahr bestünde, dass ein Preis festgelegt würde, der sich aus „Basispreis und 1 %" zusammensetzt.

[276] Bei der ursprünglich vorgesehenen Version der Prüfung der Preiserhöhungen war der Gassektor ausgespart. Eine schlüssige Erklärung gab es dafür nicht.

II. Verfahren bei der Vorabprüfung der Entgelte

Das Verfahren der Vorabprüfung der Entgelte durch die Regulierungsbehörde ist in § 23a EnWG festgeschrieben. Eine Ex-ante-Regulierung ist verglichen mit der daneben auch vorgesehenen Methodenregulierung von der Verwaltungsarbeit her aufwändiger. Ob sich das System bewähren wird, kann sich letztlich erst nach „Inbetriebnahme" zeigen. Ab dem Inkrafttreten des EnWG müssen die Netzbetreiber nun Anträge auf Genehmigung ihrer Entgelte stellen. Gemäß den Übergangsvorschriften war im Stromsektor ein solcher Antrag erstmalig bis zum 28. Oktober 2005 zu stellen. Die Gasnetzbetreiber hatten den Antrag bis zum 30. Januar 2006 einzureichen.[277] Nach der derzeitigen Planung der Regulierungsbehörde soll es dann ab Juni/Juli 2006 nur noch staatlich genehmigte Entgelte geben. Im Folgenden sollen die einzelnen Schritte des Verfahrens dargelegt werden.

1. Beantragung der Entgeltgenehmigung

Die Genehmigung des Entgelts ist nach § 23a Abs. 2 S. 1 EnWG mindestens 6 Monate vor dem Zeitpunkt zu beantragen, an dem die Entgelte wirksam werden sollen. Hinsichtlich des Inhalts und der Form des Antrags, der an die Regulierungsbehörde wegen einer Entgelterhöhung zu richten ist, enthält das EnWG einige Vorgaben.

Der Antrag muss nach § 23a Abs. 3 Nr. 1 EnWG Angaben darüber enthalten, welche Entgelte zum Zeitpunkt der Antragstellung veröffentlicht sind. Diese Information ist grundlegend, damit ein beantragtes Entgelt überhaupt im Verhältnis zum bisherigen Status quo beurteilt werden kann. Diese Gegenüberstellung scheidet aus, wenn das bisherige Entgelt auch das beantragte Entgelt ist. Entscheidend ist aber, dass auch die Kalkulation beider Entgelte anzuzeigen ist. Aus dieser Kalkulation sollten sich Informationen ergeben, warum eine Erhöhung der Entgelte notwendig ist. Der Netzbetreiber muss dabei auch angeben, auf welche Netz- oder Umspannebene oder sonstige Entgeltbestandteile sich die Erhöhung bezieht. Des Weiteren muss der Netzbetreiber die Informationen übersenden, die nach Maßgabe der Vorschriften über die Strukturklassen und den Bericht über die Ermittlung der Netzentgelte nach der StromNEV und GasNEV erforderlich sind. Wird ein neues Netzzugangsentgelt beantragt, muss darüber hinaus eine Begründung für die Veränderung mitgeliefert werden, die die Regelungen nach § 21 EnWG und den StromNEV und GasNEV berücksichtigt. Er muss die Unterlagen, die für die Prüfung des Antrags erforderlich sind, in einem „prüffähigen" Zustand übermitteln. Das bedeutet, dass die dem Antrag beigefügten Unterlagen in quantitativer und qualitativer Hinsicht geeignet sein müssen,

[277] Zur möglichen Verfassungswidrigkeit dieser Fristen s. *Becker*, ZNER 2005, 190 ff.

um anhand dieser Unterlagen die rechtlichen Voraussetzungen der Genehmigungsfähigkeit einer Preiserhöhung zu überprüfen. Ist ein Antrag inhaltlich unvollständig, erfüllt er nicht die formellen Kriterien des § 23a EnWG.[278] Die Unterlagen können auf Verlangen der Regulierungsbehörde auch elektronisch zu übermitteln sein. Die Regulierungsbehörde kann zur vereinfachten Bearbeitung der Daten ein einheitliches Muster bzw. ein einheitliches Format für die elektronische Übermittlung vorgeben. Den Eingang des Antrags bestätigt die Regulierungsbehörde dem Antragsteller schriftlich. Weitere Unterlagen können daraufhin angefordert werden, deren Eingang auch bestätigt wird. Diese Bestätigung ist im Hinblick auf die Prüfungsfrist und deren Ablauf von Bedeutung. Denn die sechsmonatige Frist beginnt erst mit dem Vorliegen der vollständigen angeforderten Unterlagen.[279] Dieser Zeitpunkt ist mit der Eingangsbestätigung durch die Regulierungsbehörde am Besten zu bestimmen.

2. Beginn des Vorabprüfungsverfahrens

Das Vorabprüfungsverfahren ist darauf angelegt, vor dem Zeitpunkt durchgeführt zu werden, an dem die Entgelte wirksam werden sollen. Grundsätzlich ergibt sich aus § 23a Abs. 3 EnWG, dass der Antrag von dem Netzbetreiber ausgehen muss, der ein Entgelt in Rechnung stellen möchte. Es besteht insofern auch keine Freiheit des Netzbetreibers, zu entscheiden, ob er einen Antrag stellen möchte. Aus § 23a EnWG ergibt sich eine Rechtspflicht des Netzbetreibers, eine Vorabprüfung durch die Regulierungsbehörde durchführen zu lassen. Dennoch sagt § 23a EnWG nicht aus, dass das Genehmigungsverfahren ausschließlich auf Antrag des Netzbetreibers hin durchgeführt wird. Unterlässt ein Netzbetreiber die Anmeldung zur Vorabprüfung des Netzzugangsentgelts, muss die Regulierungsbehörde die Befugnis haben, ein Entgelt dennoch anhand der vorgegebenen Parameter von Amts wegen zu überprüfen oder das Unternehmen zur Stellung eines Antrags auf Vorabprüfung zu verpflichten. Das ergibt sich aus dem Wortlaut des Gesetzes: Die Entgelte nach § 21 EnWG bedürfen einer Genehmigung. Aus der Formulierung des Gesetzes ist gleichzeitig zu schließen, dass der Regulierungsbehörde kein Auswahlermessen bei der Vorabprüfung verbleibt. Die Entgelterhöhungen sind alle – ausnahmslos – von der Regulierungsbehörde zu prüfen.

---

[278] Die Regulierungsbehörden haben nach Eingang der ersten Anträge deutlich gemacht, dass Anträge der Netzbetreiber, die keine belastbaren Angaben zu § 32 Abs. 3 StromNEV enthalten, als unvollständig bewertet werden müssen.

[279] Fängt diese Frist mangels Vollständigkeit der Unterlagen aber nicht an zu laufen, kann auch die Genehmigungsfiktion nicht beginnen zu laufen. Damit fänden grundsätzlich die bisherigen Entgelte nach § 23a Abs. 5 S. 1 i.V.m. § 118 Abs. 1b EnWG bis zu einer endgültigen behördlichen Entscheidung Anwendung.

Durch die Genehmigungsfiktion gibt es jedoch die Möglichkeit, „unauffällige" Netzzugangsentgelte erst einmal auszusparen und die „schwarzen Schafe" zunächst herauszufiltern.

3. Begründung des Antrags

Der Netzbetreiber muss in seinem Antrag gem. § 23a Abs. 3 Nr. 3 EnWG vortragen, aus welchen Gründen die beantragte Veränderung notwendig ist. Bei dieser Veränderung handelt es sich wohl im Regelfall um eine Erhöhung der Netzzugangsentgelte. Notwendig ist eine Erhöhung des Netzzugangsentgelts nur dann, wenn nicht durch ein „milderes Mittel" abgeholfen werden kann, nicht anders kostendeckend gearbeitet werden kann und der Netzbetreiber auf diese Erhöhung angewiesen ist. Das kann nur dann der Fall sein, wenn Effizienzpotenziale bereits nach bestehenden Möglichkeiten ausgeschöpft wurden und der Netzbetreiber andere denkbare Maßnahmen ergriffen hat oder diese aussichtslos erschöpft worden sind. Die Erhöhung kann auch durch äußere Umstände notwendig geworden sein. Beispielsweise können kommunalpolitische Entscheidungen falsch eingeschätzt worden sein oder die Bodenbeschaffenheit hat sich im Nachhinein als schwierig erwiesen. Diese Begründung durch den Netzbetreiber muss für den Prüfer schlüssig und nachvollziehbar dargelegt sein. Eine qualitativ schlechte Erläuterung schlägt sich möglicherweise zu Lasten des Netzbetreibers nieder. Zwar ist in § 23a EnWG keine Beweislastverteilung normiert, ist jedoch der Grund für die Erhöhung nicht plausibel, sind die Chancen für den Netzbetreiber niedriger. Dies gilt unter Berücksichtigung der Regelungen nach § 21 EnWG und der StromNEV und GasNEV. Bei einer Erhöhung oder einer neuen Festlegung der Entgelte durch den Netzbetreiber müssen die dort fixierten Maßstäbe und Kalkulationsgrundsätze Beachtung finden und in dessen Überlegungen bereits eingeflossen sein. Diese Begründungslast zeigt den Vorteil der Ex-ante-Regulierung auf: Hier ist der Netzbetreiber gezwungen, höhere Kosten zu begründen. Eine bloße verordnungsrechtlich vorgesehene Methodenregulierung kombiniert mit der Missbrauchsaufsicht hätte den Netzbetreiber nicht in einen derartigen „Zugzwang" gebracht.

III. Entscheidung der Regulierungsbehörde bei der Vorabprüfung der Entgelte

1. Voraussetzungen für die Genehmigung der Entgelte

Nach § 23a Abs. 2 EnWG muss die Regulierungsbehörde die Genehmigung für ein Netzzugangsentgelt dann erteilen, wenn es den Anforderungen des EnWG und der dazugehörigen StromNEV und GasNEV entspricht.[280] Die Regelungen des Gesetzes und die Konkretisierungen in den Verordnungen sind der Maßstab, an dem die Entgelte zu messen sind. Die Regulierungsbehörde muss also prüfen, ob im Einzelnen die gesetzlichen Vorgaben eingehalten wurden. Konkret wird die Regulierungsbehörde an dieser Stelle in Augenschein nehmen, ob die Kosten, die das Unternehmen für seine Entgelte angesetzt hat, mit den Kosten einer effizienten Betriebsführung übereinstimmen. Dazu müssen die Ergebnisse ggf. durchgeführter Vergleichsverfahren herangezogen werden. Denn ansonsten kann ein Maßstab der Kosten einer effizienten, strukturell vergleichbaren Betriebsführung gar nicht zugrunde gelegt werden. Auch andere, in den Verordnungen festgezurrte Vorgaben müssen eingehalten sein. Das gilt beispielsweise für die Abschreibungsmodalitäten und die Verzinsung. Auch die Zuschlüsselung der Gemeinkosten kann durch die Regulierungsbehörde in diesem Rahmen überprüft werden. Der Netzbetreiber wäre also gut beraten, eine angemessene und verursachungsgerechte Schlüsselung nach anerkannten betriebswirtschaftlichen Prinzipien zu wählen. Das gilt beispielsweise auch für die Abschreibungsmodalitäten. Bei einer Erhöhung der Entgelte wird die Regulierungsbehörde prüfen müssen, inwiefern sich ein höheres Entgelt rechtfertigen lässt und ob die Voraussetzungen dafür vorliegen.

2. Beanstandung oder Genehmigung der Entgelte

Die Verwendung der Netzzugangsentgelte darf nur erfolgen, wenn die Regulierungsbehörde sie nach Vorliegen der vollständigen Unterlagen genehmigt hat. Die gem. § 23a Abs. 4 S. 2 EnWG gesetzte Frist ist verlängerbar; allerdings ist für eine Verlängerung über einen Zeitraum von 6 Monaten hinaus das Einverständnis des Antragstellers nötig. Untersagt die Regulierungsbehörde die Entgelterhöhung 6 Monate nach dem Vorliegen der vollständigen Unterlagen – und der damit verbundenen Unterrichtung des Netzbetreibers – nicht, bedeutet das nach der gesetzlichen Fiktion des § 23a Abs. 4 EnWG, dass die Entgeltgenehmigung durch die Regulierungsbehörde fiktiv erteilt wurde.

---

280 Anders als im Eisenbahnrecht sind die Entgeltgrundsätze, nach denen die Entgelte zu bilden sind, im EnWG und den dazugehörigen Verordnungen vorgegeben. Das AEG sieht dagegen vor, dass der Netzbetreiber die Entgeltgrundsätze selbst formulieren muss. Dazu *Koenig/Neumann/Schellberg*, WuW 2006, 139 ff.

Anders als in den anderen Netzwirtschaften führt die regulatorische Inaktivität im Energiesektor damit zu einer fiktiven Genehmigung.[281] Einer ausdrücklichen Genehmigung der Regulierungsbehörde bedarf es damit nicht. Nach dem Ablauf von 6 Monaten, während denen die Regulierungsbehörde die Erhöhung der Entgelte nicht untersagt hat, gelten diese Entgelte als genehmigt. Allerdings gelten die fiktiv genehmigten Entgelte auch nur für den Zeitraum von einem Jahr und unter dem Vorbehalt des Widerrufs. Damit hat die Regulierungsbehörde Gelegenheit, bei aufkommenden Zweifeln der Rechtmäßigkeit der Entgelte einen Widerruf auszuüben. Sie kann diesen sogar konkludent durch Bescheidung ausüben.[282] Die Genehmigungsfiktion tritt nicht ein, wenn die Frist mit Einverständnis des Antragstellers verlängert werden konnte. Sie tritt nach § 23a Abs. 4 S. 3 Nr. 2 EnWG aber auch dann nicht ein, wenn die Regulierungsbehörde wegen unrichtiger Angaben oder wegen einer nicht erteilten Auskunft nicht entscheiden kann. Allerdings muss die Regulierungsbehörde dem Antragsteller dies vor Ablauf der Frist mitgeteilt und auch die Gründe dafür genannt haben.[283] Ohnehin ist das Vertrauen des Netzbetreibers dann nicht schützenswert, wenn er wider besseres Wissen falsche Informationen weitergegeben hat.

Deutlich wird an diesen Regelungen noch einmal, dass die Genehmigungsfiktion einen Segen für die behördliche Arbeitsentlastung, gleichzeitig aber auch einen Fluch darstellt: Denn durch diese Fiktion besteht die Gefahr, dass die antragstellenden Netzbetreiber durch die zögerliche Versorgung der Regulierungsbehörde mit Informationen eine Genehmigung mit Hilfe des Ablaufs der sechsmonatigen Frist „erschleichen" können. Schließlich hat der Fristablauf im Rahmen des Genehmigungsverfahrens gestaltende Wirkung in Form der Fiktion einer Genehmi-

---

[281] Anders ist das beispielsweise im Eisenbahnrecht. Hier kann die Regulierungsbehörde vorab eingreifen; sie muss es aber nicht. Insofern ähnelt die Ex-ante-Regulierung mehr einer dilatorischen Vorlagepflicht. Einem späteren Eingreifen im Rahmen der Ex-post-Kontrolle steht das nicht entgegen, wenn die Regulierungsbehörde davon absieht, von der Möglichkeit der Ex-ante-Intervention Gebrauch zu machen. Vgl. dazu *Kühling/Neumann*, in: Berliner Kommentar zum TKG, 2006, § 39 Rn. 4 u. 85 ff. (dort auch die Bezeichnung als „dilatorische Vorlagepflicht"). Siehe dazu auch *Koenig/Neumann/Schellberg*, WuW 2006, 139.

[282] OLG Düsseldorf, Beschluss v. 21.7.2006, ZNER 2006, 258 ff.; es sei für den Widerruf ausreichend, dass ein neuer Verwaltungsakt im Widerspruch zu dem früheren Verwaltungsakt ergehe und insoweit hinsichtlich des Regelungsgegenstands eine andere Regelung treffe.

[283] Nach der Ansicht der BNetzA ist die Genehmigungsfiktion bis zum 15.5.2006 nicht eingetreten. Siehe dazu die Mitteilung v. 15.5.2006 im unter http://www.bundes-netzagentur.de/enid/8f6cf76f7630ca8742b5c54287e5c396,0/Presse/Pressemitteilungen_d2.html#7999. Dies ist aber den einzelnen Netzbetreibern gegenüber nicht näher begründet worden. Das OLG Düsseldorf hat in seinem Beschluss v. 21.7.2006 dahinstehen lassen, ob die Unterlagen vollständig im Sinne des § 23a EnWG waren. Die BNetzA hatte in ihrem Beschluss vom 6.6.2006 entschieden, dass das Merkmal „Vorliegen der vollständigen Unterlagen" nicht erfüllt war und damit auch die Fiktion nicht eingriff. Siehe dazu auch *Ruge*, N&R 2006, S. 150 ff.

gung, so dass ein antragstellendes Unternehmen aus einem unvollständigen Antrag einen Vorteil ziehen kann. Eine Konterkarierung des Zwecks der Vorabgenehmigungspflicht, von vorne herein und umfänglich überhöhte Netznutzungsentgelte auszuschließen, droht. Bei einer strengen Kontrolle der Beibringungspflicht durch die Regulierungsbehörde kann eine solche Gefahr aber gebannt werden. Die Beibringungspflicht des Netzbetreibers muss insbesondere vor dem Hintergrund gelten, dass bereits die normativen Vorgaben hinsichtlich des Umfangs und der Art der Informationen, die beizubringen sind, deutlich sind. Anhand der präzisen Anforderungen kann der Netzbetreiber abschätzen, auf welche Informationen der Regulierer sein Augenmerk richten wird. Insofern erscheint es gerechtfertigt, den Beginn der Frist auf den Zeitpunkt der Abgabe der vollständigen, nach bestem Wissen ausgestellten Unterlagen zu legen.[284]

3. Ermessen der Regulierungsbehörde

Die Entscheidung, ob die Entgelte im Einzelfall zu genehmigen sind oder nicht, ist keine Ermessensentscheidung der Regulierungsbehörde. Die Genehmigung – bei der es sich im Übrigen um einen Verwaltungsakt nach § 35 VwVfG handelt – ist eine gebundene Entscheidung. Der Gesetzeswortlaut sieht ausdrücklich vor, dass die Genehmigung zu erteilen *ist*, soweit die Entgelte den Anforderungen des EnWG und den darauf beruhenden Rechtsverordnungen entsprechen. Mit dieser Formulierung legt das Gesetz fest, dass hier kein Raum für eine Ermessensentscheidung der Regulierungsbehörde ist. Vielmehr muss das Entgelt genehmigt werden, wenn es dem entspricht. Der Netzbetreiber hat mithin einen Anspruch auf Genehmigung der angemeldeten Entgelte, wenn diese den Anforderungen des EnWG und der darauf basierenden NEV entsprechen. Der Wortlaut sagt aber gleichzeitig, dass dies nur gilt, *soweit* das Entgelt den Maßstäben entspricht. Die Entgelte sind damit „teilbar" hinsichtlich ihrer einzelnen Bestandteile, die genehmigt werden müssen. Denkbar ist beispielsweise, dass nicht alle Aspekte dem Maßstab gerecht werden und dann Teilgenehmigungen oder Nebenbestimmungen zu der Genehmigung der Entgelte erlassen werden. Nur innerhalb der Definition des Maßstabs, wann also ein Entgelt dem Maßstab des § 21 EnWG und den StromNEV und GasNEV entspricht, hat die Regulierungsbehörde tatsächlich die Möglichkeit, den Spielraum auszufüllen. Das ist aber dann mehr eine Frage des behördlichen Beurteilungsspielraums als des Ermessens der Regulierungsbehörde.

---

[284] Dafür, dass die BNetzA hier sehr genau vorgeht, spricht auch die Pressemitteilung der BNetzA, nach der keiner der Anträge so ausführlich gestellt ist, dass er die Fiktion auslöst, im WWW unter http://www.bundesnetzagentur.de/enid/6e79377f6aff5e6e2f3b0165da31c932,0/Presse/Pressemitteilungen_d2.html#7999.

4. Nebenbestimmungen von Genehmigungen

Das Gesetz sieht eine vorläufige oder befristete Form der Genehmigung von Entgelten als grundsätzliche Form des Erlasses vor, ebenso wie einen Widerrufsvorbehalt. Erkennbar ist dieses an dem Wortlaut der Norm, die vorgibt, dass die Genehmigung zu befristen und mit einem Vorbehalt des Widerrufs zu versehen *ist*. Auch hier hat die Regulierungsbehörde keinen Ermessensspielraum hinsichtlich der Befristung und des Widerrufsvorbehalts. Eine Befristung ist nach der Legaldefinition des § 36 Abs. 2 Nr. 1 VwVfG eine Bestimmung, nach der eine Vergünstigung oder Belastung zu einem bestimmten Zeitpunkt beginnt, endet oder für einen bestimmten Zeitraum gilt. Die Genehmigung der Entgelte endet also zu einem bestimmten Zeitpunkt oder gilt nur für einen bestimmten Zeitraum. Der Zeitpunkt kann durch ein kalendarisches Datum oder auch durch ein bestimmtes Ereignis festgelegt sein, also z.B. durch den Beginn der Anreizregulierung. Der Widerrufsvorbehalt wird häufig als auflösende Bedingung eines Verwaltungsakts bezeichnet. Die auflösende Bedingung soll die Ausübung des Widerrufs sein.[285] Der Widerrufsvorbehalt bewirkt die Befugnis, über den Katalog des § 49 VwVfG hinaus einen Widerruf zu ermöglichen, mit der Folge, dass eine Vertrauensschutzbildung im Hinblick auf den Bestand des Hauptverwaltungsakts verhindert wird. Eine Genehmigung kann nach § 23a Abs. 3 EnWG auch unter Bedingungen erteilt werden und mit Auflagen verbunden werden. Eine Bedingung ist nach der Legaldefinition des § 36 Abs. 2 Nr. 2 VwVfG eine Bestimmung, nach der der Eintritt oder der Wegfall einer Vergünstigung oder einer Belastung von dem ungewissen Eintritt eines künftigen Ereignisses abhängt. Eine Auflage hingegen ist nach § 36 Abs. 2 Nr. 4 VwVfG eine Bestimmung, durch die dem Begünstigten ein Tun, Dulden oder Unterlassen vorgeschrieben wird. Insofern ist § 23a Abs. 3 EnWG speziell gegenüber dem im Verwaltungsrecht allgemein gültigen § 36 VwVfG. Hierzu eröffnet sich dann ein breites Feld der Rechtsprechung, inwiefern gegen diese Nebenbestimmungen bei Entgeltgenehmigungen separat vorgegangen werden kann.[286] Beantragt der Netzbetreiber vor Ablauf seiner Entgeltgenehmigungsfrist eine weitere Genehmigung, kann er bis zu einer weiteren Entscheidung die zuletzt genehmigten Entgelte beibehalten. Das gilt nicht, wenn kein weiterer Antrag gestellt wird. Hat der Netznutzer die Genehmigung zu spät beantragt, kann die Regulierungsbehörde gem. § 23a Abs. 3 S. 3 EnWG eine vorläufige Entscheidung vorsehen. Darüber hinausgehende verwaltungsrechtliche Instrumente erscheinen nicht erforderlich zu sein, zumal der Regulierungsbehörde daneben auch die Instrumente der Missbrauchsaufsicht bleiben.

---

[285] *Stelkens/Bonk/Sachs*, VwVfG, § 36 Rn. 22.

[286] Vgl. dazu im Bereich des allgemeinen Verwaltungsrechts beispielhaft *Stelkens/Bonk/Sachs*, VwVfG, § 36 Rn. 82 ff.

5. Vorabgenehmigung und die Prüfung individueller Entgelte nach § 19 Abs. 2 StromNEV

Bei der Vorabgenehmigung nach § 23a EnWG sind auch die Genehmigungen individueller Entgelte zu berücksichtigen. Hat ein Netzbetreiber einen oder mehrere Anträge auf Genehmigung eines individuellen Entgelts gestellt und diese werden genehmigt, sind die Vergünstigungen, die der Netzbetreiber gewährt, durch die Netzentgelte aufzufangen. Nach § 19 Abs. 2 S. 8 StromNEV wirken sich diese Vergünstigungen nämlich auf alle übrigen Netznutzer auf allen nachgelagerten Netz- und Umspannebenen aus. Dieser Effekt ist aber schon bei der Bearbeitung des Antrags nach § 19 Abs. 2 S. 2 StromNEV zu beachten. Denn dort heißt es, die Netzentgelte aller übrigen Netznutzer „dürfen sich nicht wesentlich erhöhen". Beantragt der Netzbetreiber zunächst die individuellen Entgelte und anschließend die Netznutzungsentgelte nach § 23a EnWG, können diese nicht gesamtheitlich betrachtet werden. Sind die Auswirkungen dann doch nicht klar, weil der Antrag nach § 23a EnWG noch nicht geprüft wurde, kann nicht beurteilt werden, ob die Auswirkungen auf die anderen Netznutzer wirklich angemessen sind und keine „wesentlichen" Erhöhungen bevor stehen. Die individuellen Entgelte sind regelmäßig bereits genehmigt, wenn der Antrag nach § 23a EnWG geprüft wird.[287] Eine ganzheitliche Betrachtungsweise wäre sinnvoll. Insofern sollte der Antrag nach § 23a EnWG mit der Bearbeitung der Anträge nach § 19 Abs. 2 S. 2 StromNEV zusammenfallen, um so ggf. notwendig werdende Korrekturen zu vermeiden.

6. Geprüfte Entgelte als Höchstpreise

Schließlich soll gelten, dass die durch ausdrückliche Verfügung der Regulierungsbehörde oder durch die Fiktion genehmigten Netzzugangsentgelte auch gleichzeitig die zulässigen Höchstpreise nach dem EnWG darstellen. § 23a Abs. 2 S. 2 EnWG sieht vor, dass die genehmigten Entgelte grundsätzlich nicht überschritten werden dürfen. Berechnet der Netzbetreiber dennoch höhere Entgelte, kann die Regulierungsbehörde im Wege der Missbrauchsaufsicht gegen den Netzbetreiber vorgehen. Etwas Anderes soll gelten, wenn die Überschreitung ausschließlich aufgrund der Weitergabe nach der Erteilung der Genehmi-

---

[287] Nichts anderes scheint aber in den ersten Fällen der Genehmigung individueller Entgelte geschehen zu sein. Vgl. dazu die Pressemitteilung der BNetzA v. 1.12.2005, wo die Anträge genehmigt wurden und im Anschluss daraufhin gewiesen wurde, dass die Auswirkungen dieser und weiterer Anträge in den Vorabgenehmigungen nach § 23a EnWG berücksichtigt werden. Der Hinweis darauf, dass die derzeitigen Entgelte sich nicht verändern, ist dabei nur ein schwacher Trost für den Stromverbraucher. Siehe zu den Verfahren nach § 19 Abs. 2 StromNEV im WWW unter http://www.bundesnetzagentur.de/enid/9258ecd78f5c280ea 879fa030 c3e2e6e,0/Genehmigungen_individueller_Entgelte_nach___ss9_Abs__2_Satz_2_Strom_NE V/Entscheidungen_2d9.html.

gung erhöhter Kostenwälzungssätze einer vorgelagerten Netz- oder Umspannstufe erfolgt. Diese Kostenwälzungen sind für die Netzbetreiber zumeist unbeeinflussbar.[288] Diese Vorschrift ist auch im Zusammenhang mit § 71a EnWG zu lesen und insofern konsequent. In diesem Fall ist lediglich eine Anzeigepflicht vorgesehen. Eine derart mit einer Kostenwälzung begründete Überschreitung muss nach § 23a Abs. 2 S. 2 EnWG der Regulierungsbehörde unverzüglich, also ohne schuldhaftes Zögern, angezeigt werden.

Absenken darf der Netzbetreiber die Entgelte allerdings ohne dass dies genehmigungspflichtig wäre. Dies ergibt sich zum einen daraus, dass die genehmigten Entgelte die „Höchstpreise" darstellen, nach unten aber keine Begrenzung genannt ist. Zum anderen ist bei einer Absenkung der Entgelte die Idee der missbräuchlichen Gestaltung zum Nachteil des Verbrauchers als Schutzzweck der Norm nicht unmittelbar greifbar. Der Netzbetreiber darf die Entgelte also unterhalb der Höchstpreisgrenze verschieben. Doch auch hier behält sich die Regulierungsbehörde vor, zu prüfen, ob die Entgelte ausreichend abgesenkt wurden.[289]

7. Rückwirkung der Entgeltgenehmigung

Umstritten ist insbesondere die zeitliche Geltung der Genehmigungen, aber nicht deren Ende, sondern vielmehr deren Beginn. Fraglich ist, ob die Vorabgenehmigung der Entgelte nach § 23a EnWG auch rückwirkende Wirkung haben kann.[290] Im Telekommunikationsrecht ist dieses Problem bereits diskutiert und entschieden worden: Hatte der Netzbetreiber mit einem Netznutzer einen Vertrag über die Nutzung seiner Infrastruktur geschlossen, das Entgelt war aber noch nicht durch die Regulierungsbehörde genehmigt worden, stellte sich die Frage nach der Rückwirkung des Entgelts auf den Zeitpunkt des Vertragsschlusses. Im Telekommunikationsrecht wurde auf der Basis der §§ 39, 27 Abs. 1 Nr. 1 TKG a.F. die Rückwirkung der Entgeltgenehmigung auf den Zeitpunkt des Vertragsschlusses bejaht.[291] Diese Frage stellt sich im Energiewirtschaftsrecht aber in etwas abgewandelter Form: Fraglich ist, ob die Pflicht zur Senkung der

---

[288] Anders stellt sich die Situation allerdings dar, wenn der Übertragungsnetzbetreiber und der Verteilnetzbetreiber verbundene Unternehmen sind. Hier besteht die Gefahr, dass Kosten abgewälzt werden, die so nicht entstanden sind und damit für den Verteilnetzbetreiber höhere Entgelte zu rechtfertigen sind. Dies erscheint ein geeigneter Anknüpfungspunkt für Quersubventionierungen zu sein.

[289] Siehe dazu die Präsentation der BNetzA, im Internet abrufbar unter http://www.bundesnetzagentur.de/media/archive/3887.pdf, S. 13 der Präsentation.

[290] Siehe zu diesem Problem auch *Becker/Boos*, ZNER 2006, S. 297 ff. Diese Frage stellt sich mit noch anderen Vorzeichen auch beim Eingreifen der Fiktion. Hier stellt sich die Frage, ab wann das Unternehmen seine neuen, fiktiv genehmigten Preise fordern kann.

[291] Dazu VG Köln, Urt. v. 9.11.2000, AZ. 1 K 10406/98; VG Köln, Urt. v. 30.8.2001, AZ. 1 K 9669/98; VG Köln, Urt. v. 13.2.2003, AZ. 1 K 8003/98, Rn. 81.

Entgelte bereits ab Antragstellung nach § 23a EnWG besteht, wenn die Neukalkulation des Unternehmens zu niedrigeren Entgelten führt. Diese Frage stellt sich insbesondere bei der erstmaligen Anmeldung der Entgelte nach § 118 Abs. 1b EnWG. Denn hier liegt nicht – wie bei jeder weiteren Beantragung eines neuen Entgelts – ein bereits geprüftes oder durch die Genehmigungsfiktion vorerst anerkanntes, mit den Maßstäben des EnWG wahrscheinlich konformes Entgelt vor. Außerdem ist sehr wahrscheinlich, dass ein nach den nun in den NEV vorgegebenen Kalkulationsmaßstäben kalkuliertes Entgelt niedriger ist als die zuvor bezogenen Entgelte. Deshalb kann eine Rückwirkung des niedrigeren Entgelts auf den Zeitpunkt der Antragsstellung hin für die Netznutzer, interessant sein.

Die zur Beantwortung dieser Frage heranzuziehenden Regelungen sind die in § 23a Abs. 3 und Abs. 5 EnWG aufgeführten, denn nur diese beiden Absätze finden bei einer erstmaligen Beantragung der Entgelte Anwendung. § 23a Abs. 5 EnWG findet dabei nach § 118 Abs. 1b EnWG für die erstmalige Beantragung nur entsprechende Anwendung. Für die Frage der Rückwirkung der Genehmigung ist § 23a Abs. 5 S. 1 EnWG entscheidend. Danach können, wenn vor Ablauf der Befristung oder vor dem Wirksamwerden eines Widerrufs eine neue Genehmigung beantragt wurde, die Entgelte bis zur Entscheidung über den Antrag beibehalten werden. Daraus geht grundsätzlich hervor, dass die Entgelte bis zur Bescheidung der Regulierungsbehörde beibehalten werden können, längstens aber bis zum Zeitpunkt des Einritts der Fiktion nach § 23a Abs. 4 S. 2 EnWG. Fraglich ist nun, ob es angesichts dieser Regelung dennoch denkbar ist, dass die Entgeltgenehmigung nach der Entscheidung auf den Zeitpunkt der Antragstellung zurückwirkt. Im Wortlaut des § 23a Abs. 5 S. 1 EnWG ist eine solche Möglichkeit nicht angelegt. Das Gesetz selbst äußert sich über eine Rückwirkung nicht. Anlass zu Zweifeln daran, dass eine Rückwirkung möglich ist, ergeben sich weder aus dem Genehmigungserfordernis selbst, noch aus den mit diesem im Zusammenhang stehenden Regelungen. Das OLG Stuttgart hatte die Frage zu entscheiden, ob eine Rückwirkung auf einen Zeitpunkt vor der Antragstellung möglich ist.[292] In den Beschlüssen wurde das Vorgehen des Regulierers bestätigt.Denn in den zu entscheidenden Fällen wurde ein Genehmigungsantrag verspätet gestellt. Dafür sieht § 23a Abs. 5 S. 2 EnWG ohnehin vor, dass der Regulierer die Entgelte vorläufig festsetzen kann. Die Bundesnetzagentur hat

[292] OLG Stuttgart, Beschl. v. 9.11.2006, Az.: 205 EnWG 1/06, 202 EnWG 5/06. Das OLG Stuttgart begründete seine Auffassung damit, dass ein Vertrauensschutz der Netzbetreiber nicht gegeben sei. Insbesondere hätte die Regulierungsbehörde ja auch bereits viel früher Genehmigungen erteilen können, die dann jedenfalls rechtmäßig gewesen wären. Eine Ermächtigungsgrundlage nennt das Gericht ür diesen belastenden Eingriff nicht. Angenommen hat das OLG Stuttgart, Beschl. v. 5.4.2007, eine solche Rückwirkung wie bereits im einstweiligen Rechtschutz mit dem Argument, dass man den Zielen des EnWG so am ehesten gerecht werde (Rn. 190).

sich statt einer Rückwirkung für die sog. „Mehrerlössaldierung“ entschieden.[293] Es war danach vorgesehen, dass die Differenz zwischen den bisherigen Netzzugangsentgelten und den neuen genehmigten Entgelten mit zukünftigen Kosten der Netzbetreiber verrechnet werden. Das OLG Düsseldorf hat die „Mehrerlössaldierung“ mangels Ermächtigungsgrundlage zu Recht für unzulässig erklärt.[294]

IV. Verhältnis der Vorabprüfung zur Missbrauchsaufsicht

Von der Vorabgenehmigung der Entgelte bleibt die Missbrauchsaufsicht weitestgehend unberührt. Das bedeutet, dass die Vorabgenehmigung der Entgelte, ebenso wie das Konzept der Methodenregulierung, auch auf eine im Nachhinein durchgeführte Kontrolle setzt. Dies ist insoweit bemerkenswert, als dass bei der Vorabgenehmigung das Entgelt bereits durch die Regulierungsbehörde anhand der Maßstäbe des § 21 EnWG und der Rechtsverordnungen „abgesegnet“ wurde. Das wird deutlich in § 30 Abs. 1 S. 2 Nr. 5 EnWG, wonach solche Entgelte als sachlich gerechtfertigt gelten, die die Obergrenze einer erteilten Genehmigung gem. § 23a EnWG nicht überschreiten. Die Missbrauchsaufsicht macht aber dennoch Sinn, wenn der Netzbetreiber sich an die Vorgaben und Entscheidungen der Regulierungsbehörde nicht halten möchte. Dafür hält die Missbrauchsaufsicht ein Instrumentarium bereit, mit dem sich die Preise auch ex post regulieren lassen müssten. Ein im Rahmen der Missbrauchsaufsicht „auffälliges“ Netzzugangsentgelt kann von der Regulierungsbehörde überprüft werden. Insofern gibt § 31 Abs. 1 S. 3 EnWG der Regulierungsbehörde die Befugnis, auch nach § 23a EnWG genehmigte Entgelte daraufhin zu überprüfen, ob die Voraussetzungen für eine Aufhebung der Genehmigung vorliegt.

---

[293] Siehe dazu auch *Becker/Boos*, ZNER 2006, 297 (298).

[294] OLG Düsseldorf, Beschl. v. 21.7.2006, Az. VI 3 Kart 289/06, ZNER 2006, 258 ff. Das OLG Düsseldorf begründete seine Entscheidung auch damit, dass die Ermächtigungsgrundlage fehle für diesen belastenden Verwaltungsakt. Dieser Eilbeschluss wurde mit dem Beschl. v. 9.5.2007 bestätigt. Im Ergebnis ebenso mit ähnlicher Begründung hat auch das OLG Brandenburg, Beschl. v. 16.11.2006. Az. Kart W 1/06, entschieden. Dieser Beschluss ist abgedruckt in ZNER, 2006, 347. Das OLG Düsseldorf argumentierte im Wesentlichen damit, dass eine Ermächtigungsgrundlage für ein solches Vorgehen nicht ersichtlich sei. Die Voraussetzungen des § 33 Abs. 1 EnWG, der eine Mehrerlösabschöpfung grundsätzlich ermöglicht, sind nicht erfüllt. Durch die von den Netzbetreibern bis zur Erstgenehmigung der Entgelte in Rechnung gestellten Entgelte haben diese auch dann nicht gegen die Vorschriften des EnWG verstoßen, wenn sie die materiellen Vorgaben zur Entgeltbildung nach § 21 Abs. 2 EnWG i. V. m. den Vorgaben der Netzentgeltverordnungen nicht eingehalten haben. Dies folgt aus der Übergangsregelung des § 118 Abs. 1 b S. 2 i. V. m. § 23 a Abs. 5 EnWG. § 118 Abs. 1 b S. 2 EnWG ordnet die entsprechende Geltung des § 23 a Abs. 5 EnWG für den Erstantrag an. § 23 a Abs. 5 S. 1 EnWG ist daher „entsprechend“ so zu lesen, dass bei einer rechtzeitigen Beantragung der Genehmigung die bis zu einer Entscheidung über den Antrag verlangten Entgelte beibehalten werden können.

V. Bewertung der Vorabprüfung

Eine Ex-ante-Regulierung aller Entgelte – nicht nur der Erhöhungen – ist grundsätzlich zu begrüßen. Denn eine Methodenregulierung alleine kann dem Anspruch, den das Gemeinschaftsrecht an die Mitgliedstaaten stellt, nicht gerecht werden. Allerdings bedeutet die Prüfung der Entgelte auch nicht, dass auf die Vorgabe der Methoden verzichtet werden könnte. Vielmehr muss beides in einander greifend angewandt werden. Eine Ex-ante-Regulierung ausschließlich für Preiserhöhungen, wie sie während des Gesetzgebungsverfahrens vorgesehen war, wäre insofern nicht sachgerecht gewesen als dass sie zuvor bereits bestehende Preiserhöhungen oder ein hohes Anfangspreisniveau von Entgelten nicht erfasst hätte. Denn bereits seit der Liberalisierung der Energiewirtschaft sind die Netzzugangsentgelte z.T. wesentlich erhöht worden. Aus allen Benchmarking-Berichten der Kommission und aus dem Monitoring-Bericht des Bundesministerium für Wirtschaft und Arbeit zu entnehmende Befunde verlangten eine Kontrolle der derzeit erhobenen Entgelte genauso wie eine Kontrolle künftiger Entgelterhöhungen[295], so dass man dem nur mit der nun durchgesetzten Lösung gerecht werden kann. Genehmigte Entgelte schaffen zudem ein hohes Maß an Rechtssicherheit, was nicht zuletzt an § 30 Abs. 1 S. 2 Nr. 5 EnWG und dem Zusammenspiel mit der Missbrauchsaufsicht deutlich wird. Ein weiterer Vorteil des Ex-ante-Regulierungssystems ist, dass es die Netzbetreiber dazu zwingt, höhere Kosten, die ihnen entstehen, begründen zu müssen. Dieser Begründungszwang kann gleichzeitig als „Abschreckung" dienen.

E. Überführung in die Anreizregulierung

Die derzeit im EnWG vorgesehenen Konzepte der Entgeltregulierung sollen künftig in eine Anreizregulierung übergeleitet werden. Das EnWG sieht in § 21 Abs. 2 S. 1 derzeit bereits vor, dass Anreize für eine kosteneffiziente Leistungserbringung berücksichtigt werden sollen und die Kosten denen eines effizienten und strukturell vergleichbaren Netzbetreibers mit einer dementsprechenden Betriebsführung gleichen müssen. Die Normierung eines Vergleichsverfahrens in § 21 Abs. 3 EnWG ist ein weiterer Hinweis darauf, dass Anreize gesetzt werden sollen. Darüber hinaus bedarf es aber eines eigens für den Energiesektor entwickelten Anreizregulierungskonzepts. Gem. § 112a EnWG hat die Regulierungsbehörde der Bundesregierung bis zum 1. Juli 2006 einen Bericht zur Einführung der Anreizregulierung nach § 21a EnWG vorzulegen.[296]

---

[295] *Monopolkommission*, Stellungnahme zur Anhörung am 29.11.2004 im Ausschuss für Wirtschaft und Arbeit, Ausschussdrucksache 15(9)1539, S. 7.

[296] Einen ersten Bericht dazu hat die BNetzA am 2.5.2006 im Internet veröffentlicht. Der Bericht ist im WWW unter dem Link http://www.bundesnetzagentur.de/media/archive/5858.pdf zu finden.

I. Zweck der Anreizregulierung

Die Anreizregulierung hat insbesondere Bedeutung für die Durchsetzung von Effizienzsteigerungen bei den Netzbetreibern und den Preisführern. Die Preisführer werden durch den Kalkulationsleitfaden und das Vergleichsverfahren nicht unbedingt zu effizienterem Handeln angehalten. Sie können sich auf dem bisher erreichten Effizienzstand „ausruhen". Wesen der Anreizregulierung hingegen ist es, auch dem Preisführer Anreize zu geben, sein Verhalten effizienter zu gestalten. Die wirtschaftlichen Vorteile, die das regulierte Unternehmen dann für sich veranschlagen kann, stellen diesen Anreiz dar. Vorrangiges Ziel der Anreizregulierung ist damit in der Regel die Preissenkung bei gleichzeitigem Erhalt eines vorgeschriebenen Qualitätsniveaus. Während bei einer kostenbasierten Entgeltbildung diese Effizienzsteigerungen an den Netznutzer weitergegeben werden, werden die Netzbetreiber im Rahmen einer Anreizregulierung für Effizienzsteigerungen in Form höherer Gewinne belohnt.[297] Die Anreizregulierung entkoppelt jedoch die Erlöse und die Preise für einen bestimmten Zeitraum von den tatsächlichen Kosten des Unternehmens, bedeutet also eine Abkehr von dem kostenorientierten System.[298] Das ist insoweit vorteilhaft, als dass ein Unternehmen, das einer Regulierung unterliegt, nahezu immer einen Informationsvorsprung gegenüber der Regulierungsbehörde hinsichtlich der eigenen Kosten- und Nachfragesituation haben wird.[299] Demzufolge kann es auch die daraus folgenden Konsequenzen im Vorhinein gut einschätzen. Das Unternehmen kann einerseits erreichte Kosteneinsparungen über einen begrenzten Zeitraum als Zusatzgewinne einbehalten – vorausgesetzt die Kosten sinken schneller als vom Regulator angenommen – und muss andererseits auch ggf. aus zu hohen Kosten herrührende Renditekürzungen und Verluste akzeptieren.[300] Ineffiziente Unternehmen werden durch die Anreizregulierung gezwungen, Effizienzsteigerungen vorzunehmen, da ihnen andernfalls die Situation droht, dass sie ihre Kosten nicht decken können. Daneben muss ein erwünschter Anreiz auch sein, dass die Netzbetreiber die Netzinvestitionen auch unter ökonomischen Aspekten optimieren und die Servicequalität nicht nur gegenüber dem konzernangehörigen

---

[297] Denn gelingt es dem Anbieter, zu geringeren Kosten als den durch die Entgeltregulierung ex ante antizipierten Kosten zu produzieren, müsste er diese Effizienzgewinne bei einer kostenbasierten Regulierung sofort an die Kunden in Form niedriger Preise weitergeben. Dazu *Ewers*, Zusammenschaltung von Telekommunikationsnetzen: Entgeltbestimmung und Kostenrechnung, S. 33. Aber auch der Netznutzer profitiert von dieser Regelung. Denn bei einer Anreizregulierung, z.B. Price-Cap, bleibt der Preis für die Regulierungsperiode stabil.

[298] Vgl. zu den Zielen und Vorgaben der Anreizregulierung auch ausführlich *Pielow*, Auslegungsfragen zur Einführung der Anreizregulierung, S. 2 ff.

[299] Dieser Nachteil besteht auch im Rahmen der Anreizregulierung noch. Vgl. für die Price-Cap-Regulierung dazu *Grewe*, Price Caps als Regulierungsinstrumente in der leitungsgebundenen Energieversorgung, 1999.

[300] Kutschke/Mölder/Nissen/Weißenfels, ET 2004, 139 (140).

Netznutzer, sondern gegenüber allen Nutzern steigern. Das regulierte Unternehmen muss eine vorgegebene gesellschaftliche Zielfunktion maximieren, indem es seine privaten Ziele verfolgt.

Die originäre Idee der Anreizregulierung ist es, Regulierungsinstrumente zu schaffen, die auf eine detaillierte Überwachung und Kontrolle der internen Unternehmensdaten verzichten und so die Regulierungsintensität verringern. Da das Unternehmen selbständig den Anreizen folgt, bedarf es keiner Detailfestlegung durch den Regulierer, so dass in der Regel auch nur ein geringer Informationsbedarf des Regulierers besteht. Durch die Entkopplung von Kosten und Erlösen würde letztlich auch die Regulierungsbehörde von permanenten Kostenprüfungen entlastet. Wichtig ist bei der Einführung einer Anreizregulierung die Begründung von angemessen langen und konstanten Regulierungszyklen, um für die Unternehmen auch in einem eingriffsintensiven Verfahren ein größtmöglichstes Maß an Kalkulierbarkeit zu erreichen.

II. Gesetzliche Vorgaben der Einführung einer Anreizregulierung

Die wesentlichen Regelungen zur Gestaltung eines solchen Anreizregulierungskonzepts sind in § 21a EnWG bereits gesetzlich festgeschrieben. Die Vorgaben für die Anreizregulierung enthalten neben den technischen Vorgaben der Umsetzung auch rechtliche Maßstäbe, die im Rahmen der Darstellung aufgeführt werden, aber bereits wegen ihrer Bedeutung noch einmal ausdrücklich „vor die Klammer" gezogen werden sollen. Zunächst ist der Grundsatz der Beeinflussbarkeit ein solcher Maßstab: § 21a Abs. 4 EnWG besagt, dass Effizienzvorgaben und Obergrenzen sich nur auf den beeinflussbaren Anteil der Kosten beziehen können. Ein weiterer Maßstab für die Anreizregulierung ist der Grundsatz der relativen Erreichbarkeit, der sich aus § 21a Abs. 5 EnWG ergibt.[301] Danach müssen alle Effizienzvorgaben so gestaltet und über die Regulierungsperiode verteilt sein, dass die Vorgabe von den Netzbetreibern im Rahmen ihrer Möglichkeiten durchgeführt und sogar übertroffen werden kann. Eine relative (keine individuelle) Erreichbarkeit und Übertreffbarkeit der Effizienzvorgaben ist also vorauszusetzen. Ein weiterer Maßstab der Anreizregulierung ist die Beachtung des Vertrauensschutzes, der grundsätzlich selbstverständlich ist, in einer Anreizregulierung jedoch eine besondere, wirtschaftliche Planungsprozesse beeinflussende Funktion hat: Nach § 21a Abs. 3 EnWG bleiben die Vorgaben für eine Regulierungsperiode von 2-5 Jahren unverändert, sofern nicht Änderungen staatlich veranlasster Mehrbelastungen aufgrund von Abgaben oder Vergütungen und Umlagen nach dem EEG und dem KWKG oder anderer, auch nicht durch den Netzbetreiber zu vertretener Umstände eintreten. Dies bedeutet, dass

[301] Damit ist die Erreichbarkeit nach einem objektven Maßstab zu bestimmen. *Pielow*, Auslegungsfragen zur Einführung der Anreizregulierung, S. 47, sieht das anders.

die Vorgaben innerhalb einer Regulierungsperiode nicht zu Lasten der Netzbetreiber geändert werden dürfen, es sei denn, der Grund für die Änderung ist von dem Netzbetreiber zu vertreten.

1. Vorgaben für die Ausgestaltung nach § 21a EnWG

Gem. § 21a Abs. 6 EnWG kann die Bundesregierung durch Rechtsverordnung jeweils für eine gem. § 21a Abs. 3 S. 1 EnWG bestimmte Regulierungsperiode von maximal 5 und minimal zwei Jahren Vorgaben für die Bestimmung der Höhe der Entgelte festlegen.[302] Diese Vorgaben sollen nach der gesetzgeberischen Vorstellung in Form von Obergrenzen für eine Regulierungsperiode festgelegt werden. Bei der Vorgabe dieser Obergrenzen müssen auch Effizienzvorgaben Berücksichtigung finden.

Die Obergrenzen können für die Höhe der Netzzugangsentgelte (Preisobergrenzen) oder auch für die Gesamterlöse aus den Netzzugangsentgelten (Erlösobergrenzen) gebildet werden. Nach § 21a Abs. 3 S. 4 EnWG sind bei den Vorgaben für die Obergrenzen die Auswirkungen jährlich schwankender Verbrauchsmengen auf die Gesamterlöse der Netzbetreiber, also die Mengeneffekte, zu berücksichtigen. Bei der Vorgabe von Obergrenzen wirken sich aber lediglich fallende Mengen zu Lasten der Netzbetreiber aus, wohingegen bei steigenden Mengen Vorteile zu erwarten sind. Für wen die Obergrenzen Anwendung finden, beruht auf einer Entscheidung der Regulierungsbehörde. Diese kann die Obergrenzen vorbehaltlich der Verordnung für einzelne Netzbetreiber, Gruppen von Netzbetreibern, auf das gesamte Elektrizitäts- oder Gasnetz, auf Teile des Netzes oder auf die einzelnen Netz- und Umspannungsebenen vorgeben. Gleiches gilt auch für sonstige Effizienzvorgaben, die daneben möglich sind. Werden allerdings Vorgaben für Gruppen festgelegt, setzt dies zwingend voraus, dass die betroffenen Netzbetreiber strukturell miteinander vergleichbar sind. Insoweit können bei der strukturellen Vergleichbarkeit der Netzbetreiber ähnliche Maßstäbe und Eingruppierungen wie bei dem Vergleichsverfahren angewandt werden. Denn auch hier werden nur solche Netzbetreiber miteinander verglichen, die strukturell ähnlich angeordnet sind. Fraglich ist aber, ob die dort identifizierten Strukturklassen ausreichen. Wahrscheinlich müssen noch andere relevante Kriterien (Topographie, usw.) identifiziert werden.

---

[302] Anvisiert werden von der BNetzA Perioden von 3 Jahren. Nach zwei Perioden soll dann zu einer kürzeren Periode von 2 Jahren übergegangen werden. Dies ergibt sich aus einem ersten Entwurf des Berichts der BNetzA zur Anreizregulierung v. 2.5.2006, im WWW abrufbar unter http://www.bundesnetzagentur.de/media/archive/5858.pdf. Nunmehr wurde in dem A-RegV-E in § 3 Abs. 2 die Dauer von 4 Jahren vorgeschlagen.

Die Regulierungsbehörde kann gem. § 21a Abs. 3 EnWG eine zeitliche Staffelung der Entwicklung der Obergrenzen innerhalb einer Regulierungsperiode vorsehen. Die Vorgaben bleiben für eine Regulierungsperiode unverändert, sofern nicht Änderungen staatlich veranlasster Mehrbelastungen aufgrund von Abgaben oder Vergütungen und Umlagen nach dem EEG und dem KWKG oder anderer, auch nicht durch den Netzbetreiber zu vertretener Umstände eintreten. Unter den aufgeführten (Neu-) Belastungen kann die Regulierungsbehörde die Werte anders festsetzen. Fraglich ist, was unter diese Fallgruppe der Mehrbelastungen, die „durch nicht durch den Netzbetreiber zu vertretender Umstände" eintreten, zu fassen ist. Die gesetzlichen Verpflichtungen nach EEG und KWKG, die hier aufgeführt werden, sind letztlich nur Untergruppierungen der „nicht zu vertretenden Umstände".[303] Nach der hier vertretenen Definition muss es sich bei diesen Mehrbelastungen um nach dem Beginn der Regulierungsperiode auftretende Ereignisse oder Zustände handeln, die unabwendbar und zwingend sind und die auch ein im Geschäftsverkehr sorgfältig und weitsichtig handelnder Netzbetreiber nicht hätte verhindern können. Dazu gehören Steuerlasten, die das Unternehmen zu tragen hat und andere gesetzliche Verpflichtungen. Darunter zu fassen sind jedoch auch die Folgen eines unabwendbaren Ereignisses, wie etwa einer Naturkatastrophe, die durch den Netzbetreiber nicht einzukalkulieren und nicht zu verhindern ist. Auch weit reichende kommunalpolitische Entscheidungen können im Einzelfall solche nicht zu vertretenden Umstände darstellen. Der Netzbetreiber muss in einem solchen Fall die Chance erhalten, notwendige Investitionen über den Preis zumindest vorübergehend abzuwälzen. Stranded costs[304] können nicht unter diese Fallgruppe gefasst werden. Denn stranded costs entstehen nicht erst während der Regulierungsperiode, sondern sind bereits lange vorher entstanden und konnten noch nicht vollständig in den Preis abgewälzt werden. Die in § 21a Abs. 3 EnWG genannten Mehrbelastungen treten aber erst innerhalb der Regulierungsperiode ein.

Vom Netzbetreiber zu vertretende Umstände rechtfertigen eine Veränderung der Werte auch in der andauernden Regulierungsperiode. Diese ist auch zu Lasten des Netzbetreibers denkbar, denn dieser ist dann nicht vertrauensschutzwürdig.

---

[303] Dass es sich nicht um eine abschließende Aufzählung handelt, davon geht auch die BNetzA in ihrem ersten Referenzbericht v. 8.12.2005, Rn. 12 aus. Dort heißt es, es handele sich um ein Beispiel.

[304] Stranded costs entstehen dadurch, dass es Netze gibt, die aufgrund von Fehleinschätzungen in der Vergangenheit (z.B. Energiebedarf in Ostdeutschland, der aufgrund der erwarteten Entwicklung der Industrie eingeschätzt wurde) erheblich größer dimensioniert wurden als der tatsächliche und künftige Bedarf sich darstellt.

Ein solcher Umstand, der dem Netzbetreiber zuzurechnen wäre, wäre beispielsweise, wenn die vom Netzbetreiber gelieferten Informationen falsch waren, wenn er der Regulierungsbehörde also unrichtige oder unvollständige Daten zur Verfügung gestellt hat.

2. Bildung von Preis- bzw. Erlösobergrenzen

a. Abgrenzung beeinflussbarer Kostenanteile und nicht beeinflussbarer Kostenanteile

Bei der Ermittlung der Preis- bzw. Erlösobergrenzen im Anreizregulierungsverfahren durch die Regulierungsbehörde unterscheidet der Gesetzgeber zwischen solchen Kostenanteilen der Netzzugangsentgelte, die im Machtbereich des Netzbetreibers liegen (beeinflussbare Kostenanteile)[305] und solchen Kostenanteilen, die diesem Machtbereich aus rechtlichen oder tatsächlichen Gründen entzogen sind (nicht beeinflussbare Kostenanteile). Es gibt keine Legaldefinition dieser nicht beeinflussbaren Kosten. Aber das Gesetz ordnet bestimmte Kosten gleich als nicht beeinflussbare Kosten ein: Danach sind nicht beeinflussbare Kostenanteile insbesondere solche, die von strukturellen Unterschieden der Versorgungsgebiete abhängen, auf gesetzlichen Abnahme- und Vergütungspflichten, Konzessionsabgaben und Betriebssteuern beruhen oder durch Dritte veranlasst sind. Damit sind nur solche Kosten angesprochen, die durch Dritte verursacht oder durch andere äußere Umstände vorgegeben wurden. Ausgenommen von den Effizienzvorgaben sind also beispielsweise Kosten, die dem Netzbetreiber durch die topographischen Gegebenheiten, die Siedlungszusammenhänge und die Abnahmedichte entstehen. Diese Nachteile werden ihm nicht zugerechnet. Der Hinweis, dass dazu insbesondere die aufgezählten Kostenteile zu diesen nicht beeinflussbaren Kosten zählen, zeigt, dass unter Umständen auch andere Kostenteile dazu zählen können.[306] Dabei muss auch berücksichtigt werden, dass

---

[305] Beeinflussbare Kosten sind im EnWG nicht definiert. Beeinflussbare Kosten sind beispielsweise Kosten, die sich aus Arbeits-, Dienst-, Werk-, Pacht- und Mietverträgen ergeben. Solche Kosten stellen auch die Höhe der in Zukunft anfallenden Zinsen aus Darlehensverträgen dar. Etwas anderes muss jedoch zum Bespiel aus Schutzgründen für betriebliche und tarifliche Vereinbarungen zu Zusatzleitungen gelten, die sich in bereits bestehenden Vereinbarungen befinden, dies ist auch dem ARegV-E zu entnehmen, der in § 11 Abs. 2 Nr. 9 eben solche Regelungen als nicht beeinflussbare Kosten einordnet. Siehe dazu auch *Pielow*, Auslegungsfragen bei der Einführung der Anreizregulierung, S. 73 ff. Im Einzelnen gibt es viele Positionen, die man verschieden betrachten kann. Beispiele dafür sind Ertragssteuern, Kosten aus Konzessionsverträgen, Beiträge zur Deckung der Kosten der BNetzA usw. Indem § 11 Abs. 2 Nr. 9 AregV-E diese abschließend nennt, besteht diesbezüglich aber kein Spielraum.

[306] Die Abgrenzung ist im Einzelfall sehr schwierig. Fraglich ist beispielsweise die Zuordnung der gesetzlich auferlegten Netzausbaukosten gem. §§ 15 ff. EnWG und die notwendigen, in der Vergangenheit aufgewandten Kosten des Baus bzw. des Netzerwerbs nach dem

sich auf den unteren Netzebenen ein wesentlicher Teil der Entgelte aus gewälzten Kosten ergibt, auf die der Netzbetreiber keinen Einfluss hat.[307] Denkbar wäre beispielsweise, dass die Bezugskosten für Regelenergie darunter zu fassen sind. Diese Kosten sind durch den Netzbetreiber nicht beeinflussbar. Sie sind dem Machtbereich des Netzbetreibers entzogen[308] und müssten damit den nicht beeinflussbaren Kosten zuzuordnen sein. Die Unterscheidung von beeinflussbaren und unbeeinflussbaren Kosten ist zunächst durch die Bundesregierung in der Rechtsverordnung festzusetzen.[309]

Die Einordnung als „unbeeinflussbare" Kosten muss möglichst restriktiv gehandhabt werden, denn ansonsten würde nicht die Fähigkeit zur effizienten Führung eines Netzbetriebs zum Erfolg eines Unternehmens führen, sondern die Fähigkeit, möglichst große Kostenblöcke als „unbeeinflussbare" Kosten dem regulatorischen Zugriff zu entziehen.[310]

Dieses Verfahren ist notwendig, weil § 21a Abs. 4 EnWG weiterhin vorsieht, dass sich Effizienzvorgaben und somit Obergrenzen nur auf den beeinflussbaren Kostenanteil beziehen dürfen. Deshalb ist eine Abgrenzung dieser Kosten ebenso brisant wie schwierig. Die Regelung, dass nur die beeinflussbaren Kosten von Effizienzvorgaben betroffen sind, hätte eine gesetzliche Festschreibung allerdings nicht erfordert: Wo dem Netzbetreiber bereits der Einfluss auf die Kosten fehlt, kann er auch durch die Anlegung von Effizienzparametern nichts an der Höhe der Kosten ändern. Effizienzparameter können notwendigerweise immer nur solche Werte und Kosten betreffen, die unter einem unternehmenspolitischen Vorbehalt stehen und überhaupt gezielt veränderbar sind. Der Grundsatz der Beeinflussbarkeit ist durch § 21a Abs. 4 EnWG gewährleistet.

Sachzeitwert. Nach Hinweis der BNetzA werden z.B. Kapitalkosten nicht per se als unbeeinflussbare Kostenanteile angesehen.

307 So *Angenendt/Franz*, e/m/w 2005, 17 (22).

308 Für diese Auslegung streitet auch eine – zwar etwas anders gelagerte – im Rahmen der seit Dezember 2004 eingeleiteten Verfahren gegen Gasversorger wegen des Verdachts missbräuchlicher Preisgestaltung durch das Bundeskartellamt bewirkte Entscheidung. Hier erklärte sich das Unternehmen bereit, die Preise nicht zu erhöhen, sondern lediglich die sich erhöhenden Bezugskosten auf die Preise umzulegen. Damit beendete das Bundeskartellamt das Verfahren. Die Pressemitteilung ist im WWW unter http://www.bundeskartellamt.de/wDeutsch/aktuelles/presse/2005_04_28.shtml zu finden. Dagegen könnte angeführt werden, dass das EVU im Falle der Regelenergie für eine solche Abwälzung auf den Kunden zunächst darlegen müsste, dass es sich seinerseits gegen seinen Vorlieferanten zur Wehr gesetzt hat und die Erhöhung der Beschaffungskosten nicht ungeprüft akzeptiert hat.

309 Dies ist in § 11 Abs. 2 ARegV-E geschehen.

310 Siehe dazu *Angenendt/Franz*, e/m/w 2005, 17 (22), die darauf hinweisen, dass sich bei einer weiten Anwendung dieses Passus eine Proliferation des nicht beeinflussbaren Kostenanteils kaum vermeiden lassen wird. Der ARegV-E soll die nicht beeinflussbaren Kostenanteile abschließend festlegen.

b. Bildung von Effizienzparametern

§ 21a Abs. 5 EnWG gibt vor, wie die Effizienzparameter ermittelt werden sollen. Dies geschieht durch Ableitung unternehmensindividueller und gruppenspezifischer Effizienzziele auf der Grundlage eines Effizienzvergleichs unter Berücksichtigung insbesondere der bestehenden Effizienz eines jeden Netzbetriebs. Hierin ist ein weiterer Verwendungszweck der Ergebnisse des Vergleichsverfahrens zu sehen. Ebenso werden bei der Bestimmung objektive strukturelle Unterschiede, die inflationsbereinigte gesamtwirtschaftliche Produktivitätsentwicklung[311] und die Versorgungsqualität eines Netzbetreibers beachtet. Der Status quo eines jeden Netzbetreibers oder einer Netzbetreibergruppe ist also Ausgangspunkt für die Festlegungen der Effizienzvorgaben. Bei diesem Verfahren nach § 21a Abs. 5 S. 2 EnWG müssen auch strukturelle Unterschiede Beachtung finden. Dies ist besonders für die landschaftlich schwerer zu versorgenden Gebiete von Bedeutung. Alle Effizienzvorgaben – auch die Qualitätsvorgaben sind dazu zu zählen – müssen so gestaltet und über die Regulierungsperiode verteilt sein, dass die Vorgabe von den Netzbetreibern im Rahmen ihrer Möglichkeiten durchgeführt werden kann (Grundsatz der relativen Erreichbarkeit). Der Grundsatz der relativen Erreichbarkeit besagt, dass die Effizienzvorgaben so gestaltet sein müssen, dass ein Netzbetreiber bei Ausschöpfung aller Potenziale zur Rationalisierung seine Selbstkosten decken kann. Es muss dem Netzbetreiber also trotz Effizienzvorgaben möglich sein, kostendeckend zu wirtschaften.[312] Für die besonders effizienten Netzbetreiber muss sogar die Option bestehen, die Vorgaben zu übertreffen (Grundsatz der möglichen Übertreffbarkeit).[313] Diese gesetzliche Festlegung bedeutet gleichzeitig eine Abschwächung der Effizienzparameter und ein Einführung der Verhältnismäßigkeit in die Bildung der Parameterformel. Im Rahmen dieser Verhältnismäßigkeitsprüfung sind die Rechte der

---

[311] Mit der Berücksichtigung der Produktionsentwicklung in dem Anreizsystem soll die Energiewirtschaft zur Realisierung von Produktionsfortschritten anspornen und die Vorteile mit den Kunden zu teilen. Diese Funktion übernehmen in einem Wettbewerbsmarkt üblicherweise die Marktkräfte selbst. Diese Funktion muss in einem Anreizregulierungssystem durch die Koppelung der Preis- und Erlösobergrenze an einen Preisindex und den so genannten X-Faktor übernommen werden. Die BNetzA möchte zu diesem Zweck einen allgemeinen X-Faktor in die Cap-Formel integrieren. Damit soll ein Ausgleich gefunden werden, dass nicht entweder der Kunde oder der Netzbetreiber belastet wird. Vgl. dazu den Berichtsentwurf der BNetzA v. 2.5.2006, im WWW unter http://www.bundesnetzagentur.de/ e-nid/001a960d05b17fbf321dfb2092c6080e,0/Allgemeine_Informationen/Anreizregulierung_2 au.html, Rn. 245 ff.

[312] Es ist in diesem Zusammenhang wohl von einem objektiven Maßstab der Erreichbarkeit auszugehen. *Pielow*, Auslegungsfragen der Einführung der Anreizregulierung, S. 47, geht davon aus, dass diese Auslegung der BNetzA zu unverhältnismäßigen und damit verfassungswidrigen Maßnahmen führe.

[313] Siehe eingehend zu dem Maßstab der „Übertreffbarkeit" *Pielow*, Auslegungsfragen der Einführung der Anreizregulierung, S. 44 ff.

Netzbetreiber der Sozialbindung des Eigentums und des Gemeinwohls entgegenzusetzen. Denn eine Vorgabe von Effizienzvorgaben ist mit Art. 14 GG nur dann vereinbar, wenn sie von den betroffenen Netzbetreibern überhaupt unter angemessenen Bedingungen zu erfüllen ist, ihn also nicht überfordert. Eine von Beginn an unmögliche Leistung kann dem Netzbetreiber nicht abverlangt werden. Allerdings ist die Zumutbarkeitsgrenze wegen des Gemeinwohls und der Sozialbindung des Eigentums hoch anzusetzen. Eine Vollkostendeckung darf durch die Zumutbarkeitsgrenze gerade nicht quasi „durch die Hintertür" wieder eingeführt werden. Der Netzbetreiber muss darlegen können, dass die Entgeltregulierung nahezu „erdrosselnde" Wirkung[314] hat, wenn also der Netzbetreiber die Vorgaben trotz besten Bemühens nicht erreichen kann und diese nahezu enteignungsgleiche Wirkung haben.

Der Gesetzgeber geht in § 21a Abs. 5 S. 5 EnWG davon aus, dass aus den Vorgaben eine Methode zur Ermittlung von Effizienzvorgaben entwickelt wird. Diese Methode ist möglichst „robust"[315] zu gestalten, so dass geringfügige Änderungen der Daten nicht zu unverhältnismäßigen Änderungen der Vorgaben führen. Gelänge eine solche „robuste" Festlegung, könnte für die Netzbetreiber mehr Rechtssicherheit geschaffen werden.

c. *Qualitätsregulierung*

Begleitend wird neben der Anreizregulierung auch eine Qualitätsregulierung vorgesehen. Qualität hinsichtlich der Versorgung umfasst mehrere Bereiche.[316] Zum einen ist die Versorgungszuverlässigkeit entscheidend. Darunter ist die Verfügbarkeit der Versorgung mit elektrischer Energie aus Kundensicht zu verstehen. Bezeichnet wird die Versorgungssicherheit anhand der Häufigkeit und Dauer von Versorgungsunterbrechungen.[317] Des Weiteren sind die Spannungs- und Frequenzqualität und die kommerzielle Qualität unter dem Begriff der Versorgungsqualität zusammenzufassen. Nach § 21a Abs. 5 S. 2 EnWG werden Qualitätsvorgaben auf der Basis der Bewertung von Zulässigkeitskenngrößen

[314] Siehe zu der Frage, wann eine solche erdrosselnde Wirkung vorliegt, auch mit Bezug auf das Enteignungsrecht *Koenig/Rasbach/Schreiber*, N&R 2005, 56 ff. Die Grenze der Zumutbarkeit wird nach Auffassung der BNetzA in ihrem Bericht zur Einführung der Anreizregulierung v. 30.6.2006, Rn. 100 erst überschritten, wenn die Mehrheit der betroffenen Unternehmen in ihrer wirtschaftlichen Existenz gefährdet ist.

[315] Diese Begrifflichkeit verwendet die BNetzA im ersten Referenzbericht v. 8.12.2005, Rn. 15.

[316] Vgl. zur Qualitätsregulierung auch *Haubrich/Maurer/Zimmer*, ET 2005 (Special), 7 (10).

[317] In der norwegischen Regulierungspraxis wurde die Versorgungsqualität definiert als unterbruchsfreie Stromversorgung. Näher dazu *Hense/Schäffner*, Regulatorische Aufgaben im Energiebereich – ein europäischer Vergleich, 2004, S. 23 (27). Deutschland liegt, was das Kriterium der Versorgungsunterbrechung angeht, mit 30 min Unterbrechungsdauer an der Spitze Europas und ist damit das Land mit der größten Zuverlässigkeit.

ermittelt, bei der auch Strukturunterschiede zu berücksichtigen sind. Hält sich ein Netzbetreiber nicht an die vorgeschriebenen Qualitätsziele, können im Gegenzug durch die Regulierungsbehörde die Obergrenzen zur Bestimmung der Netzzugangsentgelte für ein Energieversorgungsunternehmen gesenkt werden, § 21a Abs. 5 S. 3 EnWG. Diese Bestrafung für das Nichteinhalten von Mindeststandards ist notwendig, denn gerade bei der Anreizregulierung besteht die Gefahr, dass an Qualitätsstandards gespart wird. Dafür muss ein bestimmtes Maß an Qualität gesetzlich definiert werden. Eine höchste Qualitätsstufe ist allerdings überflüssig, wenn sie für den Netznutzer zu einer „Vergoldung" des Netzes führt. Auch im umgekehrten Fall ist also eine solche Lenkung durch einen monetären Anreiz nötig. Von einer detaillierten Investitionslenkungsmöglichkeit der Regulierungsbehörde hat der Gesetzgeber jedoch abgesehen. Dies wäre in etwa so denkbar, dass die Regulierungsbehörde den Unternehmen konkret aufgeben kann, dass bestimmte Investitionsentscheidungen zu treffen sind. Eine solche Vorgabe griffe aber zu tief in die unternehmerische Freiheit ein. Vielmehr sollte anhand eines Qualitätsregulierungssystems versucht werden, die nötigen Investitionen in die Netze zu veranlassen.

3. Ausgestaltungsmöglichkeiten der Bundesregierung durch Rechtsverordnung im Rahmen der Anreizregulierung

Des Weiteren hat auch die Bundesregierung mit Zustimmung des Bundesrats die Möglichkeit, nach § 21a Abs. 6 EnWG durch Rechtsverordnung die Anreizregulierung in den entscheidenden Punkten festzulegen. Sie ist ermächtigt, die Methode der Anreizregulierung in einer Rechtsverordnung zu bestimmen und zu regeln, wann und wie die Regulierungsbehörde im Einzelnen Feststellungen treffen und Maßnahmen gegenüber Netzbetreibern genehmigen kann.

In dieser Rechtsverordnung zur Anreizregulierung kann die Bundesregierung nach § 21a Abs. 1 S. 1 Nr. 1 EnWG bestimmen, ob und ab welchem Zeitpunkt Netzzugangsentgelte im Wege der Anreizregulierung bestimmt werden oder nicht. Das ist die Grundentscheidung im Rahmen der Einführung der Anreizregulierung. Damit überlässt der Gesetzgeber der Bundesregierung mit der Zustimmung des Bundesrates die entscheidende Weichenstellung. Zwar hätte die Regulierungsbehörde die Erfahrung und das Wissen auf diesem Gebiet gebündelt, so dass die Beauftragung der Regulierungsbehörde näher gelegen hat und zunächst auch vorgesehen war. Allerdings ist angesichts der Bedeutung des Eingriffs die Hürde der Entscheidung möglichst hoch anzulegen. Die Einführung eines solchen Systems hat erhebliche Folgen für die Unternehmen und gesamtwirtschaftliche Auswirkungen. Deshalb erscheint eine Einführung des neuen Systems durch eine Rechtsverordnung mit Zustimmung des Bundesrates sinnvoll. Die Regulierungsbehörde kann dann planerisch und gestalterisch im Vorfeld mitwirken.

Des Weiteren kann die Bundesregierung gem. § 21a Abs. 6 S. 1 Nr. 2 EnWG in einem zweiten Schritt darüber entscheiden, wie die Anreizregulierung nach den Vorgaben des § 21a Abs. 1 bis 5 EnWG auszugestalten ist. Insofern unterliegt das gewählte Anreizsystem diesem Vorbehalt. Die Bundesregierung legt in dieser Rechtsverordnung auch fest, welche Festsetzungen und Vorgaben die Regulierungsbehörde treffen darf, wenn sie im Rahmen der Durchführung der Methoden tätig wird. Dort können auch Regelungen vorgesehen sein, die bestimmen, wann die Regulierungsbehörde Maßnahmen der Netzbetreiber im Rahmen der Anreizregulierung genehmigen kann.

Im Einzelnen sind regelbare Sachverhalte in S. 2 des § 21a Abs. 6 EnWG aufgeführt. Danach können durch die Rechtsverordnung detaillierte Regelungen getroffen werden hinsichtlich der Gruppenbildung, der Effizienz- und Qualitätsvorgaben, der beeinflussbaren Kostenanteile, der Begünstigung von Investitionen und der Datenerhebung durch die Regulierungsbehörde. Auf jeden einzelnen der regelbaren Sachverhalte soll im Rahmen der Bearbeitung nicht eingegangen werden. Einige „markante" Regelungsmöglichkeiten sollen im Folgenden kurz angesprochen werden.

a. Gruppenbildung

Nach § 21a Abs. 6 S. 2 Nr. 1 und 2 EnWG können Regelungen vorgesehen werden, wonach Gruppen gebildet werden, für die dann Vorgaben einheitlich nach § 21a Abs. 2 S. 2 EnWG geschaffen werden. Diese Klausel ist vor dem Hintergrund interessant, dass es schwierig und verwaltungstechnisch kaum zu bewältigen ist, dass für jedes Unternehmen individuell eine Vorgabe geschaffen wird.[318] Allerdings kann es dabei zu einer individuellen Überforderung eines einzelnen Gruppenteilnehmers kommen. Eine Klausel, nach der ein Netzbetreiber jedoch auf begründeten Antrag hin durch die Regulierungsbehörde einer anderen Gruppe zugeordnet werden kann, ist nicht vorgesehen. Eine Härtefallregelung muss in bestimmten Situationen aber eingreifen. Dies gilt insbesondere vor dem Hintergrund der bereits aufgezeigten Grundsätze der „Erreichbarkeit" und auch der „Übertreffbarkeit". Es ist auch denkbar, dass aufgrund wirklich außergewöhnlicher objektiv struktureller Unterschiede ein Netzbetreiber gar keiner Gruppe zuzuordnen ist. Dann müsste für diesen insbesondere aufgrund der „Erreichbarkeit" weiterhin alleine eine Genehmigung einer Obergrenze erfolgen.

---

[318] Diesen Unterschied, z.B. zu dem System in Großbritannien, sieht auch *Grewe*, Price Caps als Regulierungsinstrumente in der leitungsgebundenen Energiewirtschaft, 1999, S. 56, der es für unwahrscheinlich hält, dass ein Price-Cap-Verfahren zu realisieren ist, das für jedes Unternehmen eine Vorgabe vorsieht. In Großbritannien habe man bereits mit einem Netzeigentümer verwaltungstechnisch viel bewältigen müssen. Insofern handelt es sich bei der Möglichkeit des § 21a Abs. 6 S. 2 EnWG um eine Verwaltungsvereinfachung.

b. „Escape-Klausel“

Die Bundesregierung kann eine sogenannte „Escape-Klausel“ in der Rechtsverordnung zur Anreizregulierung vorsehen. § 21a Abs. 6 S. 2 Nr. 4 EnWG sieht Möglichkeiten dafür vor, dass die Obergrenze auf Antrag des betroffenen Netzbetreibers hin abweichend von dem vorgegebenen Entwicklungspfad angepasst werden kann. Dies kann während der laufenden Regulierungsperiode geschehen. In dieser Möglichkeit, die Preis- bzw. Erlösvorgaben in der laufenden Regulierungsperiode zu verändern, wird eine „Escape-Klausel“ gesehen, mit der der Netzbetreiber selbst die Vorgabe zu seinen Gunsten beeinflussen kann. Dazu muss er einen Antrag an die Regulierungsbehörde stellen. Welche Voraussetzungen ein Antrag erfüllen muss, damit ihm die Regulierungsbehörde stattgeben kann, muss von der Bundesregierung genau festgelegt werden. An die Begründung werden hohe Anforderungen zu stellen sein, um nicht einen Missbrauch dieser Klausel zu ermöglichen. Die Berufung auf diese „Escape-Klausel“ kann sich nur auf den beeinflussbaren Teil der Kosten beziehen. Denn für den unbeeinflussbaren Teil der Kosten werden keine Effizienzvorgaben festgelegt. Die Maßnahme ist jedoch als „Kann-Vorschrift“ vorgesehen, muss also in einer Rechtsverordnung nicht umgesetzt werden, so dass abzuwarten sein wird, inwiefern die Bundesregierung überhaupt davon Gebrauch macht. Eine solche Klausel ist aber grundsätzlich erforderlich, um krasse individuelle Überforderungen zu vermeiden und dem Grundsatz der „Erreichbarkeit“ gerecht zu werden.[319]

c. Investitionsförderung

Die Bundesregierung kann nach § 21a Abs. 6 S. 2 Nr. 8 EnWG Voraussetzungen festlegen, unter denen bestimmte Investitionen begünstigt werden können, die unter Berücksichtigung der Ziele des § 1 EnWG zur Verbesserung der Versorgungssicherheit dienen. Diese Regelung stellt in der Umsetzung einen Investitionsanreiz dar. Die Abgrenzung allerdings, wann eine Investition der Verbesserung der Versorgungssicherheit dient, wird schwierig zu treffen sein. Denn letztlich kann jede Investition des Netzbetreibers im weitesten Sinne darunter gefasst werden. Die Rechtsverordnung zur Anreizregulierung könnte bestimmte Fallgruppen abbilden, bei denen eine solche Verbesserung der Versorgungssicherheit angenommen werden kann. Eine andere Möglichkeit wäre, der Behörde einen Beurteilungsspielraum einzuräumen bei der Bestimmung der Investitionen, die eine Verbesserung der Versorgungssicherheit zur Folge haben.

Eine Begünstigung von solchen Investitionen könnte dergestalt erfolgen, dass Investitionen, die den Zielen des § 1 EnWG in besonderer Weise gerecht wer-

---

[319] Der ARegV-E sieht in § 4 Abs. 4 Nr. 2 eine solche „Escape-Klausel“ vor. Danach kann eine Anpassung erfolgen, wenn aufgrund eines unvorhersehbaren Ereignisses im Falle der Beibehaltung der Erlösobergrenze eine unzumutbare Härte entstünde.

den, nicht unter dem Vorbehalt des Maßstabs der Kosten der Betriebsführung eines strukturell vergleichbaren und effizienten Netzbetreibers stehen und durch den Netzbetreiber ohne weiteres auf die Netzzugangsentgelte abgewälzt werden können. Das kann aber nur dann gelten, wenn die Regulierungsbehörde eine solche Investition im Vorhinein einer sehr genauen Prüfung unterwerfen kann. Die Informationen über die getätigte Investition erhält die Regulierungsbehörde von dem Netzbetreiber.

4. Vorarbeiten für die Einführung einer Anreizregulierung

Zur Einführung einer Anreizregulierung nach der zeitlichen Dimensionierung des EnWG sind noch einige Vorarbeiten zu tätigen.[320] Es bedarf der Erarbeitung eines Konzepts nach den Vorgaben des § 21a EnWG. In dem Bericht nach § 112a EnWG muss die Regulierungsbehörde ein Konzept zur Durchführung der Anreizregulierung darstellen, das im Rahmen der gesetzlichen Vorgaben umsetzbar ist. Um diesen Bericht[321] erstellen zu können, stehen ihr nach Abs. 1 S. 3 dieser Norm umfassende Ermittlungsbefugnisse nach dem EnWG zu.[322] Internationale Erfahrungen mit Anreizregulierungssystemen sollen bei der Verfassung des Berichts berücksichtigt werden. Insbesondere sollen bei der Berichterstellung auch die betroffenen Wirtschaftskreise Beachtung finden. Sie sollen die Gelegenheit haben, noch vor Vollendung des Berichts über die Anreizregulie-

---

[320] Wie sich die Netzbetreiber auf die neue Situation vorbereiten können, beschreiben *Gottschalk/Arms/Cord/Maxelon*, ET 2007, S. 32 ff.

[321] Einen ersten Entwurf hat die BNetzA am 2.5.2006 veröffentlicht. Der Bericht ist im WWW unter http://www.bundesnetzagentur.de/media/archive/5858.pdf zu finden.

[322] Durch am 21. Dezember 2005 veröffentlichte Entscheidung – Vfg. Nr. 98/2005 – hat die BNetzA allen Betreibern von Gasversorgungsnetzen i.S.v. § 3 Nr. 20 EnWG wie auch den Betreibern von überregionalen Gasfernleitungsnetzen aufgegeben, ihr die in der Entscheidung nebst Anlagen im einzelnen bezeichneten Angaben, die sie für den bis zum 1.7.2006 vorzulegenden Bericht zur Anreizregulierung Gas benötige, bis spätestens zum 6.2.2006 zu übermitteln. Hiergegen hat ein überregionaler Gasfernleitungsnetzbetreiber Beschwerde eingelegt. Diese Beschwerde wurde durch das OLG Düsseldorf durch Beschluss v. 20.3.2006, Az. VI-3 Kart 150/06 zurückgewiesen. Das OLG Düsseldorf hat der BNetzA in dieser Entscheidung eine planerische Einschätzungs-, Bewertungs- und Gestaltungsfreiheit zugebilligt. Danach könne die Vertrautheit der Regulierungsbehörde mit dieser Materie, ihre Wertungen und Einschätzungen künftiger Entwicklungen ebenso wenig wie die Beurteilung, welche Daten sie dabei benötigt, durch die des Gerichts ersetzt werden. Aus diesem Grund sei durch die BNetzA lediglich prüfbar, ob der konkrete Berichtsauftrag das Auskunftsverlangen rechtfertige. Dies sei – wie bei Auskunftsersuchen nach dem vergleichbaren § 59 GWB – dann der Fall, wenn die Regulierungsbehörde die Erforderlichkeit der Auskünfte mit Blick auf den Berichtsauftrag mit vertretbaren Erwägungen bejaht habe. Dazu Schellberg/Spiekermann, N&R 2006, 130 ff.

rung eine Stellungnahme dazu abzugeben.[323] Neben diesem Bericht nach § 112a EnWG soll die Regulierungsbehörde erstmals 2 Jahre nach der Einführung der Anreizregulierung nach § 21a EnWG einen Bericht über die Erfahrungen damit vorlegen. Die Bundesregierung muss diesen Bericht nach § 112a Abs. 3 EnWG dem Deutschen Bundestag weiterleiten, so dass auch dieser davon Kenntnis nehmen kann.

Des Weiteren muss die Effizienz eines jeden Unternehmen mit Hilfe eines zu bestimmenden Effizienzmessverfahrens festgestellt werden. Denkbar wäre auch die Entwicklung eines analytischen Modells. Um die Qualität der Versorgung auch im Rahmen einer Anreizregulierung regulieren zu können, bedarf es eines Monitorings der Versorgungssicherheit. Dann kann ein als Basis anzuerkennender Wert der Grundversorgung herausgefunden werden, an dem sich alle Unternehmen orientieren müssen. Der Datenzugriff, der dafür zu erfolgen hat, richtet sich nach den allgemeinen Befugnissen der Regulierungsbehörde. Am Anfang der Einführung eines Anreizregulierungssystems steht die Bestimmung des Ausgangsniveaus für die Grenzdefinition. Es ist durchaus möglich, die von der Regulierungsbehörde genehmigten Entgelte als Ausgangsniveau zu nehmen bzw. einen Durchschnittswert der letzten Jahre zu nehmen.[324] Das Ausgangsniveau kann aber auch ganz neu definiert werden, indem eine umfassende Kostenprüfung dem Systemwechsel vorangeht. Letztlich muss nur gewährleistet sein, dass die Ausgangspreise oder die Ausgangserlöse missbrauchsfrei sind.[325]

5. Anwendbarkeit der StromNEV und GasNEV im Rahmen der Anreizregulierung

Über die Anwendbarkeit der StromNEV und GasNEV neben der Anreizregulierung sagt §21a EnWG nichts aus. Im Rahmen der Anreizregulierung werden die Preise von den Unternehmen festgesetzt, ohne dass der Kalkulationsleitfaden der StromNEV und GasNEV Beachtung finden muss. Die Veröffentlichungs- und Berichtspflichten sind ein Bestandteil der Verordnungen, der auch in der Anreiz-

---

[323] Die BNetzA hat zu diesem Zweck einen Konsultationsprozess eingeleitet. Dieser ist mit den ersten kommentierbaren Referenzberichten v. 8.12.2005 (Price-Caps, Revenue-Caps und hybride Ansätze) und 26.1.2006 (Generelle sektorale Produktivitätsentwicklung im Rahmen der Anreizregulierung) bereits im vollen Gange. Zwei weitere Referenzberichte sind abrufbar unter http://www.bundes-netzagentur.de/enid/001a960d05b17fbf321dfb2092c6080e,0/ Allgemeine_Informationen/Anreizregulierung_2au.html.

[324] Der ARegV-E sieht zunächst vor, dass die entscheidende Kostenprüfung gem. § 6 Abs. 1 im vorletzten Kalenderjahr vor Beginn der ersten Regulierungsperiode stattfindet.

[325] So auch *Franz/Schäffner/Trage*, Grundformen der Entgeltregulierung, S. 11 mit einem Hinweis darauf, dass die Entgelte oder Tarife geeignet sein müssen, einen Substraktionstest zu bestehen.

regulierung Bedeutung hat. Hingegen sind die Preiskalkulationsvorgaben im Rahmen einer Anreizregulierung, wo der Netzbetreiber unter der Preis- oder Erlösobergrenze weitestgehend Spielraum hat, weniger bedeutsam. Verordnungsrechtlich vorgesehen ist bisher aber nur, dass § 11 StromNEV und § 10 GasNEV keine Geltung haben, sobald die Netzzugangsentgelte im Wege der Anreizregulierung bestimmt werden. Diese Normen schreiben eine periodenübergreifende Saldierung vor, die die Erlöse mit den kalkulierten Kosten abgleicht. Da eine Anreizregulierung aber gerade Kosten und Erlöse voneinander trennen muss, um die Effizienz zu steigern, macht ein solcher Abgleich keinen Sinn mehr. Dieser Abgleich stellt gerade eine sehr feste Verbindung zwischen Kosten und Erlösen dar und ist Garant für eine Kostendeckung. Selbstverständlich können die Verordnungen ihre Geltung nur den Netzbetreibern gegenüber verlieren, die Vorgaben im Rahmen der Anreizregulierung erhalten haben. Aus dieser Einzelregelung für § 10 GasNEV und §11 StromNEV lässt sich aber schließen, dass die NEV parallel zur Anreizregulierung – gegebenenfalls entsprechend – anwendbar bleiben. Auch die von der BNetzA in dem ersten Bericht zur Anreizregulierung favorisierte Lösung der Revenue-Cap-Methode spricht für eine parallele Anwendung.[326] Eine parallele Anwendung würde aber z.B. im Hinblick auf die Bildung individueller Entgelte gem. § 19 Abs. 2 StromNEV erhebliche Schwierigkeiten aufwerfen; diese Regelung würde eine – in der Anreizregulierung nicht beabsichtigte – Regulierungstiefe erfordern.

III. Mögliche Konzepte einer Anreizregulierung

Die Regulierung des deutschen Energiemarktes ist nach der Novelle geprägt von einem sehr detaillierten Kalkulationsschema, das den Unternehmen vorgegeben wird. Nunmehr muss im Rahmen eines sehr engen Zeitfensters ein Konzept einer Anreizregulierung entwickelt werden. Die Vorgaben, in deren Rahmen eine solche Anreizregulierung erfolgen soll, sind durch § 21 Abs. 2 EnWG und § 21a EnWG festgesteckt.

Unterschieden werden muss bei der Untersuchung denkbarer Regulierungsansätze grundsätzlich zwischen einem Anreizregulierungsverfahren (1.) und dem Verfahren zur Ermittlung der Effizienzziele (2.). Aber auch die Sicherstellung einer angemessenen Versorgungsqualität durch die Energieversorgungsunternehmen muss sichergestellt werden (3.).

---

[326] Die Einhaltung der Vorgaben werden dann ggf. in einem an § 23a EnWG angelehnten Verfahren überprüft. Vgl. dazu den Bericht der BNetzA, im Internet unter http://www.bundesnetzagentur.de/media/archive/5858.pdf, Rn. 238.

1. Regulierungsverfahren

Sowohl das Price-Cap-Verfahren als auch das Revenue-Cap-Verfahren sind denkbare Konzepte für die Entwicklung einer Anreizregulierung auf der Grundlage der Vorgaben des EnWG. Die Vorgaben des § 21a Abs. 2 EnWG lassen Raum für beide Verfahren. Nach dem Wortlaut der Norm sind aber auch andere Methoden nicht ausgeschlossen. Die BNetzA hat damit die Möglichkeit, auch andere Methoden in Betracht zu ziehen.

a. Price-Cap-Verfahren

Das Price-Cap-Verfahren könnte einen geeigneten Ansatz darstellen, der den Unternehmen Anreize zur Kostensenkung und zur Offenbarung von unternehmensinternen Informationen bietet. Die Price-Cap-Regulierung ist ein Verfahren zur Begrenzung der Preisentwicklung in regulierten Wirtschaftssektoren. Sie verzichtet auf die traditionell vergangenheitsbezogene Überprüfung der Kostenbezogenheit der Tarife. Stattdessen werden die Preise bei dem Price-Cap-Verfahren zukunftsorientiert unter Einbezug der Inflations- und der voraussichtlichen Produktivitätsentwicklung genehmigt. Im Telekommunikationssektor ist das Price-Cap-Verfahren gem. § 34 TKG neben dem Einzelgenehmigungsverfahren vorgesehen. Das Verfahren der Price-Cap-Regulierung bietet für das regulierte Unternehmen den Vorteil größerer Flexibilität und Planungssicherheit und ist für die Regulierungsbehörde auch angesichts der Anzahl der „Kunden" einfacher zu handhaben.[327]

aa. Vorgaben im Rahmen der Berechnungsformel

Die Berechnungsformel für die Vorgabe eines Price-Caps stellt sich üblicherweise so dar, dass darin die Parameter der Inflationsentwicklung, der allgemeine Entwicklung der Produktivität (X allgemein) und der Effizienz eines jeden Unternehmens (X individuell) enthalten sind. Anhand dieser Vorgaben lässt sich ein Entwicklungspfad der Preise berechnen. Die Price-Cap-Regulierung zeichnet sich dadurch aus, dass die dem betroffenen Unternehmen belassene Preissetzungsfreiheit flexibel an die Wettbewerbsintensität angepasst werden kann. Bei der Price-Cap-Regulierung wird eine Restriktion hinsichtlich der Wachstumsrate von Preisen eingeführt. Der Erlöstreiber sind die verteilten kWh.

---

[327] Badura u.a./*Sedemund*, Beck'scher PostG-Kommentar, § 21 Rn. 1.

Das gewichtete Wachstum der Preise darf dabei nicht das Wachstum eines allgemeinen Preisindex, vermindert um das geschätzte Produktivitätswachstum der regulierten Branche überschreiten.[328] Die Entwicklung eines Bündels von Preisen wird so an die Inflationsentwicklung angebunden und um den erwarteten Produktivitätsfortschritt korrigiert.[329] Damit könnte die Regulierungsbehörde bestimmte Preisobergrenzen durch einen Umsatzfortschrittpfad vorgeben. Unterhalb dieser berechneten Preishöchstgrenze hat der Netzbetreiber einen eigenen Preissetzungsspielraum.

bb. Korbbildung in einer Price-Cap-Regulierung

Die Price-Cap-Regulierung stellt in der Regel eine Methode dar, die dazu dient, nicht verschiedene Preise einzelner Dienstleistungen durch eine Verfügung der Regulierungsbehörde festzulegen, sondern stattdessen eine gewichtete durchschnittliche Preisobergrenze für einen Korb von Dienstleistungen zu fixieren. In einem energiewirtschaftlichen Produkt- bzw. Dienstleistungskorb könnten sich z.B. verschiedene Durchleitungsprodukte wieder finden, die sich je nach Ein- und Ausspeisepunkt, durch die tages- und jahreszeitliche Variation oder aufgrund technischer Kriterien von einander abgrenzen. Darüber hinaus gibt es auch Servicedienstleistungen, die mit der Durchleitung der Energie verbunden sind, die mit Durchleitungsprodukten zusammen in einem Korb angeboten werden können. Für jedes Produkt wird ein separater Preis ausgewiesen, der sich nach den Vorschriften der NEV errechnet.

Bezüglich der Korbbildung ist maßgeblich, dass nicht Produkte miteinander vereint werden, die sich durch unterschiedliche Wettbewerbsintensitäten auszeichnen.[330] Daraus könnten sich Anreize zu strategischem Verhalten ergeben.[331] Konkret müssen die Produkte der Monopolsparte getrennt von den Produkten der Wettbewerbssparte bepreist werden. Denn ansonsten bleibt zu befürchten, dass Produkte auf dem wettbewerbsintensiven Markt kostenunterdeckend angeboten werden, während diese Einbußen durch Produkte auf dem Markt mit ge-

---

[328] Dazu Säcker/*Engelsing*, Berliner Kommentar zum Energierecht, § 19 GWB, Rn. 215. Zu dem Price-Cap-Verfahren allgemein und speziell in der Telekommunikation vgl. *Ewers*, Zusammenschaltung von Telekommunikationsnetzen: Entgeltbestimmung und Kostenrechnung, S. 133 ff.

[329] Siehe dazu *Grewe*, Price Caps als Regulierungsinstrumente in der leitungsgebundenen Energieversorgung, 1999; Säcker/*Engelsing*, Berliner Kommentar zum Energierecht, § 19 GWB, Rn. 215.

[330] Darauf weisen auch *Franz/Schäffner/Trage*, Grundformen der Entgeltregulierung, hin.

[331] Dies befürchtet auch die BNetzA in dem ersten Referenzbericht v. 8.12.2005, Rn. 58. Zur Lösung dieser möglichen Verzerrung wird vorgeschlagen, mehrere Produktkörbe zu bilden oder im Extremfall jedes Produkt mit einem Cap zu belegen.

ringer wettbewerblicher Struktur kompensiert werden.[332] Hier bestünde die Gefahr der Quersubventionierung zwischen den unterschiedlichen Produktsparten. Grundsätzlich stellen Quersubventionierungen zwar ein Mittel dar, dass in einem Price-Cap-Verfahren nahezu natürlich erscheint. In der Energiewirtschaft muss jedoch aufgrund der hinsichtlich der Netze monopolistischen Strukturen etwas anderes gelten. Denn ansonsten würde die Entgeltregulierung die Bemühungen um die Aufbrechung der monopolistischen Strukturen konterkarieren. Allerdings wird diese Gefahr durch das Unbundling, das derartige „Verstrickungen" verbietet, erheblich vermindert. Von dieser Restriktion abgesehen ist ein entscheidendes Kriterium bei der Korbbildung, dass dem Unternehmen ermöglicht wird, die Preise der einzelnen Güter im Korb zu verändern und dabei die Obergrenze für den Preis auf den ganzen Korb gesehen einzuhalten.

cc. Dauer der Regulierungsperioden

Die Regulierungsperioden werden nach internationalen Erfahrungen meist auf einen Zeitraum von vier bis fünf Jahren festgesetzt. Daran orientiert sich auch § 21a Abs. 3 EnWG, wenn hier ein Regulierungszeitraum von zwei bis fünf Jahren vorgeschlagen wird.[333] Die Festsetzung von mehrjährigen Price-Caps kann zur Folge haben, dass vor allem die Unternehmen belohnt werden, die zügig Kosten minimieren, also Maßnahmen ergreifen, denen Kostensenkungspotentiale innewohnen (Entlassungen, Investitionsstopps) und dann für den Rest der Laufzeit jahrelange „Mitnahmeeffekte" genießen. Deshalb ist eine Einzelfallbetrachtung, zumindest was die „Best-Practise"-Unternehmen angeht, durch die Regulierungsbehörde notwendig. Denn mithilfe dieser Einzelfallbetrachtung kann die Entwicklung solcher „Mitnahmeeffekte" ebenso verhindert werden wie unzumutbare Härten. Ein weiteres Problem ist im Rahmen einer Price-Cap-Regulierung bei der Festlegung langer Regulierungsperioden denkbar. Denn dann sind im ersten Jahr die Anreize zur Kostensenkung sehr hoch, nicht aber im letzten Jahr der Periode. Erst am Ende eines Regulierungszeitraumes können die Price-Caps wieder an das aktuelle Effizienzniveau angepasst werden. Der Grund dafür ist, dass die Netzbetreiber ansonsten keine Rechts- und Planungssicherheit haben und kaum Vorteile durch das System erwirtschaften können.

---

[332] Damit entpuppt sich die Price-Cap-Regulierung als Verfahren mit hohem Quersubventionierungspotential. Darauf weist die Regulierungsbehörde im Zusammenhang mit dem Postwesen in ihrem Tätigkeitsbericht 1998/1999, zu finden im WWW unter http://www.bundesnetzagentur.de/aktuelles/start/fs_03.html auf S. 168 ausdrücklich hin. Dieser Effekt wäre – gäbe es nicht die im Energierecht vorgeschriebene Entflechtung – durchaus erwünscht.

[333] Die BNetzA strebte zunächst eine Regulierungsperiode von drei Jahren an.

Insofern eröffnet die Dauer von zwei bis fünf Jahren der Regulierungsbehörde einen guten Korridor für die Auswahl der Dauer der Regulierungsperiode. In dem Entwurf der ARegV[334] wird in § 3 Abs. 2 eine Dauer von 4 Jahren festgelegt.

dd. Gefahren der Price-Cap-Regulierung

Bei der Price-Cap-Regulierung kann ein Unternehmen aber nicht nur durch Kosteneinsparungen, sondern auch durch Umsatzausweitung den Gewinn erhöhen. Das ist mit einem steigenden Strom- und Gasabsatz verbunden. Daraus können sich Konflikte mit Prinzipien der Energieeffizienz, die nach § 1 EnWG auch Ziel der Liberalisierung ist, und des Demand-Side-Managements ergeben. Denn auch im Rahmen der Etablierung einer Anreizregulierung ist darauf zu achten, dass keine wirtschaftspolitisch und umweltpolitisch abzulehnenden Anreize zum Mehrabsatz gesetzt werden. Denn der entscheidende Nachteil bei der Price-Cap-Regulierung wird darin gesehen, dass die Gewinne der Energieunternehmen sich zu stark erhöhen, wenn sie ihren Energieabsatz erhöhen, selbst wenn dies für die Kunden und für die Gesellschaft ökonomisch nicht sinnvoll ist. Wenn andererseits der Absatz niedriger ausfällt als die Prognose – warum das auch immer geschieht – wird das Unternehmen hohe Verluste mit der Price-Cap-Regulierung machen.[335]

Übergewinne können im Rahmen eines Price-Cap-Verfahrens, ebenso wie beim Revenue-Cap-Verfahren, möglich sein. Dieses Problem entsteht dann, wenn die Kosten der Netzbetreiber während einer Regulierungsperiode schneller sinken als die Preise bzw. die Erlöse. Denkbar ist jedoch zur Vermeidung solcher Übergewinne, eine zusätzliche Vorschrift über die Gewinnaufteilung in die Rechtsverordnung zur Anreizregulierung hineinzuschreiben. Danach wird dem Netzbetreiber bei Überschreitung eines gewissen Referenzmaßes auferlegt, einen Teil des Gewinns an die Kunden zurückzugeben, z.B. kann das in Gestalt von Rabatten oder von Tarifsenkungen im nachfolgenden Jahr geschehen.[336] Mit einer solchen Gewinnaufteilung wird der Netzbetreiber in einen Korridor gezwungen, indem er die Netzzugangsentgelte kalkulieren kann. Der Netzbetreiber muss kostendeckend arbeiten und nach oben hin ist sein Gewinn begrenzt. Denkbar wäre es auch, nach unten hin eine Grenze festzulegen, bei der bei einer

---

[334] Entwurf einer Verordnung über die Anreizregulierung der Energieversorgungsnetze (A-RegV-E), April 2007, abrufbar im WWW unter http://www.bmwi.de/BMWi/Redaktion/PDF/Gesetz/entwurf-anreizregulierung,property=pdf,bereich=bmwi,sprache=de,rwb=true.pdf.

[335] Das kritisieren *Thomas/Wissner/Kristof/Irrek*, Die vergessene Säule der Energiepolitik, 2002.

[336] Dazu *Hense/Schäffner*, Regulatorische Aufgaben im Energiebereich, S. 14; *Kunz*, Regulierungsregime in Theorie und Praxis, in: Knieps/Brunekreeft (Hrsg.), Zwischen Regulierung und Wettbewerb: Netzsektoren in Deutschland, 2003, S. 67 ff.

Unterschreitung die Aufbesserung durch Tariferhöhung zu kompensieren wäre.[337] Werden derartige Regelungen eingeführt, bleibt von der Flexibilität für die Unternehmen bei der Preissetzung allerdings kaum noch ein Rest übrig. Die erzielten Rationalisierungsgewinne stehen in voller Höhe dem regulierten Unternehmen zu. Damit bietet das Price-Cap-Verfahren dem Netzbetreiber einen Anlass, Produktivitätsfortschritte über das von der Behörde festgesetzte Maß hinaus anzustreben, um entsprechen höhere Gewinne zu erzielen. Dies umfasst auch den Anreiz zum Einsatz innovativer und effizienterer Technologien.[338]

Im Gegensatz zu einer Regulierung, bei der die Preise im Hinblick auf Kostenorientierung oder Kapitalverzinsung genehmigt werden, sind die Risiken bei der Price-Cap-Regulierung anders verteilt. Während der Netznutzer eine relative Sicherheit hat, dass das Preisniveau nicht ansteigt, trägt das Unternehmen das Risiko, dass die erwarteten Produktivitätsziele nicht erreicht werden können. Das Risiko neuer Investitionen wird größer, denn das regulierte Unternehmen hat nicht mehr die Sicherheit, eine angemessene Kapitalverzinsung zu erhalten. Andererseits profitiert das Unternehmen von den über neue Investitionen erreichten Produktivitätsfortschritten. Die Price-Cap-Regulierung führt allerdings – und das ist ja auch der Anreiz – zur Absatzmaximierung und zu einer Kostenminimierung. Einsparungen von Kosten können jedoch auf Kosten der Sicherheit und Qualität geschehen. Parallel zu einer Anreizregulierung muss also eine Qualitätsregulierung erfolgen.

Unternehmen mit hohen Preisen und Kosten werden es im Rahmen einer Price-Cap-Regulierung leichter haben, die Preise und Kosten um den vorgegebenen Faktor zu senken, als ein Unternehmen, das ohnehin schon die beste Praxis der Branche definiert. Dieses Unternehmen wird die Kostensenkungspotenziale bereits ausgereizt haben. Das ist bei der Bemessung des „x-Faktors" in der Formel zu berücksichtigen. Von den besten Unternehmen kann erwartet werden, dass sie weiterhin den Branchenstandard und moderate Kostensenkungen realisieren. Die übrigen Unternehmen müssen zu den effizienteren Unternehmen aufschließen. Dabei wird sich der Branchenstandard laufend verbessern.

b. Revenue-Cap-Regulierung

Im Gegensatz zur Price-Cap-Regulierung stellt die Revenue-Cap-Regulierung nicht auf den Preis, sondern auf die Erlöse ab. Bei dieser Erlösobergrenzenregulierung werden die Kosten ebenfalls vom Gewinn getrennt, um Anreize zur Effizienzsteigerungen bei den Netzbetreibern zu erzielen. Jedoch wird nicht der

---

337 So dann *Hense/Schäffner*, Regulatorische Aufgaben im Energiebereich, S. 14.
338 Badura u.a./*Sedemund*, Beck'scher PostG-Kommentar, § 21 Rn. 31.

Preis, sondern der Erlös in seiner maximal zu erreichenden Höhe festgelegt.[339] Die Erlösobergrenze wird für den Gesamtumsatz festgelegt. Sie darf unabhängig von den Kosten, die dem Unternehmen entstehen, maximal erreicht werden. Mit dem darin vorgesehenen Wachstumsfaktor wird berücksichtigt, dass ein wachsendes Unternehmen einen höheren Erlös erwirtschaften darf. Die Revenue-Cap-Regulierung ist der Price-Cap-Regulierung sehr ähnlich und wirft von daher ähnliche Schwierigkeiten auf. Die Problematik, dass Kosteneinsparungen zulasten der Qualität und der Sicherheit gehen können und somit nicht lenkbar sind, wird bei der Revenue-Cap-Regulierung ebenfalls diskutiert. Denn auch hier liegt der Hauptanreiz darin, dass Kosten minimiert werden. Bei der Revenue-Cap-Regulierung folgen die Erlöse während der Regulierungsperiode einem bestimmten Pfad, der durch die Inflationsrate und einen Effizienzfaktor bestimmt wird. Allerdings kann die Erlösobergrenze nur unter Berücksichtigung der Entwicklung der Kundenzahl festgesetzt werden.

Eine Gefahr bei der Anwendung der Revenue-Cap-Regulierung besteht darin, dass die Erlösobergrenze eingehalten werden kann, wenn Preiserhöhungen des Unternehmens mit einem Nachfragerückgang verbunden sind. Dann zahlen weniger Netznutzer höhere Entgelte. Letztlich führt diese Regelung dann nicht zu der erwünschten Entlastung der Endkunden und auch der Effizienzanreiz fällt weg.

2. Effizienzmessverfahren

Ein Anreizregulierungsverfahren – unabhängig davon, für welches Verfahren oder welche Kombination aus Methoden sich der Gesetzgeber entscheidet – ist angewiesen darauf, dass Effizienzziele gem. § 21a Abs. 5 S. 1 EnWG festgelegt werden. Schließlich enthält auch die Formel zur Bestimmung von Caps, wie oben bereits dargestellt wurde, Faktoren für die individuelle Effizienz eines jeden Unternehmens.[340] Dafür stehen verschiedene Modelle zur Verfügung, die von der BNetzA auf ihre Belastbarkeit, ihre Zuverlässigkeit und auf ihre Gesetzeskonformität zu prüfen sind.[341] Zwei der denkbaren Methoden zur Ermittlung der Effizienzziele durch die BNetzA sollen hier beispielhaft dargestellt werden.

---

[339] Die Regulierungsbehörde nimmt dabei keinen Einfluss auf einzelne Produktpreise. Sie ist bei einem solchen Verfahren damit auch nicht auf Kenntnisse über die Produkte und Preise angewiesen.

[340] Daneben plant die BNetzA, einen Faktor zu integrieren, der den generellen Produktivitätsfortschritt der Branche berücksichtigt. Dieser wird anders ermittelt. Vgl. dazu den Berichtsentwurf der BNetzA, im WWW unter http://www.bundesnetzagentur.de/enid/001a960d05b17fbf321dfb2092c6080e,0/Allgemeine_Informationen/Anreizregulierung_2au.html, Rn. 245 ff. Der AReg-V legt in § 9 einen sektoralen Produktivitätsfaktor von 1,5 % fest.

[341] Vgl. dazu *Kurth*, e/m/w 2005, 26 (29).

Möglich – und vielleicht auch notwendig[342] – kann auch eine parallele Anwendung verschiedener Verfahren sein. Ein mechanisches Einbringen einer der Methoden in die Preisgrenzenbildungsformel erscheint aufgrund der daneben noch bedeutenden Unternehmensspezifika nicht ratsam.[343] In Betracht kommt neben dem Stohastic Frontier Analysis-Verfahren (SFA) auch die Data Envelopment Analysis-Methode (DEA). Grundlage und Hauptproblem der Messung der Effizienz ist die Erstellung eines Datenmodells, das auf der Inputseite die richtigen Signale berücksichtigt und auf der Outputseite die Versorgungsziele und die kostentreibenden Strukturmerkmale berücksichtigt. Bei der Auswahl des Effizienzmessansatzes spielen damit die Datenverfügbarkeit, die Bedeutung der Datenstreuung und das Ziel der Analyse die entscheidende Rolle.[344]

SFA ist ein Verfahren, das traditionell zur Schätzung von Effizienzgrenzen verwendet wird, wobei SFA den Vorteil hat, dass hier Datenungenauigkeiten explizit Berücksichtigung finden können und die Verlässlichkeit der Effizienzergebnisse einer Überprüfung unterzogen werden kann. DEA hingegen reagiert empfindlicher auf Datenfehler. In der internationalen Aufsichtspraxis gewinnt dabei DEA zunehmend Anerkennung. Der DEA-Ansatz beinhaltet das Ziel, die hohe Komplexität des Leistungsangebots von Netzbetreibern und ihre strukturellen Umweltbedingungen möglichst umfassend abzubilden. Computergestützt setzt die DEA-Programmiertechnik dazu ausgewählte Leistungs- und Kostenkennzahlen realer Unternehmen zueinander ins Verhältnis. Diese Methode kombiniert die Betrachtung mehrerer partieller Effizienzindikatoren. Auf dieser Basis entwirft sie virtuelle Unternehmen als lineare Kombinationen realer, kostengünstiger Unternehmen. Hinsichtlich der Struktureigenschaften sind diese virtuellen Netzbetreiber deckungsgleich mit dem jeweiligen realen Netzbetreiber, dessen Effizienz auf dem Prüfstand steht. Damit können dann die einzelnen Effizienzpotentiale eines Netzbetreibers ermittelt werden.[345] Dies ist nach § 21a Abs. 5 S. 1 EnWG auch ausdrücklich gefordert. Auf das Produktionsergebnis großen Einfluss haben auch Variable, auf die das Management der Unternehmen keinen

---

[342] Dafür spricht sich *Franz*, Interview e/m/w 2005, 64 (65) aus, der jedes Verfahren, für das Daten vorhanden sind, auch anwenden würde, alleine schon, um die Ergebnisse miteinander vergleichen zu können. Siehe auch den Bericht der BNetzA, im WWW abrufbar unter http://www.bundesnetzagentur.de/enid/001a960d05b17fbf321dfb2092c6080e,0/Allgemeine_Informationen/Anreizregulierung_2au.html.

[343] Eine solche Einschränkung verlangt auch § 21a Abs. 5 EnWG, wo die Effizienzziele auch unternehmensindividuell bestimmt werden können. Das bedeutet aber, dass auch unternehmensspezifische Faktoren bei der Effizienzbestimmung eine Rolle spielen müssen. So auch *Franz/Stronzik*, Benchmarking-Ansätze im Vergleich der Effizienz von Energieunternehmen, S. III.

[344] *Franz/Stronzik*, Benchmarking-Ansätze zum Vergleich der Effizienz von Energieunternehmen, S. 56.

[345] Dazu *Hense/Schäffner*, Regulatorische Aufgaben im Energiebereich, S. 13 f.

direkten Einfluss hat. Solche Variablen stellen beispielsweise die Beschaffenheit des Geländes, die Siedlungsstruktur oder die durchschnittliche Kundengröße dar. Diese Besonderheiten können bei DEA mit abgebildet werden. Allerdings sollte Beachtung finden, dass ein derartiges Öffnen der Analyse zu einer Proliferation der Ausnahmen führen kann, denn Ausnahmetatbestände anzumelden kann verbesserte Effizienzwerte für die Unternehmen bringen.[346] Ein Nachteil an DEA ist aber die starke Abhängigkeit der Ergebnisse des Verfahrens von den unsicheren Eingangsdaten und die Tatsache, dass Unternehmen, die nur in Bezug auf einen partiellen Effizienzindikator herausragen, vollständige Effizienz zugebilligt wird.[347] Bei den Effizienzmessverfahren, auf die im Rahmen der Entwicklung eines Regulierungsansatzes zurückgegriffen werden muss, gibt es wohl nicht eine richtige Methode, sondern auch hier gilt das Motto „best of both worlds".[348]

3. Sicherung einer angemessenen Versorgungsqualität nach den Vorgaben des § 21a EnWG

Energieübertragungen erfordern von den Netzbetreibern die Investition von Kapital. Nach dem derzeitigen Stand des EnWG ist den Netzbetreibern die Kalkulation nach der Nettosubstanzerhaltung zugesichert, so dass eine angemessene Rendite zu erwarten ist. Für die Bewirtschaftung und Erhaltung des Netzes steht den Netzbetreibern damit ausreichend Eigenkapital zur Verfügung. Bei Neuanlagen ist jedoch die Realkapitalerhaltung vorgesehen, so dass hier eine Veränderung zu erwarten ist. In einem Konzept der Anreizregulierung jedoch wird der Netzbetreiber dazu angehalten, Kosten einzusparen. Durch die Vorgaben im Rahmen der Anreizregulierung können für den einzelnen Netzbetreiber sogar erhebliche „Einsparzwangslagen" entstehen. Ist der Netzbetreiber in der Wahl seiner Kostensenkungsmaßnahmen frei, ist denkbar, dass diese letztlich zu Lasten der Investitionen gehen.

Bei der Durchführung eines Price-Cap- bzw. Revenue-Cap-Verfahrens könnten die Netzbetreiber beispielsweise versuchen, Kosteneffizienzen durch Einsparungen zu Lasten der Versorgungsqualität[349] zu erreichen. Diese Verfahrensweise

---

[346] *Franz/Stronzik*, Benchmarking-Ansätze zum Vergleich der Effizienz von Energieunternehmen, S. 22. Die Autoren schlagen vor, die Ergebnisse der DEA wiederum einer ökonometrischen Analyse zuzuführen, um so herauszufinden, ob zwischen schlechtem Abschneiden in der DEA und bestimmte Umweltvariablen ein konkreter Zusammenhang besteht.

[347] So *Haubrich/Maurer/Zimmer*, ET 2005 (Special), 7 (9).

[348] So sieht es nun der ARegV-E in Anlage 3 zu § 12 vor. Der Entwurf v. 4.4.2007 ist im WWW abrufbar unter http://www.bmwi.de/BMWi/Redaktion/PDF/Gesetz/entwurfanreiz-regulierung,property=pdf,bereich=bmwi,sprache=de,rwb=true.pdf.

[349] Zu der Begrifflichkeit der Versorgungsqualität siehe *Cohnen/Wagner*, e/m/w 2005, 26 (26).

liegt nahe, soll der Gewinn maximiert werden und sie ist innerhalb des Rahmens, den die Price-Cap-Regulierung vorgibt, denkbar, insbesondere bei kurzen Regulierungsperioden. Zur Vermeidung der Nebenwirkungen einer Anreizregulierung (Einsparungen auf Kosten der Qualität) muss die Anreizregulierung durch eine Qualitätsregulierung ergänzt werden, bei der eine schlechte Versorgungsqualität bestraft bzw. eine gute Absicherung der Versorgung belohnt wird. Dies ist in § 21a EnWG, wie oben dargestellt wurde, bereits angelegt.

Erfahrungen in anderen Mitgliedstaaten gibt es bereits. In Norwegen beispielsweise wurden „die Kosten nichtgelieferter Elektrizität" von den erlaubten Kosten der Folgezeit abgezogen.[350] Großbritannien wird Qualitätsaspekte in die Bestimmung der Erlösobergrenze integrieren.[351] Es lohnt sich in einem solchen Konzept dank der Einführung von qualitätsabhängigen Erlösobergrenzen für die Netzbetreiber, ausreichende Investitionen zu tätigen, um Stromunterbrüche zu verhindern bzw. diese möglichst rasch zu beheben. Ebenfalls denkbar erscheint, die Einhaltung vorgeschriebener Standards für die Versorgungsqualität durch ein monetäres Anreizsystem sicherzustellen. Dabei würde ein Unterschreiten der einzuhaltenden Minimalstandards durch eine Strafzahlung bzw. eine Rückzahlung von Netzzugangsentgelten an die Netznutzer sanktioniert. Andererseits können auch Minimalstandards festgesetzt werden, die verhindern, dass übermäßig hohe und damit unnötige Investitionen als Möglichkeit zur Rechtfertigung überhöhter Netzzugangsentgelte genutzt werden können. Ein solcher Weg ist nach den Vorgaben des § 21a EnWG auch denkbar. Demnach muss in der noch zu erlassenden Rechtverordnung zur Anreizregulierung eine Norm vorgesehen werden, die den technischen Minimalstandard und Maximalstandard vorgibt und Sanktionen festsetzt. Zwischen diesen Vorgaben hat jeder Netzbetreiber die Möglichkeit, einen „Mittelweg" zu wählen. Auf jeden Fall verhindern solche Vorgaben ein „Verkommenlassen" der Netze zulasten der Verbraucher und andererseits ein „Vergolden der Netze".

Qualitätsregulierung ist damit – unter anderem nach dem Vorbild Großbritanniens – auch in einer Price-Cap-Regulierung bzw. Revenue-Cap-Regulierung denkbar: Soll zusätzlich ein Qualitätsindex in die Preiskontrollformel integriert werden, muss ein Sollwert für ein bestimmtes Qualitätsmerkmal vorgegeben werden. Dem Unternehmen kann ein höherer Preissetzungsspielraum eingeräumt werden, wenn es den Sollwert, beispielsweise ein aus den ermittelten Kennzahlen ermittelter Branchendurchschnitt oder eigene Vorgaben der Regulierungsbehörde, übertrifft und dann damit eine höhere Qualität als vorgegeben

---

[350] Vgl. dazu einen Artikel in der Fokus der Wirtschaft (Nr. 160) v. 13./14.7.2002, S. 27 mit dem Titel „Erfolgsfaktoren einer guten Regulierung".

[351] Dazu *Hense*, Gasmarktregulierung in Europa: Ansätze, Erfahrungen und mögliche Implikationen für das deutsche Regulierungsmodell, S. 13 ff.

anbietet. Bei einer Unterschreitung des Solls wird der Netzbetreiber für sein Qualitätsdefizit bestraft.[352] Ein Qualitätsdefizit könnte beispielsweise anhand der Kriterien Anzahl der betroffenen Kunden, Anzahl der Ausfälle pro Kunde pro Jahr, Minuten der Unterbrechung pro Kunde pro Jahr, entgangene Arbeit pro Kunde pro Jahr, Größe des betroffenen Versorgungsgebiets und die Höhe der Netzverluste pro Jahr, etc.[353] festgestellt werden. Je nach dem, wie das Unternehmen sich positioniert, wird auch die Rendite angepasst. Die ARegV-E sieht dazu Vorgaben und eine Berichtspflicht in § 21 vor. Die Vorgaben sehen die Festlegung eines Qualitätselements in der Formel vor. Je nach erreichen des Qualitätselements werden Zu- oder Abschläge auf die Preisobergrenze vorgenommen. Die Bestimmung des Qualitätselements richtet sich nach § 20 ARegV-E, der ähnlich wie auch im Vergleichsverfahren eine mögliche Gruppenbildung bei der Festlegung vorsieht. § 20 ARegV-E sieht in diesem Zusammenhang auch eine ausdrückliche Ermächtigung für die Anwendung analytischer Kostenmodelle vor. Allerdings soll die Bestimmung eines Qualitätselements gem. § 19 Abs. 2 ARegV-E erst in der zweiten Regulierungsperiode erfolgen.

Eine andere Möglichkeit ist ebenfalls im Gesetz angelegt. Dies ist die Belohnung von Investitionen in die Versorgungssicherheit: Investitionen können nach § 21a Abs. 6 S. 2 Nr. 8 EnWG privilegiert werden, wenn sie die Versorgungssicherheit zum Ziel haben. Wie die Investitionen sich im Einzelnen für eine Förderung qualifizieren können und welche Auswirkungen diese Begünstigung hat, muss in der Rechtsverordnung genau definiert werden.[354] Beispielsweise ist denkbar, dass die Obergrenze verschoben wird oder eine hohe Verzinsung möglich ist. Anreizmechanismen müssen neben der Versorgungssicherheit auch fähig sein, Umweltzielsetzungen gerecht zu werden.[355]

IV. Fazit

Die Vorgaben, mit denen der Gesetzgeber die Anreizregulierung vorbereitet hat, sind umfangreich und geben schon zahlreiche Anhaltspunkte vor, die durch die BNetzA bei der Entwicklung des Konzepts zu beachten sind. Die im deutschen EnWG vorgesehene Anreizregulierung geht weit über das von den gemeinschaftsrechtlichen Vorgaben beabsichtigte Maß der Regulierung hinaus.[356] Da-

[352] So dann *Hense/Schäffner*, Regulatorische Aufgaben im Energiebereich, S. 14.

[353] Vgl. dazu auch *Cohnen/Wagner*, e/m/w 2005, 26 (31).

[354] Der ARegV-E sieht in § 25 einen pauschalierten Investitionszuschlag auf die Erlösobergrenze vor, damit notwendige Investitionen in die Energieversorgungsnetze nicht verhindert werden. Dieser Investitionszuschlag ist jedoch begrenzt gem. § 25 Abs. 2 ARegV-E.

[355] Dazu *Leprich*, ZfE 2001, 231 (234) m.w.H.

[356] A. A. *Hinsching*, e/m/w 2005, 53 ff., der davon ausgeht, dass der deutsche Gesetzgeber im Hinblick auf die Wettbewerbsintensivierung hinter den gemeinschaftsrechtlichen Vorgaben zurückbleibt.

bei handelt es sich um eine überschießende Umsetzung, woraus teilweise bereits die Unrechtmäßigkeit der Anreizregulierung selbst geschlossen wurde. Gegen diese Ansicht spricht zum einen, dass es kein gemeinschaftsrechtliches Prinzip gibt, das verbietet, dass der nationale Gesetzgeber mehr zur Erreichung des gemeinschaftsrechtlich formulierten Ziels unternimmt als gemeinschaftsrechtlich vorgesehen. Im Gegenteil versucht der deutsche Gesetzgeber, im vorliegenden Fall dem gemeinschaftsrechtlichen Ziel volle Geltung zu verschaffen. Darüber hinaus ist es nach Auffassung der Kommission auch bereits im Rahmen der Umsetzung der Beschleunigungsrichtlinien denkbar, Anreize zu setzen für eine Verbesserung der Effizienz.[357] Dieses Ziel ist auch in § 21a Abs. 1 EnWG definiert. Damit befindet sich der nationale Gesetzgeber nach der hier vertretenen Auffassung im gemeinschaftsrechtlichen Umsetzungskorridor. Auch die Tatsache, dass andere europäische Mitgliedstaaten bereits schon eine lange Zeit Anreizsysteme nutzen, spricht für die Zulässigkeit einer solchen Umsetzung.

Im Rahmen der Vorgaben für die Entwicklung eines Anreizregulierungssystems ist bedeutend, dass trotz der Anlegung eines individuellen Effizienzmaßstabs bedacht wird, dass dieser Auswirkungen auf die jeweilige wirtschaftliche Situation der regulierten Unternehmen haben wird. Wird der Maßstab zu hoch angesetzt, ist zumindest denkbar, dass regulierte Unternehmen in Schwierigkeiten geraten werden, eine Kostendeckung zu erreichen. Zwar ergibt sich aus dem EnWG auch keine garantierte „Insolvenzfestigkeit" der Unternehmen. Dennoch ist die Effizienzvorgabe derart festzulegen, dass sie von den Unternehmen, wie es im Übrigen auch in § 21a Abs. 5 S. 4 EnWG ausdrücklich steht, zumindest unter Ausschöpfung aller Potenziale zu erreichen und noch zu übertreffen ist (Gebot der relativen Erreichbarkeit und der möglichen Übertreffbarkeit).[358]

Die Einführung einer Cap-Regulierung auf der Basis des § 21a EnWG ist anvisiert.[359] Dies ist auch sinnvoll, denn grundsätzlich verfügen die Unternehmen über bessere und genauere Informationen bezüglich ihrer Kosten, Kunden und Märkte als der Regulierer. Sie haben gegenüber der Regulierungsbehörde keinerlei Anreize, diese Informationen preiszugeben. Das Cap-Verfahren bietet den

---

[357] Vermerk der GD Energie und Verkehr zu den Richtlinien 2003/54/EG und 2003/55/EG über den Elektriztäts- und Erdgasbinnenmarkt v. 14.1.2004, S. 7.

[358] Derartiges wurde im Rahmen des ARegV-E auch versucht. Dort hat man versucht, diese Kriterien dadurch umzusetzen, dass dem Netzbetreiber ein langer Zeitraum gewährt wird, die Vorgabe zu erreichen. Auch sind nach § 15 Abs. 2 ARegV-E strukturelle Besonderheiten zu berücksichtigen. Nach § 16 Abs. 2 ARegV-E kann in Härtefällen eine Anpassung der individuellen Zielvorgabe erfolgen.

[359] In dem ersten Referenzbericht der BNetzA v. 8.12.2005 spricht sich die BNetzA für die Einführung der Revenue-Cap-Regulierung aus, wobei ein Kriterienkatalog Anwendung fand, der den Regulierungsaufwand, die Kenntnisse benötigter Daten, die Preisstruktur, die Tarifstruktur und die Mengeneffekte berücksichtigte.

Unternehmen Anreize, die Kostenstrukturen zu offenbaren. Darüber hinaus ist die BNetzA auf diesem Gebiet bereits mit guten Erfahrungen aus der Telekommunikation ausgestattet, die sicherlich auch in der Energiewirtschaft von großem Wert sein werden. Allerdings finden die beiden Cap-Regulierungsmethoden in der „Urform" in der Praxis kaum Anwendung, sondern müssen ergänzt werden durch weitere Parameter, die negativen Effekten (z.B. strategischen Überlegungen bei der Korbbildung) entgegenwirken. Ein solcher Ansatz wurde nun mit der Vorlage des ARegV-E erstmals verfolgt. Dort sind die in § 21a EnWG festgelegten Maßstäbe in Verordnungsform gegossen worden.[360]

[360] Der ARegV-E ist im WWW abrufbar unter http://www.bmwi.de/BMWi/Redaktion/PDF/Gesetz/entwurf-anreizregulierung,property=pdf,bereich=bmwi,sprache=de,rwb=true.pdf. Dabei ist davon auszugehen, dass sich im Laufe des Verfahrens bis zum Erlass der Verordnung noch einige Regelungen verändern werden. Insbesondere werden im Hinblick auf den Hinblick der Grundsätze der „Erreichbarkeit" und der „Übertreffbarkeit" noch einige Anpassungen notwendig sein, z. B. im Hinblick auf die Orientierung am Frontier-Unternehmen bei dem Effizienzvergleich, der nach § 12 AregV-E durchgeführt wird.

4. KAPITEL: MISSBRAUCHSAUFSICHT

In Umsetzung der Beschleunigungsrichtlinien sieht das EnWG neben der Ex-ante-Regulierung eine Ex-post-Regulierung vor, die Missbräuche durch beteiligte Unternehmen im Nachhinein verhindern soll. Denn mit der Methodenregulierung und der bei Einzelentgeltgenehmigung alleine wären der Regulierungsbehörde nicht ausreichend „scharfe Waffen" an die Hand gegeben. Die Einhaltung der Vorgaben muss im Einzelfall ex post überprüft werden können. Die Netzzugangsentgelte betreffend sind also sowohl im EnWG, als auch konkreter in der StromNEV und GasNEV Maßnahmen vorgesehen, um Missbrauch im Zusammenhang mit der Bildung und der Forderung von Netzzugangsentgelten zu verhindern.

A. § 30 EnWG als Grundnorm für die Missbrauchsaufsicht

Die Grundnorm für die Ex-Post-Regulierung ist § 30 EnWG. Sie ist Grundlage für die Missbrauchsaufsicht über die Einhaltung der Bestimmungen des Abschnitts 2 und 3,[361] wobei in diesem Zusammenhang maßgeblich Abschnitt 3 des Gesetzes ist. Die Norm setzt Art. 23 Abs. 8 EltRL und Art. 25 Abs. 8 GasRL um und soll den in § 111 EnWG vorgesehenen Ausschluss der Anwendbarkeit des GWB vorbereiten, indem sie die materiellen Wertungen dieses Gesetzes in das EnWG einführt. § 30 Abs. 1 S. 1 EnWG verbietet den Missbrauch einer Marktstellung. Dieses allgemeine Verbot bezieht sich damit sowohl auf die missbräuchliche Entgeltgestaltung als auch auf sonstige behindernde oder diskriminierende Verhaltensweisen. Da der Missbrauchsbegriff unbestimmt ist, wird diese Generalklausel durch die Regelbeispiele des S. 2 konkretisiert. Wird gegen die Regelbeispiele des § 30 Abs. 1 S. 2 EnWG verstoßen, liegt der Missbrauch einer Marktstellung vor.

[361] Die BNetzA hat auch bereits erste Verfahren zu Netzzugangsthemen eröffnet. Sie hat gegen die Vattenfall Europe Transmission GmbH von Amts wegen ein Verfahren gemäß § 30 EnWG „Missbräuchliches Verhalten eines Netzbetreibers" zur Überprüfung der Geltendmachung von Pönalzahlungen nach Ziff. 20.4. des Bilanzkreisvertrages von VET. Das Verfahren wird unter dem Aktenzeichen BK6-06/037 geführt. Die Informationen dazu sind im WWW unter http://www.bundesnetzagentur.de/enid/73e66ded2a64ed6bed8ec28d2e83194f,0/ Veroeffentlichung_von_Verfahrenseinleitungen/BK6-_6-_37_2pz.html zu finden.

Diese sind jedoch nicht abschließend zu verstehen, was aus der Verwendung des Begriffs „insbesondere“ abzuleiten ist.[362] Jedoch ist im Vergleich zu §§ 19, 20 GWB auffällig, dass § 30 EnWG den Adressatenkreis insofern erweitert und über die GWB-Normen hinausgeht, als dass hier Betreiber von Energieversorgungsnetzen angesprochen werden, nicht nur solche mit einer *marktbeherrschenden* Stellung. Allerdings wird es in der Praxis zu dem gleichen Ergebnis führen, da Betreiber von Energieversorgungsnetzen regelmäßig eine marktbeherrschende Stellung i.S.d. §§ 19 und 20 GWB haben werden.[363] Es kommt für § 30 EnWG auf eine solche Definition dann aber nicht an.

Durch die Wertung des § 30 Abs. 1 S. 2 Nr. 1 EnWG wird bereits jeder Verstoß gegen die entsprechenden Abschnitte und die dazu erlassenen Rechtsverordnungen als missbräuchlich angesehen. Damit wird § 30 EnWG zu einer „Zentralnorm“[364], die die Einhaltung der Vorschriften über den Netzzugang sichern soll. Diese Regelung hat allerdings nur klarstellende Wirkung, da die §§ 17 bis 28 EnWG, wie sich aus § 32 Abs. 1 S. 2 EnWG ergibt, Schutzgesetze darstellen, die ihrerseits auch unmittelbar gesetzliche Gebote und Verbote enthalten.

---

[362] „Insbesondere“ bedeutet, dass die Aufzählung nur beispielhaft ist. Eine Fallgruppe, die beispielsweise Beachtung finden könnte, ist die Fallgruppe der „Preis-Kosten-Schere“. Wesentliches Wettbewerbshindernis für konkurrierende Anbieter insbesondere im Massengeschäft ist der geringe Abstand zwischen den Netzzugangsentgelten und des von dem mit dem Netzbetreiber verbundenen Vertrieb angebotenen Energieverkaufspreis. In manchen Fällen ist die Marge so gering, dass sie nicht ausreicht, um die Kosten für Energiebeschaffung und Energievertrieb zu erwirtschaften. In diesen Fällen lässt sich vermuten, dass entweder der mit dem Netzbetreiber verbundene Betrieb seinen Kunden den Strom und das Gas unter Einstandspreisen anbietet oder der Vertrieb vom Netzbereich günstigere Konditionen erhält, also im Ergebnis eine unzulässige Quersubventionierung stattfindet. Wegen des vergleichbaren Problems hat der Gesetzgeber in § 28 Abs. 2 Nr. 2 TKG diese Preis-Kosten-Schere geregelt und daraus einen Tatbestand für die Vermutung eines missbräuchlichen Verhaltens gemacht. Eine solche Fallgruppe ist im EnWG auch umfasst, allerdings nicht ausdrücklich genannt. Sie könnte auch unter § 30 Abs. 1 S. 2 Nr. 1 EnWG zu fassen sein, wenn man davon ausgeht, dass ein Anknüpfungsmerkmal dafür, gegen die Preis-Kosten-Scherenbildung vorzugehen, kann auch der Begriff „Angemessenheit“ in § 21 Abs. 1 EnWG sein kann.

[363] Ob ein Unternehmen eine marktbeherrschende Stellung hat, hängt nach § 19 Abs. 2 GWB davon ab, ob es als Anbieter einer bestimmten Art von Waren oder gewerblichen Dienstleistungen ohne Wettbewerb bzw. keinem wesentlichen Wettbewerb ausgesetzt ist oder eine im Verhältnis zu seinen Wettbewerbern überragende Stellung hat. Bei den Inhabern von Elektrizitätsversorgungsnetzen wird das fast ausnahmslos der Fall sein. Die Netzbetreiber sind regelmäßig die einzigen Anbieter für ihr Netzgebiet. Vgl. dazu *Zenke/Thomale*, WuW 2005, 28 (31 f.); *Enaux/König*, N&R 2005, 2 (3). Nicht von § 30 EnWG, sondern von §§ 19, 20 GWB adressiert sind hingegen Objektnetzbetreiber gem. § 110 EnWG, vgl. insoweit *Weyer*, N&R 2007, 14.

[364] Den Begriff verwenden *Enaux/König*, N&R 2005, 2 (4).

Das Merkmal „ohne sachlichen Grund" ist ein entscheidendes normatives Bewertungsmerkmal, das in § 30 EnWG in einigen Regelbeispielen zu finden ist. Dann ist das Erfüllen des Regelbeispiels alleine noch nicht Missbrauch einer Marktstellung, sondern es bedarf des Weiteren des Fehlens eines sachlich gerechtfertigten Grundes. Allerdings wurde diesem Merkmal bereits im GWB Leerformelcharakter zugesprochen.[365] Notwendig ist die Abwägung der Interessen von betroffenen Wettbewerbern mit den Interessen des die Marktstellung ausnützenden Unternehmens unter vorrangiger Berücksichtigung der Zielsetzungen des EnWG.[366] Ein sachlicher Grund kann somit eine Missbrauchshandlung umso weniger sachlich rechtfertigen, als er wettbewerbsfremden Zwecken dient bzw. den Wettbewerb zu beeinträchtigen droht. Ein sachlich gerechtfertiger Grund liegt damit immer dann vor, wenn Maßnahmen getätigt werden, die das betreffende Unternehmen auch bei Bestehen wesentlichen Wettbewerbs anwenden könnte.[367] Eine Konditionenpolitik könnte beispielsweise aus einem sachlichen Grund heraus zu rechtfertigen sein: Wird durch die konstante und dauerhafte hohe Abnahme von Strom eine Kostensenkung für den Netzbetreiber erreicht, kann eine gestaffelte Rabattpolitik durch das Unternehmen möglich sein. Diese muss sich aber mit Blick auf die Kostenorientierung erklären lassen. Dann läge aufgrund eines sachlichen Grundes keine Diskriminierung vor, die den Missbrauch einer Marktstellung begründen würde. Anders zu beurteilen wären Pauschalrabatte, wonach ein Unternehmen plötzlich ab einer gewissen Menge nur noch 50 % der Netzzugangsentgelte zahlen müsste.[368] Maßnahmen, die nur aufgrund der besonderen Marktstellung des Unternehmens möglich sind, können ohnedies nicht durch einen sachlichen Grund gerechtfertigt werden. Diese Maßnahmen stellen – sofern sie ein Regelbeispiel erfüllen – einen Missbrauch dar.

1. Behinderungsmissbrauch

§ 30 Abs. 1 S. 2 Nr. 2 EnWG entspricht in der Sache dem Verbot des Behinderungsmissbrauchs nach § 19 Abs. 4 Nr. 1 GWB und dem Behinderungsverbot des § 20 Abs. 1 GWB. Unternehmen, die eine besondere Marktstellung erreicht haben, werden dadurch besondere Rücksichtnamepflichten auferlegt, die sie verpflichten, leistungsfremdes Marktverhalten zu unterlassen. Grundsätzlich liegt bereits bei jeder für ein Unternehmen wettbewerblich nachteiligen Maßnahme eine Behinderung oder Beeinträchtigung vor. Dies ist insbesondere bei

---

365 *Immenga/Mestmäcker*, GWB, § 19 Rn. 115.

366 *Bechthold*, GWB, § 19 Rn. 65.

367 *Bechthold*, GWB, § 19 Rn. 65.

368 Vgl. dazu die Darstellung zu den individuellen Entgelten. Diese sind nunmehr – entgegen der ersten Entwurfsfassung – hingegen nicht als Pauschalrabatte konzipiert.

missbräuchlichen Preisstrategien, z.B. einer Preis-Kosten-Schere der Fall.[369] Der missbräuchliche Charakter ergibt sich jedoch erst dann, wenn kein sachlich gerechtfertigter Grund aufgezeigt werden kann. Damit ist die grundsätzliche Vermutung eines Behinderungsmissbrauchs durch das Vortragen eines sachlichen Grunds widerlegbar. Auf die Einschränkung des § 20 Abs. 1 GWB, dass die Behinderung in einem gleichartigen Unternehmen üblicherweise zugänglichen Geschäftsverkehr stattfinden muss, hat der Gesetzgeber angesichts der in den §§ 17 bis 28 EnWG vorgesehenen Öffnung des Geschäftsverkehrs mit Betreibern von Energieversorgungsnetzen verzichtet.

2. Diskriminierungsverbot

§ 30 Abs. 1 S. 2 Nr. 3 EnWG entspricht dem allgemeinen Diskriminierungsverbot nach § 20 Abs. 1 GWB, wonach andere Unternehmen gegenüber gleichartigen Unternehmen ohne sachlichen Grund nicht unterschiedlich behandelt werden dürfen. Dieses Verbot wird ergänzt durch das spezifische Begünstigungsverbot gegenüber dem eigenen oder verbundenen Unternehmen in Nr. 4 und durch ein spezifisches regionales Diskriminierungsverbot mit Blick auf Entgelte in Nr. 6 der Norm. Im Falle einer Ungleichbehandlung ist eine Beweislastumkehr zulasten der Betreiber von Energieversorgungsnetzen vorgesehen. Die Betreiber müssen dann nachweisen, dass die Einräumung ungünstiger Bedingungen sachlich gerechtfertigt ist.

3. Vertikales Diskriminierungsverbot

Nach § 30 Abs. 1 S. 2 Nr. 4 EnWG handelt ein Netzbetreiber auch dann missbräuchlich, wenn der Netznutzer sich selbst oder mit ihm nach § 3 Nr. 38 EnWG verbundenen Unternehmen den Zugang zu seinen Waren und Leistungen zu günstigeren Entgelten ermöglicht, als er sie anderen Marktteilnehmer und Netzzugangspetenten ermöglicht. § 3 Nr. 38 EnWG definiert das „vertikal integrierte Energieversorgungsunternehmen“ als ein „im Elektrizitäts- oder Gasbereich tätiges Unternehmen oder eine im Elektrizitäts- oder Gasbereich tätige Gruppe von Unternehmen, die im Sinne des Artikels 3 Absatz 2 der Verordnung (EG) Nr. 139/2004 des Rates vom 20. Januar 2004 über die Kontrolle von Unternehmenszusammenschlüssen[370] miteinander verbunden sind, wobei das betreffende Unternehmen bzw. die betreffende Gruppe im Elektrizitätsbereich mindestens eine der Funktionen Übertragung oder Verteilung und mindestens eine der Funktionen Erzeugung oder Vertrieb von Elektrizität oder im Erdgasbereich mindestens eine der Funktionen Fernleitung, Verteilung, Betrieb einer LNG-

---

[369] Vgl. zu der Preis-Kosten-Schere und Bündelprodukten auf dem Telekommunikationssektor *Vogelsang*, N&R 2004, 18 (25).

[370] ABl. EU 2004 L 24/2 v. 29.1.2004, im Folgenden: EG-Fusionskontrollverordnung 2004.

Anlage oder Speicherung und gleichzeitig eine der Funktionen Gewinnung oder Vertrieb von Erdgas wahrnimmt". Ein vertikal integriertes Energieversorgungsunternehmen i.S.d. § 3 Nr. 38 EnWG liegt daher bereits immer dann vor, wenn entweder ein rechtlich unabhängiges Unternehmen gleichzeitig ein Elektrizitäts- bzw. Gasversorgungsnetz betreibt und zugleich in der Gewinnung/Erzeugung oder im Vertrieb von Elektrizität bzw. Erdgas tätig ist oder die Funktionen Gewinnung/Erzeugung/Energievertrieb einerseits und Netzbetrieb andererseits zwar in rechtlich getrennten Gesellschaften ausgeübt werden, eine dieser Gesellschaften aber die andere i.S.v. Art. 3 Abs. 2 EG-Fusionskontrollverordnung 2004 kontrolliert oder sowohl Erzeugung/Energievertrieb als auch Netzbetrieb unter dem gemeinsamen Dach einer kontrollierenden Holding zusammengefasst sind.[371] Das Regelbeispiel des § 30 Abs. 1 S. 2 Nr. 4 EnWG ist Ausdruck des Gebots der vertikalen Diskriminierungsfreiheit. Demnach darf das eigene Unternehmen bzw. ein verbundenes Unternehmen Waren und Leistungen nicht günstiger erhalten, als ein auswärtiges Unternehmen. Das bedeutet, auch für intern genutzte Leistungen (z.B. auch Dienstleistungen, sog. „shared services") müssen identisch kalkulierte Entgelte gezahlt werden. Diese Regelung hat eine besondere Bedeutung auch im Hinblick auf mögliche Quersubventionierungspotenziale, die gerade bei der Zahlung von Dienstleistungen bestehen. Eine Leistung, die z.B. durch ein verbundenes Unternehmen erbracht wird, muss marktadäquat vergütet werden. Sie kann durch die Netzgesellschaft nicht besonders hoch vergütet werden, so dass der Netzgesellschaft Kosten entstehen, die sich letztlich auf die Entgelte niederschlagen. Insofern ist auch die Bedeutung der Gemeinkostenzuschlüsselung erkennbar. Insofern ist es von großer Bedeutung, diesem Missbrauchstatbestand auch und gerade bei einzelnen Dienstleistungen im Rahmen der Kostenkalkulation nachzugehen. Auch hier kann die Einräumung ungünstiger Bedingungen durch den betreffenden Netzbetreiber allerdings sachlich gerechtfertigt werden.

4. Ausbeutungsmissbrauch

§ 30 Abs. 1 S. 2 Nr. 5 EnWG entspricht § 19 Abs. 4 Nr. 2 GWB.[372] Der hier angesprochene Ausbeutungsmissbrauch liegt darin begründet, dass Entgelte gefor-

---

371 Dabei bedarf es immer der Zusammenfassung einer Netz- und einer vor- bzw. nachgelagerten Tätigkeit entweder auf dem Elektrizitäts- oder auf dem Erdgassektor, um die Voraussetzungen des § 3 Nr. 38 EnWG zu erfüllen. Die kumulative Wahrnehmung etwa der Aufgaben des Erdgasnetzbetriebs und des Vertriebs von Elektrizität in einem Unternehmen oder einer Unternehmensgruppe führt dagegen für sich allein noch nicht zur Qualifizierung als integriertes Energieversorgungsunternehmen. Dies stellt die „oder-Verknüpfung" im Wortlaut des § 3 Nr. 38 EnWG klar (*„oder im Erdgasbereich ..."*).

372 Da § 30 Abs. 1 S. 2 Nr. 5 EnWG dem § 19 Abs. 4 Nr. 2 GWB nachgebildet ist, ist davon auszugehen, dass dieser auch angelehnt an die dazu ergangene Rechtsprechung ausgelegt werden soll. Dies betrifft insbesondere das Urteil des BGH v. 28.6.2005 – KVR 17/04.

dert werden, die sich bei wirksamem Wettbewerb mit hoher Wahrscheinlichkeit nicht ergeben würden. Aufgrund des Vergleichs mit den Preisen, die sich im wirksamen Wettbewerb ergeben würden, spricht man bei diesem Regelbeispiel vom Konzept des „Als-ob-Wettbewerbs". Bei der Berücksichtigung der Verhaltensweise von Unternehmen auf vergleichbaren Märkten sind insbesondere angesichts des in der Regel erfolgenden Vergleichs von Preisen natürlicher und faktischer Monopolisten auch die Ergebnisse der Vergleichsverfahren nach § 21 Abs. 3 EnWG und der StromNEV und GasNEV zu berücksichtigen. Das Vergleichsverfahren dient dabei in erster Linie dazu, die „schwarzen Schafe" herauszupicken, deren Kosten im Anschluss daran von der Regulierungsbehörde überprüft werden können. Das Ergebnis eines solchen Vergleichs kann als Indiz dafür dienen, dass eine Marktstellung missbraucht wurde bzw. dass Entgelte gefordert werden, die bei einem wirksamen Wettbewerb nicht gefordert werden könnten. Das Vergleichsverfahren wurde auch bereits im Rahmen des § 19 Abs. 4 Nr. 2 GWB in ständiger Praxis der Gerichte und der Kartellbehörden zur Bestimmung des wettbewerbsanalogen Preis herangezogen.[373] Der in Anwendung der Norm durch die Entscheidung des BGH in der Rechtssache Stadtwerke Mainz gefundene Maßstab wird sich auch hier auswirken.[374] Die Darlegungen des BGH, [375] dass bei natürlichen Monopolen ein geringerer Erheblichkeitszuschlag zuzubilligen sei, sprechen allerdings dagegen, dass insofern ein „Erheblichkeitszuschlag" zuzubilligen sein wird.[376] Eine bedeutende Ausnahme musste aufgrund einer möglichen Überführung in die Anreizregulierung nach § 21a EnWG festgeschrieben werden. Wenn die Anreizregulierung Anwendung findet, müssen jedenfalls solche Entgelte sachlich gerechtfertigt sein, die die von der Regulierungsbehörde für eine Regulierungsperiode festgesetzten Preis- oder Erlösobergrenzen nicht überschreiten. Dies gilt auch dann, wenn sich diese Entgelte ansonsten bei wirksamem Wettbewerb mit hoher Wahrscheinlichkeit nicht ergeben könnten. Nur eine solche Regelung entspricht dem Ziel der Preisflexibilität im Wettbewerb, die durch die Anreizregulierung erreicht werden soll. Diese

---

[373] *Baur/Henk-Merten*, Kartellbehördliche Preisaufsicht über den Netzzugang, S. 58.

[374] Ebenso werden sich die Ausführungen des BGH im *Stadtwerke Mainz*-Beschluss zur Vergleichbarkeit von Unternehmen einschließlich der Relevanz von Zu- und Abschlägen auswirken. *Ehrike*, N&R 2006, 11 (14) schließt daraus, dass alleine das Abweichen der Preisgestaltung von dem ermittelten Vergleichspreis noch nicht automatisch ein missbräuchliches Verhalten darstelle. Es bedürfe vielmehr eines erheblichen Abweichens des tatsächlichen Verhaltens von einem redlichen Vergleichsverhalten.

[375] BGH, N&R 2005, 156 (160).

[376] Wobei bei der Zubilligung eines „Erheblichkeitszuschlags" die Höhe fraglich ist. Im Valium-II-Beschluss vom 24.8.1978 hatte das KG einen Missbrauchsaufschlag in Höhe von 25 % veranschlagt. Darauf verweist auch *Groebel* in Säcker (Hrsg.), Berliner Kommentar zum Telekommunikationsgesetz, § 28 Rn. 23. Gegen die Annahme eines Erheblichkeitszuschlags spricht auch, dass sich in § 30 Abs.1 S. 2 Nr. 5 EnWG kein Hinweis auf ein Unwerturteil findet. Siehe dazu auch *Weyer*, N&R 2007, 14 (20).

Wirkungen einer Anreizregulierung dürfen durch eine vernichtend starke Missbrauchsaufsicht jedoch nicht unmöglich gemacht werden. Deshalb ist die Ergänzung des § 30 Abs. 1 S. 2 Nr. 5 EnWG um diesen sachlichen Rechtfertigungsgrund sinnvoll. Durch die Einführung der Vorabgenehmigungspflicht gem. § 23a EnWG wurde eine weitere Ergänzung notwendig. Überschreitet das Entgelt die Obergrenze nicht, gilt es als sachlich gerechtfertigt. Ansonsten gilt für die sachliche Rechtfertigung das oben Gesagte. Der Netzbetreiber hat nachzuweisen, inwiefern die Forderung eines nicht marktadäquaten Preises sachlich gerechtfertigt ist.

5. Strukturmissbrauch

§ 30 Abs. 1 S. 2 Nr. 6 entspricht § 19 Abs. 4 Nr. 3 GWB. Dieses Regelbeispiel erfasst den Strukturmissbrauch. Ein solcher Preisstrukturmissbrauch liegt vor, wenn die Preispolitik eines Netzbetreibers für verschiedene Petenten in sich widersprüchlich, willkürlich oder ansonsten sachlich nicht zu rechtfertigen ist. Maßstab für diesen Preisstrukturmissbrauch ist allerdings nicht der Als-ob-Wettbewerb, sondern das Verhalten des Netzbetreibers auf vergleichbaren Märkten selbst. Dabei müssen die Vergleichsmärkte keine Wettbewerbsmärkte sein. Dieses Merkmal ist jedenfalls auch dann erfüllt, wenn eine diskriminierende Entgeltpolitik durch das Unternehmen erfolgt. Auch eine ungünstige Rabattpolitik ist davon umfasst. Allerdings sieht der Gesetzgeber hier eine Ausnahme vor, wonach bei einer Diskriminierung nicht unbedingt der Missbrauch einer Marktstellung vorliegen muss. Der Unterschied muss sich sachlich rechtfertigen lassen. Insofern ist fraglich, welche Rechtfertigungsgründe hier heranzuziehen sind. Denkbar wäre z.B. eine Rabattpolitik, die etwa dann Anwendung finden könnte, wenn durch größere Abnahmemengen und konstantere Abnahmeverhältnisse eines Abnehmers Kostenersparnisse entstehen, die in Form von Vergünstigungen an Netznutzer weitergegeben werden.

6. Sanktion

Hat ein Netzbetreiber seine Marktstellung missbraucht, hat die Regulierungsbehörde nach § 30 Abs. 2 EnWG verschieden starke Möglichkeiten an die Hand bekommen, gegen den Missbrauch vorzugehen.[377] Daran wird der Wandel vom verhandelten zum regulierten Netzzugang dabei am deutlichsten bei der Kompetenz des § 30 Abs. 2 S. 3 Nr. 2 EnWG, welche die Möglichkeit eines behördlich

[377] § 30 Abs. 2 EnWG erweist sich gegenüber der Befugnis aus § 65 EnWG als das speziellere und effektivere Instrument in der Entgeltregulierung. Auf § 65 EnWG muss in der Entgeltregulierung aufgrund spezieller Regelungen nicht zurückgegriffen werden, vgl. § 65 Abs. 4 EnWG. Dies gilt für das Unbundling z.B. nicht. Hier ist § 65 EnWG die einschlägige Ermächtigungsgrundlage.

angeordneten Netzanschlusses oder Netzzugangs eröffnet. Der mildeste Eingriff seitens der Regulierungsbehörde sieht die Verpflichtung vor, eine Zuwiderhandlung abzustellen. Konkreter kann die Regulierungsbehörde dem Unternehmen auch Maßnahmen aufgeben, mit deren Hilfe die Zuwiderhandlung abzustellen ist. Insbesondere stehen ihr dazu die Maßnahmen des § 30 Abs. 2 S. 3 Nr. 1 und 2 EnWG zur Verfügung. Dazu gehört auch, dass die Regulierungsbehörde verlangen kann, dass die Entgelte verändert werden, sofern sie nicht der genehmigten oder anhand der Methode vorgegebenen Form entsprechen. Die Regulierungsbehörde wird von Amts wegen oder auf Antrag hin tätig.

Im Hinblick auf den Rechtsschutz gegen Entscheidungen nach § 30 EnWG stellt sich die Frage nach der Rückwirkung von den für den Netzbetreiber günstigen gerichtlichen Entscheidungen. Eine Verfügung der Regulierungsbehörde, die auf Senkung des Entgelts gerichtet ist, muss aufgrund der gesetzlich angeordneten sofortigen Vollziehbarkeit zunächst befolgt werden. Der Netzbetreiber muss also ein niedrigeres Entgelt verlangen. Obsiegt der Netzbetreiber aber später in der Hauptsache und erreicht eine Aufhebung der Preissenkungsverfügung, ist fraglich, inwiefern hier eine Rückwirkung möglich ist. Denn der Netzbetreiber hat aufgrund der sofortigen Vollziehbarkeit Einbußen wirtschaftlicher Art erlitten. Die Aufhebung der Preissenkungsverfügung muss faktisch aber Rückwirkung haben, weil der Verwaltungsakt mit Zugang bei dem Netzbetreiber wirksam wird und der mit einer Anfechtungsbeschwerde an sich verbundene Suspensiveffekt infolge der sofortigen Vollziehbarkeit verhindert wird. Mit der Aufhebung dieser Verfügung entfällt deren entgeltsenkende Wirkung rückwirkend. Rein zeitlich betrachtet stünde dann die Befugnis des Netzbetreibers fest, die vor der entgeltsenkenden Maßnahme gebildeten Entgelte zu verlangen. Gegen eine solche Rückwirkung spricht aber der Vertrauensschutz der Netznutzer, die mit einer Abweichung von den regulierungsbehördlich vorgegebenen und bisher praktizierten Entgelten nicht rechnen. Dieser Vertrauensschutzaspekt lässt sich auch nicht ohne weiteres ausräumen.[378] Zwar kann der Netzbetreiber den Netznutzer über den jeweiligen Stand der Dinge unterrichten, dennoch ist entscheidend, dass der Netznutzer auf die Entscheidung der hoheitlichen Stelle vertraut, bis ihm das Gegenteil mitgeteilt wird. Da eine Regelung wie § 35 Abs. 5 TKG, die die Rückwirkung enthält, im EnWG fehlt, ist davon auszugehen, dass es bei diesem Grundsatz bleiben sollte.

---

[378] So *Büdenbender*, ET 2005 (Special), 35 (37) mit dem Hinweis, der Netzbetreiber könne den Netznutzer unterrichten, wie der Status im Rechtsstreit mit der Regulierungsbehörde sei. Das OLG Düsseldorf schlägt in seinem Beschl. v. 9.5.2007, Az. VI-3 Kart. 289/06, die Vereinbarung von Nachzahlungsvereinbarungen vor.

B. Ordnungswidrigkeiten

Ein weiteres Mittel der Ex-post-Regulierung sind die Regelungen des § 31 StromNEV und § 32 GasNEV. § 95 Abs. 1 Nr. 5 EnWG sieht vor, dass derjenige, der einer Rechtsverordnung nach § 24 S. 1 Nr. 2 zuwiderhandelt, ordnungswidrig handelt und von der Regulierungsbehörde ein Bußgeld auferlegt bekommen kann. § 31 StromNEV und § 32 GasNEV konkretisieren § 95 Abs. 1 Nr. 5 EnWG dahingehend, dass hier die konkreten Verstöße aufgeführt werden, die eine Ordnungswidrigkeit darstellen. Die Ordnungswidrigkeiten betreffen ausschließlich Dokumentationen und Veröffentlichungen, denen der Netzbetreiber nachkommen muss. Erfüllt er diese Pflichten vorsätzlich oder fahrlässig nicht, handelt er ordnungswidrig.

C. Besonderes Missbrauchsverfahren nach §§ 31 ff. EnWG

§ 31 EnWG setzt die Vorgaben des Art. 25 Abs. 5 GasRL und Art. 23 Abs. 5 EltRL in deutsches Recht um. Dabei wird im Rahmen des besonderen Missbrauchsverfahrens den betroffenen Netznutzern die Möglichkeit eröffnet, sich über das Verhalten eines Netzbetreibers bei der Regulierungsbehörde zu beschweren. Damit wird ein spezielles Verwaltungsverfahren eröffnet, das der zügigen Streitschlichtung dient. Es handelt sich um ein besonderes Antragsrecht auf Überprüfung des Verhaltens der Netzbetreiber im Hinblick auf dessen Vereinbarkeit mit den regulatorischen Vorgaben, wobei sowohl die normativen als auch die administrativen Vorgaben davon umfasst sind.

Nach § 31 Abs. 1 S. 1 EnWG wird den Betroffenen das Recht eingeräumt, einen Antrag auf Überprüfung des Verhaltens eines Netzbetreibers bei der Regulierungsbehörde zu stellen.[379] Insbesondere wird dieses Recht auch Personenvereinigungen eingeräumt, die gem. § 66 Abs. 2 EnWG an einem Verfahren vor der Regulierungsbehörde beteiligt sein können. Auch die Verbraucherverbände haben die Möglichkeit, die Überprüfung zu verlangen. Die Regulierungsbehörde führt demnach die Ex-Post-Kontrolle auch auf Antrag eines Betroffenen hin durch. Ein solcher Antrag auf die Durchführung eines besonderen Missbrauchsverfahrens bedarf nach § 31 Abs. 2 EnWG einiger zwingender Angaben: Der Betroffene muss insbesondere die Gründe nennen, weshalb ernsthafte Zweifel an der Rechtsmäßigkeit des Verhaltens bestehen.[380] Des Weiteren muss der Antragsteller ausführen, inwieweit er durch das Verhalten betroffen ist. Das Gesetz verlangt in § 31 Abs. 1 S. 1 EnWG, dass die Interessen der Personen und Personenverbände durch das Verhalten des Netzbetreibers erheblich berührt werden.

---

[379] Vgl. dazu im Einzelnen *Antweiler/Nieberding*, NJW 2005, 3673 (3674).

[380] Siehe dazu auch eine der ersten Entscheidungen der BNetzA zu § 31 EnWG, im WWW abrufbar unter http://www.bundesnetzagentur.de/media/archive/5263.pdf, S. 7.

Bei Verbraucherverbänden wird das hinsichtlich der Intensität der „erheblichen Berührung" eine Konkretisierung gemacht: Sie gelten dann als erheblich berührt, wenn sich die Entscheidung auf eine Vielzahl von Verbrauchern auswirkt und dadurch die Interessen der Verbraucher insgesamt erheblich berührt werden. Insofern muss der Antragsteller ein „Rechtschutzbedürfnis" geltend machen. Dieses ist allerdings erheblich abgeschwächt gegenüber der ansonsten üblicherweise verlangten „Verletzung eigener Rechte". Damit stellt sich auch die Frage, welche Norm im EnWG drittschützende Wirkung hat, nicht.[381] Schließlich muss der Antragsteller darlegen, weshalb er durch das Verhalten des Netzbetreibers betroffen ist; gefordert ist also eine gewisse Kausalität zwischen dem Verhalten des Netzbetreibers und der „erheblichen Berührung" der eigenen Interessen. Sind die Angaben unvollständig, wird der Antrag davon der Regulierungsbehörde als unzulässig abgewiesen.

Sind die Angaben hingegen vollständig, hat sich die Regulierungsbehörde zwingend mit der Angelegenheit zu befassen. Die Regulierungsbehörde verfügt dabei über kein Aufgreifermessen, wie sich aus § 31 Abs. 3 S. 1 EnWG ergibt. Innerhalb einer Frist von zwei Monaten nach Eingang des vollständigen Antrags hat die Regulierungsbehörde dann zu entscheiden, wobei diese Frist um zwei Monate verlängert wird, falls die Regulierungsbehörde zusätzliche Informationen anfordert. Nur mit Zustimmung des Antragstellers ist eine weitere Verlängerung der Frist möglich. Nur für den Fall, dass ein Antrag die Entgelte größerer neuer Erzeugungsanlagen betrifft, kann die Regulierungsbehörde die Fristen nach § 31 Abs. 3 S. 1 und S. 2 EnWG verlängern.

Die Prüfung im Rahmen des Besonderen Missbrauchsverfahrens ist inhaltlich beschränkt auf Verstöße gegen Bestimmungen der Abschnitte 2 und 3 des Teils 3 des EnWG, also maßgeblich auch auf Verstöße gegen die Bestimmungen der Entgeltregulierung, sowie der auf dieser Grundlage erlassenen Rechtsverordnungen.[382] Festlegungen der Regulierungsbehörde nach § 29 EnWG über Bedingungen und Methoden für den Netzanschluss und den Netzzugang sind insoweit zu beachten. Insbesondere muss die Regulierungsbehörde bei Entgelten, die nach § 23a EnWG genehmigt wurden, überprüfen, ob insoweit die Voraussetzungen für eine Aufhebung der Genehmigung vorliegen. Hier sind dann natürlich auch die Wertungen von §§ 48, 49 VwVfG von Bedeutung.

§ 32 Abs. 1 EnWG sieht für den Fall, dass ein Netzbetreiber gegen die gesetzlichen oder verordnungsrechtlichen Vorschriften oder gegen eine Entscheidung der Regulierungsbehörde verstößt, eine Unterlassungspflicht vor. Gem. § 33

---

[381] Im TKG ist diese Frage sehr umstritten. Vgl. dazu *Enaux/König*, N&R 2005, 2 (6).

[382] Die ersten beiden Verfahren betrafen § 19 Abs. 3 StromNEV. Die Entscheidungen der BNetzA sind im WWW unter http://www.bundesnetzagentur.de/media/archive/5263.pdf und http://www.bundesnetzagentur.de/media/archive/6062.pdf zu finden.

Abs. 2 EnWG können diese Ansprüche auch von Interessenverbänden geltend gemacht werden. Diese Regelungen entsprechen der gängigen Vorgehensweise, z.B. auch in § 34a GWB-E. Darüber hinaus gelten die Rechte der Verbände auf Schadenersatz gem. § 32 Abs. 3 EnWG nur bei vorsätzlichem Verhalten. Die Ausdehnung der Befugnisse der Verbraucherverbände erfolgt, weil Verbraucher meist nicht alleine in der Lage sind, Unterlassungs- und Schadenersatzansprüche geltend zu machen.[383] Letztlich bietet die Gefahr der Unterlassungs- und Schadenersatzansprüche eine zusätzliche Absicherung dafür, dass die Netzbetreiber sich an die Vorschriften der Abschnitte 2 und 3 halten.

In § 33 EnWG ist die Vorteilsabschöpfung durch die Regulierungsbehörde geregelt für den Fall, dass ein Unternehmen gegen eine Vorschrift des Abschnitts 2 und 3 des EnWG verstoßen hat oder gegen Rechtsverordnungen oder Entscheidungen, die darauf basieren. Danach kann unter bestimmten Umständen die Abschöpfung des erlangten wirtschaftlichen Vorteils angeordnet werden. Ein Recht auf Vorteilsabschöpfung haben auch die in § 32 Abs. 2 Nr. 1 und 2 EnWG genannten Verbände und Einrichtungen. Jedoch muss der Verstoß gegen die Vorschriften des § 33 EnWG vorsätzlich oder fahrlässig erfolgt sein.

D. Monitoring gem. § 35 EnWG

Gem. § 35 EnWG führt die Regulierungsbehörde ein ständiges Monitoring zu den Aspekten des Marktgeschehens durch. Insbesondere § 35 Abs. 1 Nr. 6 EnWG betrifft die Regelungen der Entgeltregulierung. Danach führt die Regulierungsbehörde ein Monitoring durch über die Bedingungen und Tarife für den Anschluss neuer Elektrizitätserzeuger. Dabei müssen insbesondere auch die Kosten beachtet werden, die durch neue Technologien anfallen. Auch über das Ausmaß von Transparenz und Wettbewerb führt die Regulierungsbehörde nach § 35 Abs. 1 Nr. 10 EnWG ein Monitoring durch. Da die Netzzugangsentgeltregulierung eine Schlüsselstelle für den Wettbewerb auf den Energienetzen ist, wird diese hier eine maßgebliche Rolle spielen. Zur Erlangung der erforderlichen Informationen stehen der Regulierungsbehörde neben den zahlreichen Möglichkeiten, die in den Verordnungen vorgesehen sind, gem. § 35 Abs. 2 EnWG die Rechte aus § 69 EnWG zur Verfügung. Für das Jahr 2006 hat die BNetzA Fragenbögen zum Download veröffentlicht, die sie im Hinblick auf das Monitoring verwendet. Die Fragebögen basieren auf den Inhalten des § 35 Abs. 1 EnWG und sind getrennt nach Fragen zu den Themengebieten Elektrizität und Gas ausgestaltet. Sie sind weiterhin differenziert nach unterschiedlichen

[383] So die Bundesregierung in der Gegenäußerung zur Stellungnahme des Bundesrates zum Regierungsentwurf im WWW abrufbar unter http://www.energieverbraucher.de/de/ Energiebezug/Strom/Ihr_gutes_Recht/site__1478/, S. 13.

Gruppen von Marktteilnehmern.[384] Die Regulierungsbehörde veröffentlicht auf der Grundlage dieser Informationen jährlich einen Bericht. Dazu ist sie nach § 63 Abs. 4 EnWG verpflichtet.

[384] Die Fragbögen sind im WWW unter http://www.bundesnetzagentur.de/enid/5911869f2b454e1c1b9f7d7ed40ed444,0/Erhebung_von_Unternehmensdaten/Datenerhebung_-_Monitoring_ab_22__3__6_2kx.html zu finden.

5. KAPITEL: INSTITUTIONELLE AUSGESTALTUNG

A. Zuständigkeit für die Entgeltregulierung

Gemäß § 54 Abs. 1 EnWG nimmt die BNetzA grundsätzlich die im Gesetz der Regulierungsbehörde zugewiesenen Aufgaben wahr.[385] Insbesondere die Entgeltregulierung fällt zunächst in ihre Zuständigkeit. Diese Aufgabenzuweisung erfolgt aber unter dem Vorbehalt des § 54 Abs. 2 EnWG. Hiernach wird unter bestimmten Voraussetzungen eine Zuständigkeit der Landesregulierungsbehörden begründet. Diese Kompetenzaufspaltung war ein Ergebnis der Verhandlungen, das zuletzt Eingang in die gesetzlichen Regelungen fand. Statt einem schlanken Regulierungsapparat wurde eine komplexe Zuständigkeitsverteilung angeordnet. Insoweit gibt § 54 Abs. 2 EnWG vor, wann die Landesregulierungsbehörden zuständig sein sollen. Im Einzelfall ist die jeweilige Landesregulierungsbehörde zuständig, wenn es sich um ein im Netzbetrieb nur auf ein Bundesland beschränktes Unternehmen mit unter 100.000 angeschlossenen Kunden handelt, eine der in § 54 Abs. 2 EnWG aufgezählten Materien in Rede steht und das betreffende Bundesland keine Organleihe-Vereinbarung mit dem Bund darüber geschlossen hat, dass die BNetzA die Aufgaben des betreffenden Landes mit übernimmt. Die aufgezählten Voraussetzungen müssen alle gleichzeitig vorliegen.

§ 54 Abs. 2 EnWG stellt nur auf das Energieversorgungsunternehmen selbst ab. § 3 Nr. 38 EnWG, der die Betrachtung der gesamten Unternehmensgruppe im Rahmen des § 6 EnWG fordert, findet daher keine Anwendung. Im Rahmen des § 54 EnWG sind bei der Berechnung der 100.000-Kunden-Schwelle die angeschlossenen Kunden anderer Konzerngesellschaften damit nicht einzubeziehen.[386] Um die Zuständigkeiten genau bestimmen zu können, muss die Anzahl der Anschlüsse gem. § 54 Abs. 2 S. 3 EnWG jährlich festgestellt werden. Die Zuständigkeit wird aber in einem laufenden behördlichen oder gerichtlichen Verfahren oder Prüfungsvorgang nicht verändert, auch wenn sich die Zahl der Anschlüsse zum Stichtag anders darstellt als zuvor. Begonnene Vorgänge werden von der jeweils zuständigen Behörde zu Ende geführt. Strom- und Gasversorgungsnetze werden hierbei separat betrachtet, so dass sich für ein Energieversorgungsunternehmen je nach Sparte eine abweichende Zuständigkeit ergeben kann. Das Angebot an die Länder, die Regulierung teilweise in Eigenregie zu übernehmen, können diese auch abschlagen: Diese Möglichkeit besteht durch das Institut der Organleihe. Damit bietet der Bund den Ländern entgeltlich an,

---

385 Vgl. zu den Zuständigkeitsregelungen auch *Koenig/Kühling/Rasbach*, Energierecht, S. 183 ff. Zu Aufgaben und Organisation der Regulierungsbehören allgemein, vgl. *Angenend/Gramlich/Pawlik*, LKV 2006, 49 ff.

386 Dazu *Koenig/Kühling/Rasbach*, Energierecht, S. 185.

dass die BNetzA für diese die Aufgaben der jeweiligen Landesregulierungsbehörden mit übernimmt. Von der Organleihe-Vereinbarung, die ebenfalls eine Reihe rechtlicher Probleme aufwirft, haben bisher sechs Bundesländer Gebrauch gemacht.[387]

Die Zuständigkeit der Länder betrifft bei eigener Durchführung nach § 54 Abs. 2 S. 1 Nr. 1 EnWG die Genehmigung der Entgelte gem. § 23a EnWG. Nach § 54 Abs. 2 S. 1 Nr. 2 EnWG wird auch die Anordnung im Rahmen der Anreizregulierung gem. § 21a EnWG von den Landesbehörden getroffen. Die BNetzA ist jedoch ausschließlich zuständig für die Entwicklung eines Systems zur Anreizregulierung. Gemäß § 112a EnWG hat sie bis zum 1. Juli 2006 der Bundesregierung einen Bericht zur Einführung der Anreizregulierung nach § 21a vorzulegen.[388] Nach § 54 Abs. 2 S. 1 Nr. 3 EnWG genehmigt die Landesbehörde nach der GasNEV und StromNEV gebildete individuelle Entgelte. Auch für die Missbrauchsaufsicht hat die Landesbehörde die Kompetenz, sofern die anderen Voraussetzungen vorliegen. Nach § 54 Abs. 2 Nr. 9 EnWG obliegt den Landesbehörden die Entscheidung über die Objektnetze nach § 110 Abs. 4 EnWG.[389] Ist die Kompetenz gesetzlich keiner Behörde zugeordnet, greift § 54 Abs. 3 EnWG mit einer Auffangregelung ein, die der BNetzA im Zweifel die Kompetenz zuspricht. Festlegungen nach § 29 EnWG fehlen in der Aufzählung; sie sind nicht ausdrücklich einer Behörde zugeordnet. Vielmehr handelt es sich bei Festlegungen nach § 29 EnWG um ein Instrument ohne eigene inhaltliche Bedeutung, das sowohl der Regulierungsbehörde als auch den Landesregulierungsbehörden in Verbindung mit den jeweiligen Kompetenzen zur Verfügung steht.[390] Für die Kartellämter verbleibt – zumindest in der Netzzugangsentgeltregulierung – keine Aufgabe mehr. Gemäß § 111 Abs. 1 S. 2 EnWG bleiben die Aufgaben und Zuständigkeiten der Kartellbehörden zwar durch das EnWG un-

---

387 Derzeit haben die folgenden Bundesländer eine Organleihe-Vereinbarung getroffen: Berlin, Bremen, Mecklenburg-Vorpommern, Niedersachsen, Schleswig-Holstein und Thüringen.

388 Zum 4.4.2007 wurde auch erstmals der ARegV-E vorgelegt, nach dem den Landesregulierungsbehörden auch im Rahmen der Anreizregulierung wesentliche Kompetenzen zustehen sollen, vgl. §§ 9, 12 und 20 ARegV-E.

389 Diese Kompetenz wird nach der getroffenen Regelung grundsätzlich bei den Landesbehörden verbleiben, denn es erscheint unwahrscheinlich, dass die anderen Voraussetzungen jemals kumulativ vorliegen werden und es so zu einer Verschiebung zur BNetzA kommen könnte.

390 Die BNetzA hat bereits von § 29 EnWG Gebrauch gemacht mit der Festlegung vom 21. September 2005, Az.: E405c-05-001/E 24.08.05 betreffend den Umfang, den Zeitpunkt und die Form der Datenübermittlung für das erste Vergleichsverfahren Strom sowie den Bericht zur Einführung einer Anreizregulierung Stromhttp://www.bundesnetzagentur.de/media/archive/3327.pdf und der Festelegung des gleichen Tages, Az.: E405e-05-001/E 24.08.05 betreffend den Umfang, den Zeitpunkt und die Form der Datenübermittlung für das erste Vergleichsverfahren Gas sowie den Bericht zur Einführung einer Anreizregulierung Gas.

berührt. Allerdings sind die §§ 19, 20 GWB durch die Kartellbehörden nicht anzuwenden, soweit das EnWG oder Rechtsverordnungen, die aufgrund des EnWG erlassen worden sind, abschließende Regelungen treffen. Nach § 111 Abs. 2 EnWG wird zumindest für die Entgeltregulierung deutlich statuiert, dass insofern eine abgeschlossene Regelung getroffen wurde. Danach heißt es, dass „abschließende Regelungen (...) enthalten sind durch die Bestimmungen des Teils 3 (Regulierung des Netzbetriebs) und durch die Rechtsverordnungen, die aufgrund von Bestimmungen des Teiles 3 erlassen worden sind, soweit diese sich für abschließend gegenüber den Bestimmungen des GWB erklären". § 1 S. 2 StromNZV kommt dem nach und erklärt die Regelungen der StromNZV für abschließend i.S.d. § 111 Abs. 2 EnWG. Solche Regelungen lassen sich jedoch in der StromNEV und GasNEV nicht finden. Diese wären damit nicht als abschließend anzusehen und eröffneten damit den Kartellbehörden die Möglichkeit, entsprechende Sachverhalte nach §§ 19, 20 GWB zu prüfen und auch abweichend zu entscheiden. Für die Entgeltregulierung wären diese Regelungen damit nicht abschließend im Sinne des § 111 Abs. 2 EnWG. Dieses Ergebnis kann im Hinblick auf die grundsätzliche Zuständigkeit der Regulierungsbehörde(n) gesetz- und verordnungsgeberisch nicht gewünscht sein und ist im Sinne der von § 1 S. 2 StromNZV zu korrigieren.[391]

Die Kartellbehörden bleiben daneben jedoch zuständig für die Missbrauchsaufsicht über die Energiepreise. Ausgenommen von der kartellrechtlichen Prüfung ist wegen § 111 EnWG aber die Überprüfung der Netzzugangsentgelte, die in den Energiepreisen als nicht unwesentlicher Anteil enthalten sind. Die Prüfung der Netzzugangsentgelte obliegt allein der BNetzA bzw. bei einer Zuständigkeit nach § 54 EnWG den Landesregulierungsbehörden. Die Kartellbehörden haben dem gemäß in Verfahren der Missbrauchsaufsicht über die Energiepreise gemäß § 111 Abs. 3 EnWG die nach § 23a EnWG durch die BNetzA oder die Landesregulierungsbehörden genehmigten Netzzugangsentgelte als rechtmäßig zugrunde zu legen.[392]

---

[391] So auch *Stumpf/Gabler*, NJW 2005, 3174 (3179), die vorschlagen, dass die Kartellbehörden angesichts der Regelungslücke und der Vergleichbarkeit der Sachverhalte in analoger Anwendung von § 1 StromNZV ihr Aufgreifermessen auch im Anwendungsbereich der anderen Verordnungen dahin gehend ausüben, vorläufig keine entsprechende Prüfung vorzunehmen.

[392] Für den Anwendungsbereich des Art. 82 EG wird die Wirksamkeit des Verbots der Inzidentkontrolle z. T. bezweifelt, insbesondere solange der Regulierungsbehörde die Aufgabe einer Wettbewerbsbehörde i.S.v. Art. 5 der VO (EG) Nr. 1/2003 nicht eindeutig übertragen wurde, vgl. dazu *Antweiler/Nieberding*, NJW 2005, 3673 (3675); *Säcker*, ZNER 2004, 98 (111).

B. Koordination der Regulierungsaufgaben

Die Zusammenarbeit zwischen der BNetzA und den Landesregulierungsbehörden muss – schon alleine, um eine gleichmäßige Anwendung der in EnWG enthaltenen unbestimmten Maßstäbe für die Netzzugangsentgelte sicherzustellen[393] – koordiniert werden. Ansonsten ist nicht gewährleistet, dass eine (möglichst) einheitliche Regulierung durchgeführt werden kann. Deshalb gibt es zunächst eine Informationsverpflichtung beider Behörden nach § 55 EnWG. Nach § 55 Abs. 1 S. 2 EnWG unterrichtet die BNetzA die zuständige Landesregulierungsbehörde, wenn sie ein Verfahren einleitet oder abschließt oder eine Ermittlung durchführt. Diese Unterrichtungsobliegenheit ist gegenüber der Landesregulierungsbehörde verpflichtend, in deren Bundesland das betroffene Unternehmen seinen Sitz hat. Nach § 55 Abs. 2 EnWG gilt diese Informationspflicht in bestimmten Fällen auch umgekehrt für die Landesregulierungsbehörde, sofern der Aufgabenbereich der BNetzA betroffen ist. Diese Informationspflichten alleine sind aber nicht ausreichend, um einen einheitlichen Vollzug zu gewährleisten. Deshalb wurde in § 8 des Gesetzes über die Bundesnetzagentur für Elektrizität, Gas, Telekommunikation, Post und Eisenbahnen (BNetzAG)[394] ein Länderausschuss eingerichtet. Nach § 60a Abs. 1 EnWG dient dieser Ausschuss dazu, eine Abstimmung zwischen BNetzA und den Landesregulierungsbehörden zu ermöglichen. Maßgeblich sollen im Länderausschuss solche Allgemeinverfügungen und Festlegungen nach § 29 Abs. 1 EnWG, die den 2. und 3. Teil des EnWG,

---

[393] Die Zuständigkeit ist zwischen den Regulierungsbehörden (Landesregulierungsbehörden und BNetzA) mehr oder weniger deutlich durch § 54 EnWG abgegrenzt; das eigentliche Problem besteht aber insbesondere in der *Anwendung* der bisweilen unbestimmten Maßstäbe. Ein Beispiel ist § 21 Abs. 2 EnWG, der eine Effizienzkostenorientierung vorgibt. Dieser Maßstab ist in hohem Maße unbestimmt und birgt demnach die Gefahr der uneinheitlichen Anwendungspraxis in sich. Auch hier kann nur durch eine länderübergreifende Einigung und eine Abstimmung in den entsprechenden Gremien eine einheitliche Anwendung erreicht werden. Insbesondere auch im Hinblick auf die Anwendung des gerade benannten Maßstabs, aber auch im Hinblick auf die Gleichbehandlung aller Netzbetreiber ist die Genehmigungsfiktion des § 23a EnWG kritisch zu betrachten. Denn auch hier liegt die Kompetenz teils bei der BNetzA, teils bei den Landesregulierungsbehörden. Es darf keine Situation entstehen, bei der in bestimmten Bundesländern von vorne herein deutlich ist, dass aufgrund der arbeitsmäßigen Überlastung in vielen Fällen die Genehmigungsfiktion eingreifen wird. Die Genehmigungsfiktion führt aber zunächst dazu, dass der entsprechende Netzbetreiber sich zunächst zurücklehnen kann und von Seiten der Regulierungsbehörde zunächst nichts zu befürchten hat. Netzbetreiber in einem Bundesland, das personalmäßig absolut unterbesetzt ist, werden eher in die Genehmigungsfiktion des § 23a EnWG hineingeraten. Insofern sind die Netzbetreiber zwar nicht im Rechtssinne aber dennoch tatsächlich „benachteiligt", die in Bundesländern ansässig sind, die weniger Anträge oder mehr Personal zur Verfügung stehen haben.

[394] Verkündet am 12.7.2005 als Artikel 2 des zweiten Gesetzes zur Neuregelung des Energiewirtschaftsrechts, BGBl. I S. 1970, 2009. Das BNetzAG ist ebenfalls am 13.7.2005 in Kraft getreten.

mithin auch maßgeblich die Entgeltregulierung betreffen, vorgestellt und besprochen werden.[395] Der Länderausschuss erhält dort Gelegenheit zur Stellungnahme. Die Bedeutung dieser Stellungnahme bleibt im EnWG jedoch unbeantwortet. Ein Veto-Recht wurde dem Länderausschuss nicht eingeräumt. Eine Bindungswirkung für die BNetzA ist auch nicht vorgesehen. Damit ist diese Gelegenheit des Länderausschusses zur Stellungnahme als ein reiner Informationsaustausch einzustufen. Allerdings ist vor dem Hintergrund des in § 60a Abs. 1 EnWG formulierten Ziels, die Sicherstellung eines einheitlichen Vollzugs erreichen zu wollen, anzunehmen, dass Maßnahmen in gemeinsamem Einvernehmen durchgeführt werden.

In Fällen, in denen es die Gelegenheit aus zeitlichen oder tatsächlichen Gründen nicht gibt, den Länderausschuss zu benachrichtigen, kann die Allgemeinverfügung nach § 60a Abs. 2 S. 2 EnWG selbstständig getroffen werden und nachträglich zur Information vorgetragen werden. In solchen Fällen ist aber – ähnlich wie bei der Dringlichkeitsentscheidung z.B. im Kommunalrecht[396] – zu fordern, dass die Dringlichkeit gesondert begründet wird. Ansonsten besteht die Gefahr, dass die Kompetenz des Länderausschusses in bestimmten Fragen ausgehöhlt oder bewusst umgangen wird.

Nach § 60a Abs. 3 EnWG ist der Länderausschuss berechtigt, aber nicht verpflichtet, Auskünfte und Stellungnahmen von der BNetzA einzuholen, wenn es um den Erlass von Allgemeinverfügungen im Sinne des § 29 Abs. 1 EnWG geht. Das wird nach der Zuständigkeitsordnung der Länder meist Fragen der Entgeltregulierung betreffen. Hier ist es aufgrund der anzulegenden Maßstäbe besonders notwendig, dass eine Abstimmung mit der BNetzA stattfindet. Die BNetzA ist insofern gesetzlich verpflichtet, Auskünfte zu erteilen. Auch der Bericht der BNetzA zur Einführung der Anreizregulierung nach § 112a EnWG ist gem. § 60a Abs. 4 EnWG im Benehmen mit dem Länderausschuss zu erstellen. Die BNetzA ist auch dabei verpflichtet, den Länderausschuss jeweils über den aktuellen Stand zu informieren.

---

395 Ein „Positionspapier der Regulierungsbehörden des Bundes und der Länder zu Einzelfragen der Kostenkalkulation gemäß Stromnetzentgeltverordnung" vom 7. März 2006 ist das Produkt einer gemeinsamen Abstimmung. Allerdings hat die Einheit auf der „ersten" Regulierungsebene keine einheitliche Bestätigung auf der Rechtsprechungsebene gefunden. So hat z.B. das OLG Naumburg, Beschl. v. 16.4.2007, Az.: 1 W 25/06, den dort vertretenen Ansatz zur Eigenkapitalverzinsung abgelehnt.

396 Denn hinterher ist eine Entscheidung nur noch mit großen Schwierigkeiten zu kassieren. Vgl. zu den Problemen, die sich im Kommunalrecht um die Frage der Dinglichkeitsentscheidungen ranken, z.B. BVerwG, NVwZ-RR 1994, 352; OVG Münster, NVwZ 1989, 989; *Müller*, NVwZ 1994, 120 ff.

SCHLUSSBETRACHTUNG UND AUSBLICK

A. Zusammenfassung der Ergebnisse und Problempunkte

Die Entgeltregulierung ist neben der Entflechtung von Netz und Vertrieb einer der wesentlichen Parameter zur Verbesserung der Wettbewerbsbedingungen in der Energiewirtschaft. Hinsichtlich der Entgeltregulierung sind die Vorgaben gemeinschaftsrechtlich dennoch sparsam und überlassen den nationalen Gesetzgebern in den wesentlichen Fragen (z.B. Kostenmaßstab) einen großen Umsetzungsspielraum.

Der Gesetzgeber hat sich im deutschen Recht insgesamt für die „normierende" Regulierung entschieden. Grundsätzlich hat er mit der Einführung des § 23a EnWG einen Vorabprüfungsmechanismus gewählt, bei dem die Entgelte zunächst durch die jeweils zuständige Regulierungsbehörde zu prüfen sind. Dieses Verfahren nach § 23a EnWG sieht – anders als in der Entwurfsphase des neuen EnWG ursprünglich angelegt – die Prüfung aller Netzzugangsentgelte vor. Die Entgelte müssen dem Kostenmaßstab des § 21 Abs. 2 EnWG i.V.m. den NEV entsprechen. Der Prüfungsaufwand wird durch die im Gesetz vorgesehene Genehmigungsfiktion des § 23a Abs. 4 EnWG geschmälert.

Als Kostenmaßstab wurde eine „Effizienzkostenorientierung" festgeschrieben, wobei dieser Maßstab zumindest auf der Ebene des EnWG – verglichen mit der Regelung des TKG – nicht genauer definiert ist. Die gesetzliche Umschreibung „Kosten einer Betriebsführung, die denen eines effizienten und strukturell vergleichbaren Netzbetreibers entsprechen", ist jedoch so auszulegen, dass hiermit eine Abkehr von dem historisch belegten Begriff der „energiewirtschaftlich rationellen Betriebsführung" vorgenommen werden soll. Der energiewirtschaftliche Maßstab nähert sich damit dem in § 20 Abs. 1 PostG und § 29 Abs. 2 TKG vorgesehenen Effizienzkostenmaßstab an, der die notwendigen Produktionskosten zugrunde legt und solche Kosten unberücksichtigt lässt, die nicht vorhanden wären, wenn das Unternehmen wirksamem Wettbewerb ausgesetzt wäre, an. Es handelt sich zunächst aber um eine „Effizienzkostenorientierung", nicht bereits um einen Maßstab der Kosten einer effizienten Leistungsbereitstellung. Eine dahingehende Entwicklung ist zu erwarten – nicht zuletzt aufgrund der institutionellen Entwicklung hin zu einer Regulierung „aus einem Guss". Den Regulierungsbehörden ist bei der Festlegung des Kostenmaßstabs ein Beurteilungsspielraum einzuräumen. Der energiewirtschaftliche Kostenbegriff ist zwar nicht in eine der verfassungsrechtlich anerkannten Gruppen der Einräumung eines behördlichen Beurteilungsspielraums einzuordnen; die Einräumung eines Beurteilungsspielraums ist aufgrund der Komplexität und der besonderen Dynamik der Materie aber geboten. In § 21 Abs. 2 EnWG finden sich darüber hinaus weitere Preisbildungsprinzipien. Das Gesetz gibt darin den Substanzerhalt und eine angemessene Verzinsung vor, es schreibt aber, anders als ursprünglich vorgesehen, keine Kalkulationsmethode – weder die Nettosubstanzerhaltung noch die Realkapitalerhaltung – zwingend vor.

Nähere Vorgaben für den Kostenmaßstab ergeben sich aus dem Leitfaden der NEV. Dieser methodische Leitfaden enthält – anders als z.B. die Vorgaben im Telekommunikationssektor – sehr detaillierte Angaben. Die NEV geben konsequent am Dreischritt der Kostenrechnung orientiert vor, wie die Entgelte von den Netzbetreibern zu kalkulieren sind. Darin sind die anzusetzenden Abschreibungen, die Eigenkapitalverzinsung und die Steuern als wesentliche Preisbildungskomponenten beschrieben und festgelegt. Der Umfang der Berücksichtigungsfähigkeit entspricht jedoch im Einzelnen in seiner verordnungsrechtlichen Ausgestaltung bzw. in der Ausgestaltung, die er durch die Regulierungsbehörde – z.B. in dem Positionspapier – gefunden hat, nicht den gesetzlichen Vorgaben.

Beispielsweise verstößt die ursprünglich durch die Regulierungsbehörden in dem Positionspapier einheitlich angenommene Berücksichtigung nur der tatsächlichen Gewerbesteuern gem. § 8 StromNEV und demnach auch der GasNEV gegen die verordnungsrechtlichen Vorgaben. Aus dem Wortlaut des § 8 StromNEV und GasNEV und der Entstehungsgeschichte der Norm geht hervor, dass die Gewerbesteuern kalkulatorisch in Ansatz zu bringen sind. Diese Auffassung hat sich in der Praxis bereits durchgesetzt. Die Körperschaftssteuer kann nach den Vorgaben der NEV derzeit – anders als auf anderen Sektoren – nicht in Ansatz gebracht werden.

Der Gesetz- und Verordnungsgeber hat – vor dem Hintergrund der Vorgabe des Substanzerhalts – in die NEV viele Sicherungsinstrumente aufgenommen, die sich möglicherweise als „Übersicherung des Substanzerhalts" herausstellen können. § 11 StromNEV und entsprechend § 10 GasNEV ermöglichen eine periodenübergreifende Saldierung, die – sieht man sie im Zusammenhang mit dem daneben gewährleisteten Wagniszuschlag – sogar eine „Übersicherung" ermöglicht. Die Anwendung dieser Saldierung ist allerdings zeitlich begrenzt.

Bei der „individuellen" Entgeltbildung ermöglichen die NEV Ausnahmen für bestimmte Nutzergruppen:

§ 19 Abs. 2 StromNEV sieht die Gewährung individueller Entgelte für bestimmte stromintensive Netznutzer vor. Bezüglich der individuellen Entgelte im Stromsektor liegt ein Verstoß gegen das gemeinschaftsrechtliche und auch einfachgesetzliche Diskriminierungsverbot vor: § 19 Abs. 2 StromNEV wendet sich ausschließlich an den Letztverbraucher. Dies sind solche Kunden, die Energie für den eigenen Verbrauch kaufen. Damit sind von dieser Rabattpolitik jene Versorgungsunternehmen ausgenommen, die über fremde Netze den zur Weiterverteilung vorgesehenen Strom beziehen. Eine überzeugende Rechtfertigung anhand eines anerkannten Rechtfertigungsgrundes ist für diese Differenzierung nicht erkennbar. Des Weiteren verstößt eine solche Regelung gegen die deutsche Finanzverfassung. Bei den „Zwangsrabatten“ handelt es sich um eine „staatlich erzwungene Quersubventionierung zwischen Privaten“. Damit findet das Abgabenrecht auf eine solche Regelung zumindest analoge Anwendung. Über den Weg einer Sonderabgabe – hier können die Grundsätze des Kohlepfennigurteils herangezogen werden – lässt sich jedoch eine Rechtmäßigkeit der Erhebung einer solchen Abgabe nicht begründen.

Auch im Gassektor kann im Einzelfall von der regulären Berechnung des Entgelts abgewichen werden. Gem. § 20 Abs. 2 S. 1 GasNEV kann der Betreiber eines Verteilnetzes in Einzelfällen zur Vermeidung eines Direktleitungsbaus ein „gesondertes“ Entgelt berechnen. Das „gesonderte“ Entgelt darf nur unter den in § 20 Abs. 2 S. 1 GasNEV aufgezeigten Bedingungen in Anspruch genommen werden, also nur in Einzelfällen und auch nur dann, wenn ein Direktleitungsbau auf diese Weise vermieden werden kann.

Neben der Vorabprüfung enthält das EnWG weitere Instrumente, wobei § 21 EnWG das Vergleichsverfahren explizit nennt. Das neue EnWG sieht für die Regulierungsbehörde die Möglichkeit des Vergleichs der Kosten, Preise oder Erlöse vor. Nach § 21 Abs. 3, 4 EnWG i.V.m. §§ 22 ff. StromNEV und §§ 21 ff. GasNEV kann die Regulierungsbehörde in regelmäßigen zeitlichen Abständen für jede Netz- und Umspannungsebene Vergleichsverfahren durchführen. Die NEV sehen zu diesem Zweck die Bildung von Strukturklassen vor, um einerseits die Auswirkungen äußerer Einflussfaktoren auf die Kosten, Erlöse und Entgelte von Netzbetreibern zu berücksichtigen und andererseits auch eine wirkliche Vergleichbarkeit herzustellen. Die Ergebnisse werden bei der Bestimmung des „Effizienzkostenmaßstabs“ berücksichtigt und können auch im Rahmen der Anreizregulierung Verwendung finden. Die gesetzliche Vermutung des § 21 Abs. 4 EnWG führt zu einer Beweislastumkehr zulasten der Netzbetreiber, die unterdurchschnittlich abgeschnitten haben. Aber auch über das Vergleichsverfahren hinausgehende Verfahren, z.B. die Entwicklung „analytischer Kostenmodelle“, sind von den Vorgaben des § 21 EnWG zwar nicht genannt, jedenfalls aber nicht ausgeschlossen. Dass die Regulierungsbehörden auf diese Verfahren zurückgreifen, ist sehr wahrscheinlich, zumal damit im Telekommunikationssektor gute Erfahrungen gemacht wurden.

Mit den Vorgaben zur Einführung der Anreizregulierung in § 21a EnWG ist der Gesetzgeber über das zwingende Maß der Richtlinien hinausgegangen. Jedenfalls im Wortlaut der Beschleunigungsrichtlinien findet sich zur zwingenden Einführung einer Anreizregulierung kein Hinweis. Diese „überschießende“ Umsetzung verstößt damit aber keinesfalls gegen Europäisches Recht. Denn zum einen hat die Kommission in dem Vermerk der Generaldirektion Energie und

Verkehr zu den Richtlinien 2003/54/EG und 2003/55/EG angemerkt, dass durchaus denkbar sei, die Kosten und die Preise voneinander zu entkoppeln. Mit der Anreizregulierung, die der deutsche Gesetzgeber in § 21a EnWG vorbehaltlich einer Verordnung zur Anreizregulierung vorgesehen hat, soll genau diese Maßnahme ergriffen werden. Des Weiteren haben auch andere Europäische Mitgliedstaaten auf der Grundlage der Beschleunigungsrichtlinien oder schon vorher bereits Anreizregulierungssysteme eingeführt.

Die Vorgaben für die Einführung der Anreizregulierung in § 21a EnWG sind bereits sehr detailliert. § 21a EnWG enthält neben den Vorgaben für die Preis- und Erlösobergrenzenbildung und für das Verfahren auch Grundsätze, die bei der Entwicklung der Anreizregulierung zu beachten sind. So muss das Anreizregulierungssystem dem „Gebot der relativen Erreichbarkeit" und der „Übertreffbarkeit" gerecht werden. Vorgaben dürfen sich nur auf beeinflussbare Kosten beziehen. Des Weiteren muss die Methode hinreichend „robust" sein. Die Vorgaben des § 21a EnWG umfassen auch die Qualitätsregulierung, deren Ausgestaltung ebenfalls einer Verordnung zur Anreizregulierung vorbehalten ist. Zum April 2007 ist erstmals auch ein Entwurf für diese Verordnung vorgelegt worden, der die Vorgaben des § 21a EnWG umsetzt. Allerdings sind Änderungen mit Blick auf die Grundsätze „Erreichbarkeit" und „Übertreffbarkeit" noch zu erwarten.

Abgesichert wird die Ex-ante-Regulierung durch die Missbrauchsaufsicht, die ex post eingreift. Bei der Missbrauchsaufsicht, deren Normen denen des TKG und des GWB sehr stark nachgebildet sind, werden auch die durch die Kartellrechtsprechung bisher gefundenen Maßstäbe von großer Bedeutung sein, beispielsweise können die Grundsätze der BGH-Rechtsprechung in der Rechtssache TEAG übertragen werden. Für die Entgeltregulierung hat die Missbrauchaufsicht keine so große Bedeutung wie für die anderen Netzzugangsfragen. Durch die Vorabgenehmigungen nach § 23a EnWG und die damit verbundene Regelung des § 30 Abs. 1 S. 2 Nr. 5 EnWG wird die Waffe der Missbrauchsaufsicht seltener zum Einsatz kommen.

Institutionell fällt die Entgeltregulierung in unterschiedliche Zuständigkeiten. Die Landesregulierungsbehörden sind nach Maßgabe des § 54 Abs. 2 EnWG neben der BNetzA zuständig, soweit sie nicht Gebrauch von der Möglichkeit der Organleihe gemacht haben. Eine einheitliche Umsetzung ist – trotz der Einrichtung eines Länderausschusses – dadurch nicht gewährleistet. Dies ist letztlich aufgrund der zahlreichen auslegungsbedürftigen Vorschriften und der bisher undefinierten Maßstäbe („Effizienzkostenorientierung") zu befürchten. Dabei kann es für die Betroffenen zu Rechtsunsicherheiten kommen. Auch ein „Pendeln" zwischen verschiedenen Zuständigkeiten ist nicht auszuschließen, etwa, wenn die Zahl der angeschlossenen Kunden variiert und die Zuständigkeitsgrenze nur knapp erreicht wird. Die Möglichkeit des Herausnehmens der Objektnetze im Sinne des § 110 EnWG aus der Anwendbarkeit der Regulierung erscheint vor diesem Hintergrund ebenfalls fragwürdig. Denn hier entwickelt sich ein Flickenteppich mit nicht entgeltregulierten „Kleinfürstentümern" mit der aufgezeigten Problematik, dass auch auf dem nachgelagerten Markt hier kein Wettbewerb stattfinden kann.

Schließlich ist auch auf der Rechtsschutzebene ein einheitlicher Maßstab nicht zu erkennen. Gem. § 75 Abs. 4 EnWG ist die Beschwerde gegen die Entscheidungen der Regulierungsbehörde nämlich bei dem jeweiligen OLG zulässig. Das birgt – wie sich in den ersten Entscheidungen des OLG Düsseldorf, des OLG Naumburg und des OLG Stuttgart, beispielsweise im Hinblick auf die Eigenkapitalverzinsung und die „doppelte Deckelung", andeutete – die Gefahr des Anlegens unterschiedliche Maßstäbe und daraus entstehende Rechtsunsicherheit.

B. Ausblick: Entwicklung der Netzzugangsentgeltregulierung nach der Novelle

Die Regulierungsbehörden haben die Arbeit anhand der neuen gesetzlichen und verordnungsrechtlichen Vorgaben bereits aufgenommen. Im Laufe des Frühjahres 2006 wurden bereits zahlreiche Genehmigungen nach § 19 Abs. 2 StromNEV erteilt. Die BNetzA hat ein Vergleichsverfahren nach § 21 Abs. 3 EnWG durchgeführt. Die Ergebnisse dieses Verfahrens wurden bei den Erteilungen der Netzentgeltgenehmigungen gem. § 23a EnWG als Vergleichswerte hinzugezogen. Die Genehmigungen gem. § 23a EnWG sind im Anschluss mit zum Teil empfindlichen Kürzungen erteilt worden. Daneben gab es sehr umfangreiche Datenerhebungen, die mit einer Festlegung der BNetzA gefordert wurden.

Die Vorbereitungen für eine künftige Anreizregulierung sind nach dem Erlass des Gesetzes bereits sehr weit fortgeschritten. Wahrscheinlich erscheint nach den Vorgaben des § 21a EnWG, der Auswertung der Referenzberichte der BNetzA und der Vorstellung eines Gesamtkonzepts der Anreizregulierung im Entwurf durch die BNetzA die Einführung einer Revenue-Cap-Regulierung. Ein erster Entwurf dazu liegt in Form des ARegV-E seit April 2007 bereits vor, wobei davon auszugehen ist, dass sich dieser auch im Hinblick auf die Grundsätze der „Erreichbarkeit" und der „Übertreffbarkeit" im Verfahren noch ändern wird. Dort hat sich jedenfalls gezeigt, dass die aufgezeigten Cap-Regulierungsmethoden in ihrer „Urform" in der Praxis kaum Anwendung finden können, sondern durch den Gesetzgeber bzw. durch den Regulierer ergänzt werden müssen durch weitere Parameter, die negativen Effekten, wie z.B. der missbräuchlichen Korbbildung oder der drohenden mangelnden Investition in die Versorgungssicherheit entgegenwirken.

Allerdings ist fraglich, inwiefern das Maßnahmenpaket und die einzuführende Anreizregulierung das seitens der Kommission und seitens der Verbraucher gewünschte öffentlichkeitswirksame Ergebnis liefern kann: die Senkung der Netznutzungsentgelte, die damit zusammenhängende Entlastung des Endverbrauchers und schließlich den Anbieterwechsel des Endverbrauchers. Bereits in dem Anfang des Jahres 2007 veröffentlichten Ergebnis der Sektorenuntersuchung wurde deutlich, dass die bisherigen Umsetzungsmaßnahmen nicht ausreichen. Zwar ist denkbar, dass die Entgelte für die Netznutzung durch das Verfahren der Vorabgenehmigung oder der Entgeltprüfungen und schließlich durch die Anreizregulierung tendenziell etwas gekappt werden. Allerdings hat das letztlich nicht zwingend Auswirkungen auf den Endkundenpreis. Solange große Teile des Endkundenpreises aus staatlichen Steuern bestehen, wird sich für den Verbraucher im Ergebnis nicht viel ändern. Letztlich wirken sich Erhöhungen dieser Parameter, die sich in dem Verantwortungsbereich des Staats befinden, auch unmittelbar auf die Energiepreise aus, ohne dass diese Kosten durch die Energieunternehmen beeinflussbar wären. Auch die – unbestreitbar für die Ansiedlungspolitik vorteilhaften Rabatte nach § 19 Abs. 2 StromNEV – führen nicht zu einer Entlastung, sondern gerade zu einer Belastung des Endverbrauchers. Zudem endet im Sommer 2007 die Preisprüfung nach BTOElt, wodurch auch Preiserhöhungen zu erwarten sind. Ob die Netznutzungsentgeltregulierung also tatsächlich dazu führt, dass eine Verbesserung für die Endkunden eintritt, bleibt offen.

LITERATURVERZEICHNIS

Angenendt, Nicole; Franz, Oliver — Von der Kalkulation zur Anreizregulierung – die drei Phasen der Netzentgeltregulierung nach dem EnWG-E
e/m/w 2005, S. 17 ff.

Angenendt, Nicole; Gramlich, Ludwig; Pawlik, Steffen — Neue Regulierung der Strom- und Gasmärkte – Aufgaben und Organisation der Regulierungsbehörden
LKV 2006, S. 49 ff.

Antweiler, Clemens; Nieberding, Felix — Rechtschutz im neuen Energiewirtschaftsrecht
NJW 2005, S. 3673 ff.

Badura, Peter; von Danwitz, Thomas; Herdegen, Matthias; Sedemund, Joachim; Stern, Klaus — Beck´scher PostG-Kommentar
2. Auflage, München 2004

Bauer, Christof; Bier, Christoph; Weber, Wolfgang — Nettosubstanzerhaltung vs. Realkapitalerhaltung im regulierten Umfeld
ET 2005 (Special 4), S. 12 ff.

Baur, Jürgen F. — Das Diskriminierungsverbot im Energieversorgungsbereich unter Berücksichtigung der Verhältnisse in der Elektrizitätswirtschaft
Heidelberg, Hamburg 1979

Baur, Jürgen F.; Henk-Merten, Karin — Preisaufsicht über Netzzugangsentgelte
RdE 2002, S. 193 ff.

Baur Jürgen F.; Henk-Merten, Karin — Kartellbehördliche Preisaufsicht über den Netzzugang
Baden-Baden 2002

Baur, Jürgen F. — Die Beschleunigungsrichtlinien – Auswirkungen auf das deutsche Energierecht
ET 2003, S. 670 ff.

Bechthold, Rainer	GWB Kartellgesetz, Gesetz gegen Wettbewerbsbeschränkungen 4. Auflage, München 2006
Becker, Peter	Wer ist der Gesetzgeber im Energiewirtschaftsrecht? ZNER 2005, S. 108 ff.
Becker, Peter	Rechtsfragen der Genehmigung von Netzentgelten ZNER 2005, S. 190 ff.
Becker, Peter; Boos, Philipp	Stromnetzentgeltprüfungen durch die Regulierungsbehörden ZNER 2006, S. 297 ff.
Becker, Peter; Riedel, Martin	Europarechtliche Mindestvorgaben für die Regulierung und die Schaffung nationaler Regulierungsbehörden mit Überlegungen zu einer möglichen Umsetzung in nationales Recht ZNER 2003, S. 170 ff.
Boos, Philipp	Bußgeld wegen überhöhter Netzentgelte? RdE 2004, S. 189 ff.
Borrmann, Jörg; Finsinger, Jörg	Markt und Regulierung München 1999
Böwing, Andreas; Nissen, Joachim	Die Energierechtsnovelle – ein schlüssiges Konzept zur Kontrolle von Netzzugangsentgelten ET 2004, S. 712 ff.
Britz, Gabriele	„Kommunale Gewährleistungsverantwortung“ – ein allgemeines Element des Regulierungsrechts in Europa? Verw 37, S. 145 ff.

Britz, Gabriele — Erweiterung des Instrumentariums administrativer Normsetzung zur Realisierung gemeinschaftsrechtlicher Regulierungsaufträge, EuZW 2004, S. 462 ff.

Britz, Gabriele — Behördliche Befugnisse und Handlungsformen für die Netzentgeltregulierung nach dem neuen EnWG, RdE 2006, S. 1 ff.

Britz, Gabriele; Herzmann, Karsten — Individuelle Netzentgelte für Großverbraucher? Zur rechtlichen Zulässigkeit von Netzentgeltrabatten, IR 2005, S. 98 ff.

Braband, Gabriele — Strompreise zwischen Privatautonomie und staatlicher Kontrolle, München 2003

Böge, Ulf; Lange, Markus — Die zukünftige Energiemarkt-Regulierung im Lichte der Erfahrungen und der europarechtlichen Vorgaben, WuW 2003, S. 870 ff.

Böge, Ulf — Kartellrechtliche Aufsicht über die Netzmonopole im leitungsgebundenen Energiebereich, ET 2003, S. 652 ff.

Büdenbender, Ulrich — Kommentar zum EnWG, 1. Auflage, Köln 2003

Büdenbender, Ulrich — Nationalrechtliche Regulierung des Netzzugangs in der leitungsgebundenen Energiewirtschaft – Gemeinschaftsrechtliche Rahmenbedingungen und Gestaltungsspielräume, ET 2003 (Special), S. 2 ff.

Büdenbender, Ulrich — Entgeltregulierung: Rechtsschutz gegen regulierungsbehördliche Entscheidungen, ET 2005 (Special 4), S. 35 ff.

Büdenbender, Ulrich; Rosin, Peter — Gesetzesentwurf für eine Umsetzung der Beschleunigungsrichtlinien Strom und Gas in eine EnWG-Novelle 2004, ET 2003, S. 746 ff.

Cohnen, Bernd; Wagner, Ralf — Hohe Versorgungsqualität trotz Anreizregulierung?
e/m/w 2005, S. 26 ff.

Danner, Wolfgang — Kommentar zum Energierecht
Loseblattsammlung
München, 54. Auflage, Stand 2006
zitiert: Danner/*Bearbeiter*, EnWG

Däuper, Olaf — Mehr Wettbewerb im Gasnetz? Eine Bestandsaufnahme zur Ausgestaltung der Regulierung des Gasnetzzugangs
ET 2004, S. 204 ff.

Däuper, Olaf; Scharrer, Jörg — Leitungswettbewerb in der Gaswirtschaft – der Regelungsgehalt des § 3 Abs. 2 GasNEV und sein europarechtlicher Kontext
ZNER 2007, S. 18 ff.

De Wyl, Christian; Neveling, Stefanie — Regulierung der Zugangsbedingungen zu den Strom- und Gasnetzen
ZNER 2003, S. 182 ff.

Diedrich, Ralf — Die Eigenkapitalkosten von Gasnetzbetreibern
N&R 2005, S. 16 ff.

Diedrich, Ralf — Eigenkapitalkosten von Gasnetzbetreibern
Heidelberg 2005

Ehricke, Ulrich — Der europäische Regelungsansatz zur Versorgungssicherheit in Bezug auf Stromnetze – zum Richtlinienvorschlag für die Sicherung der Elektrizitätsversorgung
ZNER 2004, S. 211 ff.

Ehrike, Ulrich — Das neue Recht für die Energiewirtschaft
Baden Baden 2005

Enaux, Christoph; König, Michael — Missbrauchs- und Sanktionsnormen in der GWB-Novelle, dem TKG und dem Entwurf zum EnWG
N&R 2005, S. 2 ff.

Engelsing, Felix — Kostenkontrolle und Erlösvergleich bei Netzentgelten
RdE 2003, S. 249 ff

Engelsing, Felix	Konzepte der Preismissbrauchsaufsicht im Energiesektor ZNER 2003, S. 111 ff.
Ewers, Martin	Zusammenschaltung von Telekommunikationsnetzen: Entgeltbestimmung und Kostenrechnung Baden Baden 2002
Fehl, Ulrich; Oberender, Peter	Grundlagen der Mikroökonomie 7. Auflage, München 1999
Franz, Oliver	Regulierung, Liberalisierung und Unabhängigkeit des Regulierers Aachen 2003
Franz, Oliver; Stronzik, Marcus	Benchmarking-Ansätze zum Vergleich der Effizienz von Energieunternehmen Bad Honnef 2005
Franz, Oliver; Schäffner, Daniel; Trage, Bastian	Grundformen der Entgeltregulierung: Vor- und Nachteile von Price-Cap, Revenue-Cap und hybriden Ansätzen Bad Honnef 2005
Franz, Oliver; Schäffner, Daniel	Deutsche Stromnetzentgelte Ende 2004 e/m/w 2005, S. 20 ff.
Fritz, Wolfgang	Stichwort: „Modellnetze“ e/m/w 2005, S. 66 f.
Frontier Economics Limited; Censentec	Netzpreisaufsicht in der Praxis Abschlussbericht November 2003
Fehling, Michael	Der finanzielle Ausgleich für die Mitbenutzung fremder Infrastruktur bei Schienenwegen, Energieversorgungs- und Telekommunikationsleitungen VerwArch 40, S. 600 ff.
Garbers, Marco	Anreizregulierung nach dem Energiewirtschaftsgesetz 2005 Baden Baden 2006

Geppert, Martin; Ruhle, Ernst-Olav — Durchleitungsentgelte von Stadtnetzbetreibern im Blickfeld der Regulierung
N&R 2005, S. 13 ff.

Gerstner, Stephan — Preiskontrolle beim Infrastrukturzugang
WuW 2002, S. 131 ff.

Gottschalk, Markus; Arms, Hanjo; Cord, Matthias; Maxelon, Michael — Zukünftige Anreizregulierung führt zu veränderten Branchenstrukturen und neuen Geschäftsmodellen
ET 2007, S. 32 ff.

Grewe, Joachim — Price Caps als Regulierungsinstrumente in der leitungsgebundenen Energieversorgung: Konzeption und kritische Bestandsaufnahme
Göttingen 1999

Grün, Anselm; Jasper, Maren — Die Regulierung des Bahnstroms im Spannungsfeld zwischen Eisenbahnrecht und Energierecht
N&R 2007, S. 47 ff.

Hadré, Stefan; Katzfey, Jörg — Vorbereitung auf die Anreizregulierung
e/m/w 2005, S. 10 ff.

Haubrich, Hans-Jürgen; Maurer, Christoph; Zimmer, Christoph — Netzregulierung in der Elektrizitätswirtschaft
ET 2005 (Special 4), S. 7 ff.

Hense, Andreas; Schäffner, Daniel — Regulatorische Aufgaben im Energiebereich – ein europäischer Vergleich
WIK Diskussionsbeiträge Nr. 254
Bad Honnef, Juni 2004

Holznagel, Bernd — Geheimnisschutz versus effektiver Rechtsschutz. Eine kritische Betrachtung der §§ 75a TKG und 99 Abs. 2 VwGO
MMR Beilage 12/2002, S. 34 ff.

Horn, Norbert — Regulierung und Wettbewerb am Beispiel des Strommarktes
RdE 2003, S. 85 ff.

Hummel, Konrad;
Ochsenfahrt, Volker

Die Ermittlung der kalkulatorischen Restwerte nach § 32 Abs. 3 Strom-NEV
IR 2006, S. 74 ff.

Hügging, Thomas;
Fest, Claus;
Stötzel, Jan

Mehr-/Mindermengenermittlung und -abrechnung Gas nach dem neuen EnWG
e/m/w 2005, S. 59 ff.

Jarass, Lorenz;
Obermair, Gustav M.

Marktgemäße Netzzugangsentgelte statt Nettosubstanzerhaltung
IR 2005, S. 146 ff.

Jarass, Lorenz;
Obermair, Gustav M.

Angemessene Netzzugangsentgelte mit sinnvollen Anreizwirkungen
Gutachten für das Ministerium für Wirtschaft, Arbeit und Verkehr des Landes Schleswig Holstein,
Wiesbaden, 2005

Jones, Christopher W.

EU Energy Law
Volume I, The Internal Energy Market
Leuven 2004

Just, Christoph

Aktuelle wettbewerbsrechtliche Problemfelder in der Energiewirtschaft
RdE 2004, S. 65 ff.

Haucap, Justus;
Kruse, Jörn

Ex-Ante-Regulierung oder Ex-Post-Aufsicht für netzgebundene Industrien
WuW 2004, S. 266 ff.

Hefekäuser, Hans-Willi

Vergleich TK- und Energiemärkte
MMR 1998, X ff.

Hense, Andreas

Gasmarktregulierung in Europa: Ansätze, Erfahrungen und mögliche Implikationen für das deutsche Regulierungsmodell
Bad Honnef 2005

Hentschel, Kristin

Die Vereinbarkeit der deutschen Kulturförderung mit dem Beihilfenrecht der EG
Frankfurt a. M. 2006

Herrmann, Joachim	Europäische Vorgaben zur Regulierung der Energienetze Baden Baden 2005
Hoffmann-Riem	Tendenzen in der Verwaltungsrechtsentwicklung DÖV 1997, S. 433 ff.
Holznagel, Bernd; Göge, Marc-Stefan	Die Befugnisse der Regulierungsbehörde zur Regulierung des Netzzugangs nach dem EnWG-KE 2004 ZNER 2004, S. 218 ff.
Immenga, Ulrich; Mestmäcker, Ernst-Joachim	GWB, Kommentar zum Kartellgesetz 3. Auflage München 2001
Jossé, Germann	Basiswissen Kostenrechnung 3. Auflage München 2003
Kaldewei, Reinold; Kutschke, Georg; Simons, Dirk	Nettosubstanzerhaltung – ein ausgewogenes Kalkulationsmodell ET 2005 (Special), S. 17 ff.
Kesting, Stefanie	Wettbewerb in der europäischen Gaswirtschaft ET 2005, S. 564 ff.
Klemm, Andreas	Konzessionsverträge und Konzessionsabgaben nach der Energierechtsreform 2005 Versorgungswirtschaft 2005, S. 198 ff.
Koenig, Christian	Effiziente Effizienzmaßstäbe in der energiewirtschaftlichen Netzzugangsentgeltregulierung WuW 2004, S. 247
Koenig, Christian; Neumann, Andreas; Schellberg, Margret	Neue Spielregeln für den Zugang zur Eisenbahninfrastruktur als Voraussetzung für chancengleichen Wettbewerb auf der Schiene WuW 2006, S. 139 ff.

Koenig, Christian; Kühling, Jürgen; Rasbach, Winfried — Energiewirtschaftsrecht, Heidelberg 2006

Koenig, Christian; Rasbach, Winfried — Grundkoordinaten der energiewirtschaftlichen Netzzugangsentgeltregulierung, IR 2004, S. 26 ff.

Koenig, Christian; Rasbach, Winfried — Methodenregulierung in der Energiewirtschaft. Die Regulierungsbehörde auf der Reservebank? ET 2004, S. 702 ff.

Koenig, Christian; Rasbach, Winfried — Rechtsfragen zur regulatorischen Ausgestaltung des Netzzugangs bei Erdgas, Heidelberg 2004

Koenig, Christian; Rasbach, Winfried; Schreiber, Kristina — Substanzerhaltende Entgeltregulierung im Gassektor, N&R 2006, S. 56 ff.

Koenig, Christian; Schellberg, Margret — Elektrizitätswirtschaftliche Methodenregulierung – ein Entwurf der Netzentgeltverordnung Strom auf dem Prüfstand, RdE 2005, S. 1 ff.

König, Klaus; Theobald, Christian — Liberalisierung und Regulierung netzgebundener Güter und Dienste in Planung – Recht – Rechtsschutz, Festschrift für Willi Blümel, Berlin 1999

Klodt, Henning; Laaser, Claus-Friedrich; Lorz, Jens Oliver; Maurer, Rainer — Wettbewerb und Regulierung in der Telekommunikation, Tübingen, 1995

Kühling, Jürgen — Sektorspezifische Regulierung in den Netzwirtschaften – Typologie. Wirtschaftsverwaltungsrecht. Wirtschaftsverfassungsrecht, München 2004

Kühling, Jürgen — Eckpunkte der Entgeltregulierung in einem künftigen Energiewirtschaftsgesetz
N&R 2004, S. 12 ff.

Kühling, Jürgen; Barudi, Stefan — Das runderneuerte Energiewirtschaftsgesetz. Zentrale Neuerungen und erste Probleme
DVBl. 2005, S. 1470 ff.

Kühne, Gunther; Brodowski, Christian — Das neue Energiewirtschaftsrecht nach der Reform 2005
NVwZ 2005, 849 ff.

Kutschke, Georg; Mölder, Gerhard; Nissen, Joachim; Weißenfels, Robert — Anreizregulierung für den Zugang zu den deutschen Stromnetzen? Vergleich deutscher und internationaler Erfahrungen
ET 2004, S. 139 ff.

Krieglstein, Felix — Die staatliche Aufsicht über die Elektrizitätswirtschaft nach dem Energiewirtschaftsrecht
1. Auflage, Berlin 2002

Lau, Ulrich — Wer behindert wen – die Rechtsprechung die Regulierung oder die Regulierung die Rechtsprechung?
MMR Beilage 12/2002, S. 3 ff.

Laubenstein, Wiegand — Erste Erfahrungen des Oberlandesgerichts Düsseldorf mit der Netzregulierung
ET Special 2006, S. 24 ff.

Leprich, Uwe; Irrek, Wolfgang; Thomas, Stefan — Das „Multiple Driver Cap Scheme" als Basis einer schlanken Anreizregulierung der Netzbetreiber im liberalisierten Strommarkt
ZfE 2001, 231 ff.

Leprich, Uwe; Georgi, Hanspeter; Evers, Elfried — Strommarktliberalisierung durch Netzregulierung
Berlin 2004

Lippert, Michael — Energiewirtschaftsrecht
Köln 2002

Lutz, Helmut; Stadler, Ulrike — Gruppenbildung als Voraussetzung für ein funktionsfähiges Regulierungsmodell der Verteilernetze
ZNER 2004, S. 225 ff.

Männel, Wolfgang — Körperschaftssteuer in der Netzentgeltkalkulation
ET 2005, S. 556 ff.

Masing, Johannes — Grundstrukturen eines Regulierungsverwaltungsrechts – Regulierung netzbezogener Märkte am Beispiel Bahn, Post, Telekommunikation und Strom
Verw. 36 (2003), S. 1 ff.

Mensching, Christian — Der neue Komitologie-Beschluss des Rates
EuZW 2000, S. 268 ff.

Moritz, Hans-Werner — Entgeltregulierung in Theorie und Praxis – Eine Zwischenbilanz
RTKom 2000, S. 102 ff.

Möschel, Wernhard — Strompreis und kartellrechtliche Kontrolle
WuW 1999, S. 1 ff.

Müller, Jürgen; Vogelsang, Ingo — Staatliche Regulierung
Baden Baden 1979

Müller, Thorsten — Das novellierte Erneuerbare-Energien-Gesetz
RdE 2004, S. 237 ff.

Müller-Kirchbauer, Joachim; Thomale, Hans-Christoph — Der Entwurf der Netzentgeltverordnung Strom vom April 2004
IR 2004, S. 148 ff.

Nill-Theobald, Christiane; Theobald, Christian — Grundzüge des Energiewirtschaftsrechts. Die Liberalisierung der Strom- und Gaswirtschaft
1. Auflage, München 2001

Oberender, Peter (Hrsg.) — Die Dynamik der Telekommunikationsmärkte als Herausforderung an die Wettbewerbspolitik
Berlin 1999

Osterloh, Lerke — Privatisierung von Verwaltungsaufgaben
VVDStRL 54 (1995), S. 204 ff.

Papanikolau, Nikolaos; Wagner, Ralf; Höhn, Valentin — Auswirkungen der Netzentgeltverordnung Strom auf die Erlöse der Netzbetreiber e/m/w/ 2005, S. 72 ff.

Petrov, Konstantin; Keller, Katja; Speckamp, Christoph — Optionen der Ausgestaltung des Regulierungsverfahrens ET 2005, S. 547 ff.

Pielow, Johann-Christian — Auslegungsfragen zur Einführung der Anreizregulierung nach § 21a EnWG 1. Auflage, Stuttgart, 2007

Reich, Norbert — Staatliche Regulierung zwischen Marktversagen und Politikversagen. Erfahrungen mit der amerikanischen Federal Trade Commission und ihre Bedeutung für die Entwicklung des Verbraucherschutzrechts Heidelberg 1984

Reimann, Cindy — Zielsetzung, Rechtfertigung und Verfahren der Entgeltregulierung nach dem TKG. Eine Untersuchung aus juristischer und ökonomischer Sicht Berlin 2003

Richmann, Alfred — Dynamische Anreizregulierung für Strom- und Erdgasnetzbetreiber ET 2004, S. 134 ff.

Rosin, Peter; Krause, Markus — Vorgaben der Beschleunigungsrichtlinie Elektrizität an eine ex-ante-Regulierung ET 2003 (Special 9), S. 17 ff.

Ruhle, Ernst-Olaf; Heger, Heiko — Spielräume und offene Punkte bei der Regelung zu Durchleitungsentgelten in der EnWG-Novelle WuW 2004, S. 484 ff.

Säcker, Franz Jürgen — Ex-Ante-Methodenregulierung und Ex-Post-Beschwerderecht – Zum Monitoring-Bericht des Bundesministeriums für Wirtschaft und Arbeit RdE 2003, 300 ff.

Säcker, Franz Jürgen; Boesche, Katharina Vera — Gesetzesbeschluss des Deutschen Bundestages zum Energiewirtschaftsgesetz vom 28. Juni 2002 – ein Beitrag zur „Verhexung des Denkens durch die Mittel unserer Sprache“ ZNER 2002, S. 183 ff.

Säcker, Franz Jürgen — Die Genehmigung von Entgelten für Zugangsleistungen nach der Konzeption des Regierungsentwurfs zum TKG (TKG-E) – ein Leitbild für die Regulierung der Energieversorgungsnetze? ZNER 2003, S. 214 ff.

Säcker, Franz Jürgen — Berliner Kommentar zum Telekommunikationsgesetz Frankfurt a. M., 2006

Salje, Peter — Bindung der Kartellbehörden nach der Implementierung der VV II plus im Rahmen der EnWG-Novelle ET 2003, S. 413 ff.

Schau, Götz-Friedrich — Die künftige Regulierung des Zugangs von Elektrizitätsversorgungsnetzen IR 2005, S. 74 ff.

Schebstadt, Arnd — Die Aufsicht über Netzzugangsentgelte zwischen Kartellrecht und sektorspezifischer Regulierung RdE 2004, S. 181 ff.

Schneider, Jens-Peter; Prater, Janine — Das europäische Energierecht im Wandel – Die Vorgaben der EG für die Reform des EnWG RdE 2004, S. 57 ff.

Schneider, Jens-Peter; Theobald, Christian — Handbuch zum Recht der Energiewirtschaft – Die Grundsätze der neuen Rechtslage München 2003

Schmidt-Preuß, Matthias — Substanzerhaltung und Eigentum Baden-Baden 2003

Schmidt-Preuß, Matthias — Der verfassungsrechtliche Schutz der Unternehmenssubstanz ET 2003, S. 758 ff.

Schmidt-Preuß, Matthias — Regulierung im neuen „Energiepaket“: „Philosophie“ und Netzzugangsentgelte
IR 2004, S. 146 ff.

Schmidt-Preuß, Matthias — Netz, Preis und Regulierung im Energiesektor
N&R 2004, S. 90 ff.

Schmidt-Preuß, Matthias — Kalkulation und Investition in der Entgeltregulierung. Die sogenannte Saldierung des § 6 Abs. 5 des Referentenentwurfs einer Stromnetzentgeltverordnung als regulatorisches und verfassungsrechtliches Problem
N&R 2005, S. 51 ff.

Schmidt-Schlaeger, Michaela; Zinow, Bernd-Michael — Grundzüge des Energierechts
1. Aufl., Frankfurt a. M. 2004

Schöler, Meike — Verfassungsrechtliche Anforderungen an die Regulierung der Energiewirtschaft durch eine privatrechtliche Stelle
ZNER 2003, S. 201 ff.

Scholtka, Boris — Das neue Energiewirtschaftsgesetz
NJW 2005, S. 2421 ff.

Schöneich, Michael — Für Kommunen: Sammelsurium mit Schlagworten
KOPO 2005, S. 11 ff.

Schroeder-Czaja, Hanna; Jacobshagen, Ulf — Objekt- und Arealnetze (Teil 2): Privilegierung der Objektnetze gemäß § 110 EnWG
IR 2006, S. 78 ff.

Schulze zur Wiesche, Jens — Eckpfeiler der Regulierung von Netzzugangsentgelten
ET 2004, S. 708 ff.

Schütz, Raimund; Tüngler, Stefan — Die geplante Novelle des EU-Energierechts – Inhalt und Umsetzungsbedarf
RdE 2003, 98 ff.

Schwintowski, Hans-Peter — Gute fachliche Praxis oder „Verhexung des Denkens“
ZNER 2002, 205 f.

Seeger, Bernhard Johannes | Die Durchleitung elektrischer Energie nach neuem Recht
Baden Baden 2001

Sieben, Günther; Maltry, Helmut | Netznutzungsentgelt für elektrische Energie
April 2002

Steckert, Uwe | Der onmipotente Regulator? Energiemärkte unter Staatsaufsicht
ET 2004, S. 144 ff.

Steurer, Marcus | Die Methodik der periodenübergreifenden Saldierung der neuen Netzentgeltverordnungen – Schon jetzt ein zahnloser Tiger?
IR 2005, S. 271 ff.

Stumpf, Cordula; Gabler, Andreas | Netzzugang, Netznutzungsentgelte und Regulierung in Energienetzen nach der Energienovelle
NJW 2005, S. 3174 ff.

Theobald, Christian | Neues EnWG: 10 Eckpunkte zum Referentenentwurf vom Februar 2004
IR 2004, S. 50 ff.

Theobald, Christian | Der künftige, regulierte Netzzugang – EnWG, NZEltV und NEEltV
IR 2004, S. 123 ff.

Theobald, Christian; Hummel, Konrad | Entgeltregulierung in den Netzwirtschaften
N&R 2004, S. 2 ff.

Theobald, Christian; Hummel, Konrad | Entgeltregulierung im künftigen Energiewirtschaftsrecht
ZNER 2003, S. 176 ff.

Thomale, Hans-Christoph | Die angemessene Entgeltkalkulation für die Nutzung von Stromnetzen
IR 2004, S. 76 ff.

Thomas, Stefan; Wissner, Matthias; Kristof, Kora; Irrek, Wolfgang | Die vergessene Säule der Energiepolitik: Energieeffizienz im liberalisierten Strom- und Gasmarkt in Deutschland
Wuppertal 2002

Tettinger, Peter J.; Pielow, Joh.-Christian	Zum neuen Regulator für den Netzzugang in der Energiewirtschaft aus der Sicht des öffentlichen Rechts RdE 2003, S. 289 ff.
Tüngler, Stefan	Der Netzzugang in der Elektrizitätswirtschaft auf der Grundlage des Energiewirtschaftsrechts (EnWG) 1. Auflage, Frankfurt a. M. 2002
Tüngler, Stefan	Die Novellierung des Energiewirtschaftsrechts JuS 2006, S. 487 ff.
von Hammerstein, Christian; Schlemmermeyer, Ben	Nettosubstanzerhaltung, Realkapitalerhaltung und Effizienz VIK-Mitteilungen Nr. 4 2004, S. 78 ff.
Weyer, Hartmut	Die regulatorische Missbrauchskontrolle nach § 30 EnWG N&R 2007, S. 14 ff.
Wissmann, Martin	Zugangs- und Entgeltregulierung im Telekommunikationssektor – ein Modell für die Energiewirtschaft? ET 2003 (Special), S. 25 ff.
Zenke, Ines; Thomale, Hans-Christoph	Die Kalkulation von Netzzugangsentgelten Strom sowie Mess- und Verrechnungspreisen WuW 2005, S. 28 ff.

STICHWORTVERZEICHNIS

Deutsches und Europäisches Wirtschaftsrecht

Herausgegeben von Jürgen F. Baur

Band 1 Matthias Wolter: Das Tatbestandsmerkmal der Lückenlosigkeit qualitativer Selektivvertriebssysteme im Spannungsverhältnis zwischen Wettbewerbs- und Kartellrecht. 2001.

Band 2 Nicole Hagemann: Rechtsschutz gegen Kennzeichenmissbrauch unter Berücksichtigung der Internet-Domain-Name-Problematik. 2001.

Band 3 Bernd Nelißen: Die Abgrenzung "horizontaler" und "vertikaler" Wettbewerbsbeschränkungen nach der 6. GWB-Novelle. 2001.

Band 4 Silke Rütters: Die neue *Schirm*- Gruppenfreistellungsverordnung (EG) Nr. 2790/1999 der Kommission. Zu den Ursachen der weitreichenden Reform der EG-Wettbewerbspolitik gegenüber vertikalen Wettbewerbsbeschränkungen und deren materiellrechtlichen Grenzen. 2002.

Band 5 Dirk Strohe: Demarkationen und Bezugsbindungen in gewerblichen Energielieferverträgen. 2003.

Band 6 Cyrille de Crozals: Die Anwendung der Artikel 81 und 82 EGV durch die französischen Behörden und Gerichte. 2003.

Band 7 Daniela Seeliger: Geltungsbereich der Zusammenschlusskontrolle und Grundsätze für die Beurteilung von Zusammenschlüssen nach der 6. Novelle des Gesetzes gegen Wettbewerbsbeschränkungen. Ausgewählte Anwendungsprobleme aus der Praxis zu §§ 35 und 36 GWB. 2003.

Band 8 Till Schreiber: Das argentinische Gesetz 25.156 zum Schutz des Wettbewerbs. Eine rechtsvergleichende Darstellung unter besonderer Berücksichtigung des Protokolls zum Schutz des Wettbewerbs im MERCOSUR und der Rechtsprechung der Comisión Nacional de Defensa de la Competencia. 2003.

Band 9 Mathias Mantler: Der GMP-Vertrag aus bauvergaberechtlicher Sicht. 2004.

Band 10 Christoph Renard: Das französische Fusionskontrollrecht. 2004.

Band 11 Anika Gerken: Rechtsschutzmöglichkeiten europäischer Wirtschaftsteilnehmer gegen GATT-widrige Wirtschaftshemmnisse. 2004.

Band 12 Markus Röhrig: Schadensersatzansprüche im deutschen Kartellrecht nach der 6. GWB-Novelle. Eine ökonomische Betrachtung privater Wettbewerbsaufsicht am Beispiel des neuen Mißbrauchsverbots gemäß § 19 GWB. 2004.

Band 13 Christopher Quandt: Squeeze-out in Deutschland. Eine Diskussion der §§ 327a-f AktG unter besonderer Berücksichtigung der Barabfindung ausgeschlossener Minderheitsaktionäre. 2004.

Band 14 Thomas Brunn: Die EG-Kartellverfahrensverordnung 1/2003 und ihre Auswirkungen auf die Gruppenfreistellungsverordnungen und die Entzugsverfahren der Vertikal-GVO. 2004.

Band 15 Beatrix Besche: Wasser und Wettbewerb. Möglichkeiten und Grenzen einer Öffnung des Wassermarktes. 2004.

Band 16 Astrid Örtel: Die Oligopolproblematik in Wettbewerbstheorie und europäischer Fusionskontrollpraxis. 2005.

Band 17 Anne Jakob: Die Assoziation zwischen der Europäischen Gemeinschaft und ihren Mitgliedstaaten sowie Tunesien, Marokko und Algerien. Eine Überprüfung der Europa-Mittelmeer-Abkommen anhand Gemeinschafts- und internationalem Wirtschaftsrecht. 2006.

Band 18 Iris Vasbender: Das europäische Konzept der Nebenabreden im europäischen und deutschen Kartellrecht. Eine rechtsübergreifende Gesamtdarstellung anhand von Wettbewerbsverboten zu Unternehmenskaufverträgen. 2006.

Band 19 Robert Jürgens: Strukturkrisenkartelle im deutschen und europäischen Kartellrecht. 2007.

Band 20 Michael Dietrich: Wettbewerb in Gegenwart von Netzwerkeffekten. Eine kartellrechtliche Untersuchung des Wettbewerbs zwischen inkompatiblen proprietären Systemen. 2006.

Band 21 Rita Simon: Wettbewerbsunterstützende Regulierung bei der Liberalisierung des deutschen Telekommunikationsmarktes. Unzureichender Infrastrukturwettbewerb. Nationale Gesetzgestaltung nach europäischen Vorgaben. 2007.

Band 22 Margret Schellberg: Die Regulierung der Netzzugangsentgelte nach der EnWG-Novelle. 2007.

www.peterlang.de

Peter Lang · Internationaler Verlag der Wissenschaften

Andreas Gabler

Schaffung und Erhaltung von Wettbewerb auf Energiemärkten durch die kartellrechtliche Netzzugangskontrolle gemäß § 19 Abs. 4 Nr. 4 GWB

Frankfurt am Main, Berlin, Bern, Bruxelles, New York, Oxford, Wien, 2005.
XXIV, 447 S.
Europäische Hochschulschriften: Reihe 2, Rechtswissenschaft. Bd. 4147
ISBN 978-3-631-53487-8 · br. € 74.50*

Nach jahrelanger Diskussion auf deutscher und europäischer Ebene wurden in den Jahren 1996 und 1998 die Elektrizitäts- und die Erdgasbinnenmarktrichtlinie verabschiedet, die in den Folgejahren in der Bundesrepublik Deutschland auch in der zentralen Frage des Netzzugangs schrittweise umgesetzt wurden. Die Arbeit greift die im Rahmen der 6. GWB-Novelle neu geschaffene kartellrechtliche Netzzugangsregel des § 19 Abs. 4 Nr. 4 GWB schwerpunktmäßig heraus und untersucht, ob sie den Vorstellungen des Gesetzgebers, Wettbewerb auf Energiemärkten aktiv zu schaffen, gerecht wird.

Aus dem Inhalt: Wettbewerbssituation auf Energiemärkten · Wettbewerbspolitische Rechtfertigung und Grenzen einer Netzzugangsregelung · Verhältnis des § 19 Abs. 4 Nr. 4 GWB zum Netzzugang nach §§ 6 und 6a EnWG · Tatbestand und Rechtsfolgen des § 19 Abs. 4 Nr. 4 GWB · Zugangsverweigerungsgründe · Angemessenheit des Netznutzungsentgelts · Praktische Durchsetzung des Netzzugangsanspruches im Zivilprozeß

Kolibri 360 GmbH
Ferdinand-Jühlke-Straße 7
99095 Erfurt, Deutschland
produktsicherheit@kolibri360.de

Druck:
CPI Druckdienstleistungen GmbH
im Auftrag der
Kolibri 360 GmbH
Ferdinand-Jühlke-Str. 7
99095 Erfurt